医药
高价值专利
培育实务

白光清　主编
于立彪　马秋娟　副主编

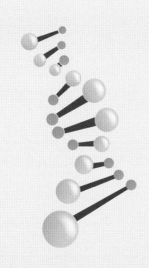

知识产权出版社
全国百佳图书出版单位

图书在版编目（CIP）数据

医药高价值专利培育实务/白光清主编. —北京：知识产权出版社，2017.4
ISBN 978 – 7 – 5130 – 4778 – 4

Ⅰ. ①医… Ⅱ. ①白… Ⅲ. ①医药学—专利法学—研究 Ⅳ. ①D913.4

中国版本图书馆 CIP 数据核字（2017）第 036057 号

内容提要

本书围绕价值专利的本质，剖析了高价值专利的内涵，阐述了高价值专利的类型以及显现化方法，并围绕如何培育医药高价值专利进行了实际案例分析，总结了高价值专利的产生方法、高价值专利的运用方法以及高价值专利的培育管理体系，为我国制药企业进行专利管理提供了很好的参考。

责任编辑：王玉茂   责任校对：谷 洋

版式设计：吴晓磊   责任出版：刘译文

医药高价值专利培育实务

白光清 主 编

于立彪 马秋娟 副主编

出版发行：知识产权出版社 有限责任公司	网 址：http：//www.ipph.cn
社 址：北京市海淀区西外太平庄 55 号	邮 编：100081
责编电话：010 – 82000860 转 8541	责编邮箱：wangyumao@ cnipr. com
发行电话：010 – 82000860 转 8101/8102	发行传真：010 – 82000893/82005070/82000270
印 刷：北京科信印刷有限公司	经 销：各大网上书店、新华书店及相关专业书店
开 本：787mm × 1092mm 1/16	印 张：18.75
版 次：2017 年 4 月第 1 版	印 次：2017 年 4 月第 1 次印刷
字 数：330 千字	定 价：58.00 元

ISBN 978-7-5130-4778-4

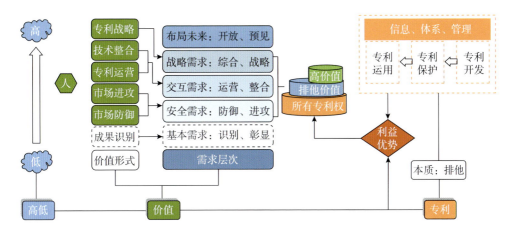

图1-1-3 高价值专利的内涵分析

（正文说明见第10页）

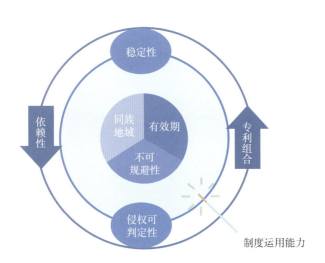

图1-2-5 高价值专利技术价值评价指标

（正文说明见第26页）

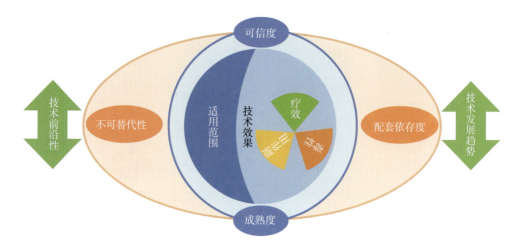

图1-2-4　高价值专利法律价值评价指标

（正文说明见第23页）

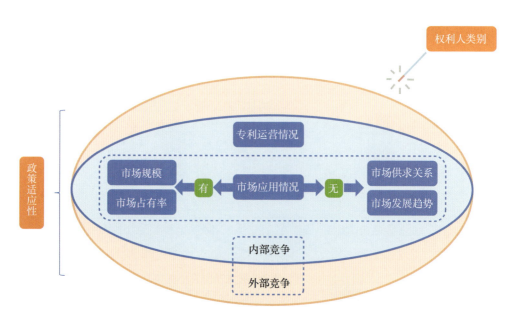

图1-2-6　高价值专利市场价值评价指标

（正文说明见第29页）

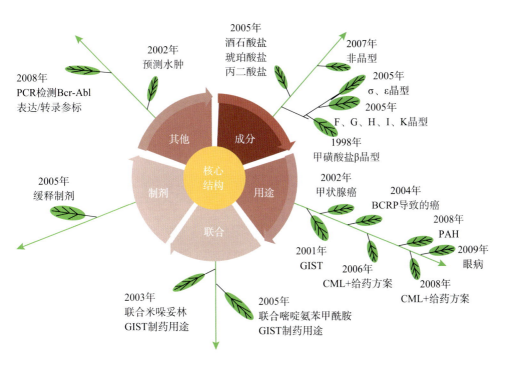

图2-2-7 伊马替尼多主题专利布局

（正文说明见第53页）

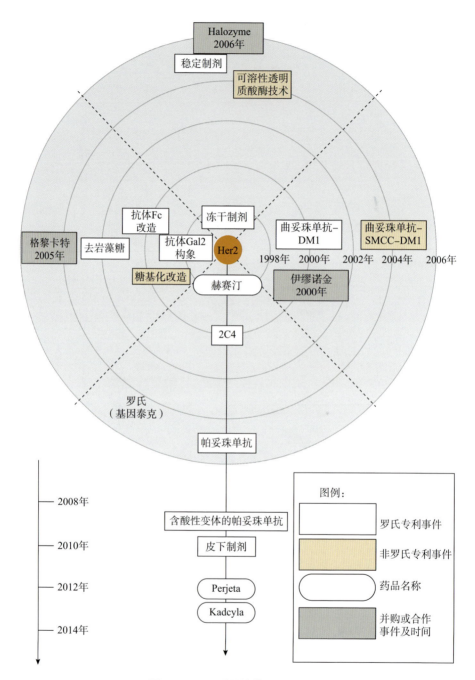

图2-3-3　罗氏抗体药物技术整合

（正文说明见第74页）

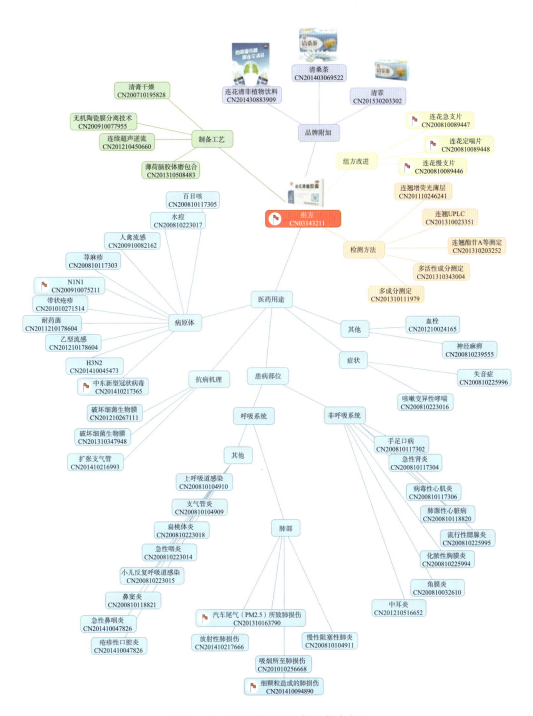

清桑茶
CN201403069522

连花清菲植物饮料
CN201430883909

清霏
CN201530203302

清膏干燥
CN200710195828

无机陶瓷膜分离技术
CN200910077955

连续超声逆流
CN201210450660

薄荷脑胶体磨包合
CN201310508483

制备工艺

品牌附加

组方改进

连花急支片
CN200810089447

连花定喘片
CN200810089448

连花慢支片
CN200810089446

连翘增荧光薄层
CN201110246241

连翘UPLC
CN201310023351

连翘酯苷A等测定
CN201310203252

多活性成分测定
CN201310343004

多成分测定
CN201310111979

组方
CN03143211

检测方法

百日咳
CN200810117305

水痘
CN200810223017

人禽流感
CN200910082162

荨麻疹
CN200810117303

N1N1
CN200910075211

带状疱疹
CN201010271514

耐药菌
CN2011210178604

乙型流感
CN201210178604

H3N2
CN201410045473

中东新型冠状病毒
CN201410217365

破坏细菌生物膜
CN201210267111

破坏细菌生物膜
CN201310347948

扩张支气管
CN201410216993

病原体

医药用途

其他

症状

血栓
CN201210024165

神经麻痹
CN200810239555

失音症
CN200810225996

咳嗽变异性哮喘
CN200810223016

抗病机理

患病部位

呼吸系统

非呼吸系统

手足口病
CN200810117302

急性肾炎
CN200810117304

病毒性心肌炎
CN200810117306

肺源性心脏病
CN200810118820

流行性腮腺炎
CN200810225995

化脓性胸膜炎
CN200810225994

角膜炎
CN200810032610

中耳炎
CN201210516652

其他

上呼吸道感染
CN200810104910

支气管炎
CN200810104909

扁桃体炎
CN200810223018

急性咽炎
CN200810223014

小儿反复呼吸道感染
CN200810223015

鼻窦炎
CN200810118821

急性鼻咽炎
CN201410047826

疱疹性口腔炎
CN201410047826

肺部

汽车尾气（PM2.5）所致肺损伤
CN201310163790

放射性肺损伤
CN201410217666

慢性阻塞性肺炎
CN200810104911

吸烟所至肺损伤
CN201010256668

细颗粒造成的肺损伤
CN201410094890

图2-4-7　连花清瘟中国专利申请布局

（正文说明见第88页）

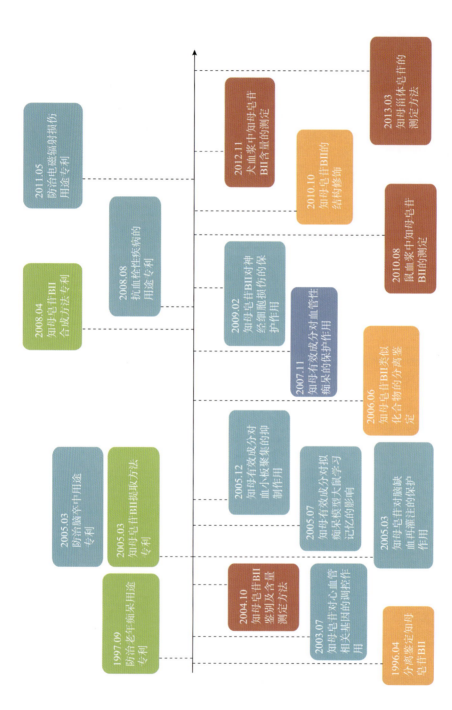

图2-5-3　军科院二所专利申请与技术合作的相关性

（正文说明见第105页）

注：图中坐标轴上方所列为专利申请，坐标轴下方所列为非专利文献；图中蓝色框中所列涉及用途，红色框涉及检测，黄色框涉及化合物分离鉴定，绿色框涉及制备方法，紫色框涉及结构修饰。

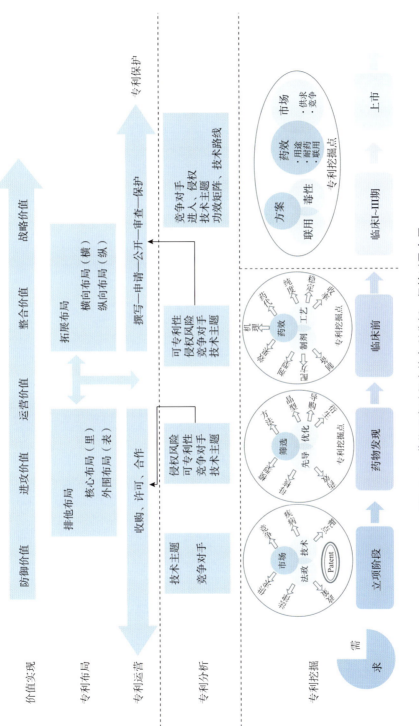

图3-1-1　药物研发过程中的专利分析、保护以及布局

（正文说明见第114页）

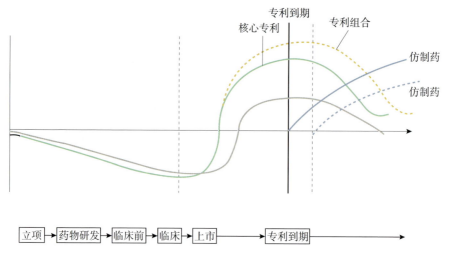

图3-1-2　药物研发价值曲线

（正文说明见第119页）

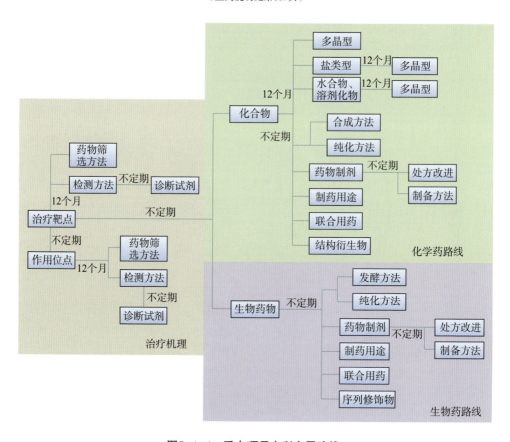

图5-1-4　重点项目专利布局路线

（正文说明见第247页）

编委会

编写人员详目

编写人员	撰写内容
王　菲	第1章
曹　扣	第2章第1节和第6节
陈　莹	第2章第2节
张秀丽	第2章第3节
张　辉	第2章第4节
田红梅	第2章第5节
王　宽	第3章第1节和第2节
高　巍	第3章第3节
范东升	第3章第4节
孙永福	第3章第5节
黄　磊	第4章第1节
梁婧文	第4章第2节
黄　琦、冯清伟	第5章第1节
吴　斌、高　义	第5章第2节
李　哲	第5章第3节

序一

知识产权制度是激励创新的基本保障，保护知识产权就是保护创新，用好知识产权就能激励创新。实施创新驱动发展战略，营造良好的创新环境，依法严格保护知识产权，保护创新者的合法权益和创新热情，推进发明创造的转化运用，释放提升创新价值，必将促进科技进步与经济发展。

《国家知识产权战略纲要》明确提出，要以国家战略需求为导向，在生物医药、信息能源、新材料、先进制造等高技术领域超前部署，掌握一批核心技术专利，支撑引领战略性新兴产业的创新发展。国家知识产权战略实施以来，我国知识产权的创造、运用与保护水平大幅提高，全社会知识产权意识显著增强，知识产权工作取得长足进步，并对优化产业结构发挥了积极的推动作用。但是，仍面临知识产权"大而不强、多而不优"等问题。如何充分发挥知识产权对供给侧结构性改革的制度供给和技术供给的双重作用，深入实施专利质量提升工程，培育更多高价值核心专利，加强知识产权转化运用，以新技术促进整个供给体系质量的提升，满足社会日益增长的物质文化需求，推进知识产权融入经济发展主战场，逐步实现"从大向强、从多向优"的根本转变，深化实施知识产权战略。中央加快知识产权强国建设的重大决策部署，各级知识产权行政部门密集出台加快知识产权强国建设的系列举措。在深化实施知识产权强省建设中，江苏积极发挥专利对经济转型和产业升级的引领支撑作用，率先推出高价值专利培育实施计划项目，开启高价值专利培育实践。

为了明晰高价值专利内涵，探索高价值专利的培育管理方法，找准知识产权发力点，深入实施专利质量提升工程，国家知识产权局专利局专利审查协作北京中心启动高价值专利培育系统研究，力图为创新主体战略保护创新成果，创造培育高质量核心专利，高质量保护创新成果，运营提升创新价值提供参考。相关智慧成果汇聚成本书。

　　本书从专利权的本质出发，综合审视国内外专利价值评估体系，创新归纳高价值专利内涵，并以生物医药领域典型案例分析为基础，从专利挖掘、价值构建、高价值彰显等角度，解析还原医药高价值专利的产生方法与产生过程，探索医药高价值专利的培育路径、培育管理体系与工作实践，首次吹响了高价值专利战略培育的集结号。冀望本书能给业内精英带来思考的火种，举众人之力、承天下之托，在实践中培育更多的高价值专利，为深入实施知识产权战略提供高质量的知识产权基础，让专利制度为中华民族创新发展绽放璀璨的智慧之光，并成为集聚智慧的价值之仓。

　　值此书付梓之际，谨以此文为序。

国家知识产权局专利局专利
审查协作北京中心主任

序二

　　医药行业是我国重点发展的战略性新兴产业，具有高投入、高产出和高风险的显著特点。在世界范围内，可能也没有哪一个产业能像医药行业这样如此的依赖于专利，依赖于知识产权。没有哪一个行业能够通过知识产权获得如此高的产业的增值效应。正如美国前总统所言，专利制度就是给天才之火浇上利益之油，这一点在医药行业体现得尤其充分。北京是全国科技创新的中心，在这里科技、教育、知识产权和人才优势高度聚集。医药行业也是北京具有相对优势的重点领域。2015年规模以上的医药制造业增加值占全市规模以上工业增加值的比重达到了8.6%。所以说医药行业已经成为北京的重要支柱产业之一。尽管行业发展的前景看好，但是总体来说我们医药行业的知识产权实力仍然不强，尤其是缺少具有较强知识产权优势的大型现代规范化的医药企业。我国医药工业的整体水平与世界级的医药企业相比还有很大的差距。正是基于这种广大医药企业和医药工作者对于知识产权切实而强烈的需求，对高价值专利研究才有了应运而生的土壤和条件。相信本书的出版发行能够成为一扇窗户，带领大家了解医药高价值专利的评估方式，探索高价值专利的诞生路径，掌握高价值专利的运用方式。

北京市知识产权局局长

3

序三

党的十八大以来，以习近平总书记为核心的党中央把创新摆在国家发展全局的核心位置，并强调"创新是引领发展的第一动力，抓创新就是抓发展，谋创新就是谋未来"。知识产权制度作为创新驱动发展的基本制度，在国家经济社会发展中的地位和作用日益凸显。"十三五"时期，我国要深入推进供给侧结构性改革，着力振兴实体经济，一方面要推动产业结构迈向中高端，加强有效优质产品供给，另一方面则要企业加快"走出去"步伐，融入全球化发展体系。这些都需要大力实施创新驱动发展战略，充分发挥知识产权的支撑和引领作用，加快实现制造向智造的转型、产品向名品的转变、权益向效益的转化，力争在全球价值链中占据新的竞争优势。

江苏作为全国知识产权大省之一，为了加快推动知识产权优势转变为产业优势和经济优势，我们以"数量布局、质量取胜"为遵循，在全国率先提出了高价值专利培育计划，支持企业、高校院所、服务机构强强联合，共同组建高价值专利培育示范中心，力争在主要技术领域创造一批创新水平高、权利状态稳定、市场竞争力强的高价值专利，并探索凝练出一整套符合科学发展规律，能够满足不同产业、不同企业需求的高价值专利培育方法。

高价值专利培育计划实施两年多来，江苏在新材料、生物技术和新医药、节能环保、物联网和云计算、新一代信息技术和软件、高端装备制造等领域，组建了 17 家高价值专利培育示范中心，在产业竞争态势分析、研发过程专利管理、专利预审机制建立和专利撰写质量提升等方面做出了深入探索，为全省专利整体实力的提升做出了积极贡献。医药产业是高度依赖知识产权的产业，是典型的知识产权密集型产业，更是具有较强成长性、关联性和带动性的朝阳产业，围绕医药产业研究高价值专利的培育路径具有很强的现实意义。国家知识产权局专利局专利审查协作北京中心、北京国知专利预警咨询有限公司组织人员编写的《医药高价值专利培育实务》，着眼于医药高价值专利的创造、运用和管理，从专利审查员以及服务机构的角度，深入阐述了医药专利的价值体现形式和实现方法，列举分析了大量医药领域的研发和诉讼案例，为高价值专利培育，提供了一本很好的实施指南。本书通俗易懂、可读性强、富有操作性。希望大家通过此书不仅加深对高价值专利的认识，更以此为参考加强高价值专利培育，通过高价值专利的积累和运用，不断增强自身竞争力，加快推动经济转型升级、提质增效。

李苏平

江苏省知识产权局局长

前　言

　　医药产业具有技术门槛高、市场准入严、研发周期长、高风险、高投入等特点。相对于其他产业而言，医药产业对知识产权保护特别是专利保护依赖度最高。人类社会设立专利制度以来，解决重大传染性疾病的许多药物都获得过专利保护。美国著名经济学家曼斯菲尔德经调研统计分析指出，若没有专利保护，有 60% 的药品发明研究不出来，有 65% 的药品不会被利用。

　　可见，一方面，药品专利制度为解决公共健康问题提供了创新激励机制，激发了创新主体新药研发的热情和积极性，提高了新药研究效率，着力于为保障公共健康权益提供更为丰富的医疗药品。另一方面，药品专利为创新主体保护技术创新及回收研发投资提供了权利保障，药品专利权人利用专利的独占排他权获取高额利润，循环投入新一轮研发。

　　正是由于药物研发的不确定性，被批准上市的新药背后，一般需要平均超过 15 年的研发周期和 8 亿美元以上的研发投入。这些被人类寄予厚望的药物往往都动态地进行着专利高价值培育的过程控制与质量保障，具备了实现高价值专利的所有可能条件。

　　如何界定医药高价值专利内涵？如何培育医药高价值专利？着手写本书时便一直在思考，直到今日叁拾万字付梓，主创团队的思考仍未止息。

　　本书基于专利价值链的形成，分析了专利价值显现的不同形式；基于专利权人对专利价值的需求，划分了专利价值的高低层次；基于专利排他的本质，赋予了高价值专利特定的内涵和外延。

　　摸清方向不易，找到出路更难。本书透彻解析明星药物"伊马替尼""罗氏 Her2 抗体药—赫赛汀""连花清瘟""知母皂苷 BII"高价值实现历程，从这些宝贵经验中归纳总结医药高价值专利的培育方法与产生之路。在学习榜样的基础上，紧紧围绕专利价值实现中的每个节点，从专利的产生获取、运用维护、保护管理等环节入手，控制影响高价值实现的每一因素，通过严格的过程监管，排查并规避风险，逐步彰显专利价值。

医药专利高价值属性与药品的成药性、市场准入、市场收益等因素密切关联。药物研发特点决定了医药高价值专利实现的不可预期性，就像药物能否成功，在实验结果出来之前，谁都无法笃定。无数个理论上几近完美的药物治疗方案在临床实践中经历一次次失败又重新再来。我们也期待与中国医药创新主体一起，以让创新更具价值的理念，依靠严格的过程控制与节点控制，把每一个挖掘与布局规划保障措施落实到位，把每一个风险因素降到最低，或许我们不能预期这些专利或其组合未来是否必然具备高价值，但通过精心培育使其拥有了未来成为高价值专利的可能性，这也是我们的一个小目标吧。

高价值专利的真正实现或许真需要一些运气！

由于时间限制和水平有限，书中疏漏之处在所难免，恳请读者批评指正。

目　录

第 *1* 章

高价值专利的内涵

第 1 节　专利本质与价值属性

1.1　专利的本质

专利权是一项具有排他效力的垄断权，在特定时间、特定空间对技术的独占是专利权的价值核心。TRIPS 第 28 条规定：应赋予专利权人制造、使用、许诺销售、销售进口专利产品或专利方法直接获得的产品的权利，以及禁止他人未经许可使用上述方式获得专利产品的权利。我国《专利法》第 11 条规定：发明和实用新型专利权被授予后，除本法另有规定的以外，任何单位或者个人未经专利权人许可，都不得实施其专利，即不得为生产经营目的制造、使用、许诺销售、销售、进口其专利产品，或者使用其专利方法以及使用、许诺销售、销售、进口依照该专利方法直接获得的产品。

美国专利法亦认为，专利权的核心在于专利的排他权（weight of exclusiveness），该权利不仅是促进科学进步的诱因，更是专利权人用来保护自己的最佳武器。而排他权的本质即为在同一范围内，不允许另一事物并存。除了排他效力，专利权的保护客体是智力成果，而专利权与技术的发展和应用均密切相关。专利权的本质是申请人所掌握的技术的排他权。

除排他性外，专利权还具有地域性和时间性，这两种属性实质上是对专利权人因技术公开所换来的"排他权"的必要限制。试想，若专利权可以在任何范围内，无休止地存在，将极大地阻碍后人对于该项技术的改进，损害其他人乃至整个社会的权益。对专利权时间和地域上的限制将使得专利权人与公众权利之间的利益得以平衡。

专利的排他性、地域性和时间性是专利权价值来源及其价值兑现的基础。

1.2 专利的价值属性

专利权的本质在于一定时间内、一定地域上的排他权利，专利权的价值在其排他过程中得以体现。例如，一项给权利人带来丰厚利润的优质专利技术，假设没有他人可能或已经实施该技术，不论有无该专利，该技术均能为企业带来同样的利润，此时，丰厚的利润并非专利所赋予，而是技术自身所带来的。专利技术在无"他"的状态下，体现不出其独占的价值。专利的价值高度依赖"他"的存在，其中的"他"不仅限于现实中已经存在的"他"，还包括潜在的"他"。专利权人想通过排他权实现专利的价值，则必须获取与"他"相关的专利权，而不是仅仅与"己"相关的专利权。对于权利人来说，此处的"他"通常是与经营相关的第三方，例如市场、竞争对手、供应商、上下游产业链、投资商等。专利权的价值本质不在于"专利权所覆盖的保护范围能做什么"，而在于"专利权所限定的保护范围能阻止他人做什么"❶。基于专利的排他性，专利权的价值在于专利权的排他性给权利人所带来的排他利益。

专利价值具有时间属性和空间属性。其价值又包括绝对期限层面、与技术相关的价值变化层面。我国《专利法》规定，发明专利的保护期限自申请日起 20 年，实用新型和外观设计专利权保护期限自申请日起 10 年。我国专利法仅对中国境内享有权益的专利权人给予保护。此外，即使在专利保护期内，并在获得保护的国家或地域内，专利权的价值也可能随着时间、空间和拥有者的变化而发生变化，即同一件专利在不同的时段，往往具有不同的价值。例如，同一项专利技术，随着该项技术的成熟度不断增加，其专利价值也可能相应地增加；同样的专利，由于权利的转移，使得此件专利同其他专利形成有效的专利组合，其价值可能发生 1 + 1 > 2 的提升效应；相反，如果某项技术的替代技术不断涌现，则该技术所对应的专利价值也会因为可替代而发生价值贬损。

专利的价值是指某特定时间点、在特定区域内，专利权人因所拥有的技术排他权而为其带来的权益。这种权益既可以是潜在的或实际的经济收益，也可以是竞争上的主导地位或优势。

---

❶ ［EB/OL］. ［2016 - 11 - 30］. http：//www. richardspatentlaw. com/faq/have - an - idea/what - is - the - value - of - intellectual - property/.

1.2.1　专利价值链的构成

1985 年，迈克尔·波特在《竞争优势》中提出了价值链的概念。他将价值链描述为企业进行设计、生产、销售、发送以及对产品起辅助作用的各种活动的集合❶，这些活动单元因协同创造价值而被称为价值活动。

专利价值体现在专利价值链的传递过程中，包括专利开发、专利保护、专利运用、专利信息利用、专利管理体系构建和专利事务管理等多个方面。专利开发、专利保护及专利运用构成专利运作活动的主线，类似于波特价值链上的生产经营环节，归属于专利价值链上的基本活动。专利信息利用、专利管理体系构建和专利事务管理是权利人保证专利基本活动的必要支持，既贯穿于开发、保护、运用的整个过程，又为基本活动提供支持性资源，构成专利价值链上的辅助活动（见图 1-1-1）。这些相互区别又相互联系的专利活动，形成了企业创造专利价值的动态过程，即专利价值链。专利价值链上的每一项专利活动都会对专利价值的实现产生影响。企业专利价值链上各因素的综合决定其专利收益与竞争优势。专利活动的不同阶段对应于专利价值的不同表现形式，也是专利需求层次的基础。

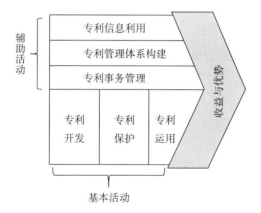

图 1-1-1　专利价值链的构成

1.2.2　专利价值的表现形式

有学者认为：专利价值应该充分考虑专利权人在两种状态下的收益，第一种状态是专利权人自行实施专利；第二种状态是专利权人完全转让或许可

---

❶ 董丽，等. 我国制药企业专业价值链管理模型及各环节存在的问题分析〔J〕. 中国医药工业杂志，2012，43（11）：A104 - A110.

专利技术而不实施。专利权人在两种状态下的收益差值即为专利价值❶。狭义的专利价值既可以表现在侵权纠纷中因他人实施专利权所引起的权利人的收益损失，也体现在专利许可、专利转让所涉及的买卖双方所达成的价格共识。广义的专利价值不仅体现在诉讼赔偿、专利许可、专利转让等法律行为或经济行为上，还包括提升自身在外部环境中的竞争优势。专利赋予权利人的竞争优势价值，其一，体现在识别科技创新成果，增加权利人的附加价值；其二，体现在形成有效的防御（包括形成技术标准），提高产业进入壁垒；其三，体现在打造基于专利的合作及整合，使得权利人拥有与竞争对手更多的谈判筹码，赢得更大的自由行动空间；其四，体现在寻求专利布局与企业战略规划或国计民生的统一，以实现企业知识产权战略和其经营发展战略。❷

从专利开发到专利保护、专利运用，再到专利所带来的收益和竞争优势，专利价值在不同阶段的基本活动中表现出的主要价值在发生改变，基于不同的阶段和专利运用，专利的价值形式表现为成果识别价值、市场防御价值、市场进攻价值、专利运营价值、技术整合价值和专利战略价值等形式。

1. 成果识别价值形式

专利开发的过程是专利技术外部显现的过程，包括技术开发、创新挖掘、专利撰写、专利申请、专利审查和专利获权等过程。通过前述专利开发环节，专利技术的新颖性、创造性以及实用性得到了认可，专利授权文件所包含的技术信息和法律信息（专利权人、发明人等信息）成为彰显科技创新成果的有效形式，专利的价值即为向公众彰显技术成果的归属以及优先研发地位，并对竞争对手起到技术禁入的宣告作用。

2. 市场防御价值形式

市场防御价值是专利价值的主要表现形式之一。利用专利防御价值的主体既可以是在市场中占有主导地位或具有竞争优势的创新主体，也可以是市场中处于弱势地位的创新主体或市场新入主体。

具有主导地位或竞争优势的创新主体，其通过有意识的专利申请与布局，将其他竞争对手隔离于市场之外或提高新竞争者的准入门槛，实现专利的市场防御价值。原研药厂所保护的核心化合物专利具有强大的防御作用。围绕

---

❶ 张希，等. 非市场基准的专利价值评估方法的理论基础、实证研究和挑战 ［J］. 软科学，2010，24（9）：142−144.

❷ 徐明. 通信领域专利的高价值 ［EB/OL］. ［2014−01−24］. http：//www. sipo. gov. cn/mtjj/2014/201412/t20141224_ 1051115. html.

化合物专利而构建的制备方法专利、中间体专利、晶型专利、制药用途专利和制剂专利等，同样可以拦截仿制药竞争者市场进入，从而起到防御作用。

就市场中处于弱势地位的创新主体或市场新入主体而言，当它针对必要关键技术申请专利并预期获权，其初始目的并不在于获得市场的独占或使用专利主动攻击竞争对手，而仅是希望自身能够在市场上分得一杯羹，当受到他人专利进攻时，手中拥有的专利权可以成为其反诉竞争对手侵权的武器或作为与其谈判的筹码，保证自我经营。此时，专利达到了防御目的，从而实现了其防御价值。

3. 市场进攻价值形式

专利权人将其技术予以公开，进而换回 10 年或 20 年的市场独占权。专利权人以专利技术为进攻武器进而实现其市场价值行为，即为市场进攻价值形式。

就处于优势地位的竞争者而言，实现专利价值的直接形式即以专利为矛，通过警示、谈判、诉讼等手段，将竞争对手驱逐出市场或者直接获得价值赔偿。专利进攻的前提为其拥有优质的专利和专利布局：在上游布局专利，可以提高对供应商的议价能力及风险控制能力；在下游布局专利，可以提高产业影响力以及更好地为企业客户保驾护航；在标准中布局专利，可以增强专利价值兑现能力。

对处于劣势地位的竞争者而言，最初可能受制于强势竞争者的专利，而在其二次研发和创新过程中精心构建自己的专利组合过程中，则攻守之势或易之。这部分竞争者充分利用自己手中的专利作为武器，通过谈判、诉讼对冲等手段，与强大市场先入者抗争，争取获得市场准入或交叉许可的机会，进而获得竞争优势。

4. 专利运营价值形式

专利运营即"运筹"与"经营"，将"运营"的概念运用到专利领域，是指运营者将专利作为投入要素直接参与商业化运筹和经营活动，通过专利资本的各种技巧性市场运作提升专利竞争优势，以最大限度地实现专利权的经济价值。专利运营包括专利的许可与转让、投融资、质押、信托、保险等多种形式，涉及专利投资、组合、收益等环节。专利运营前需要评估专利价值。专利是一种可以经营且可以反复使用的资源。专利运营价值兑现以资产流转为目的，专利权人将拥有的有效专利或专利技术进行策划、分析、收购、集成，形成面向产业的专利组合，并通过转让、许可、投资、质押等形式，实现专利的经济价值❶。专利运营是把专利技术转化为专利资产，把知识优势转化为经济优势和竞争优势，进而将专利权与经济收益有效衔接，通过获得专利收益推动创新主体竞争力的提升和产业结构的优化升级。

5. 技术整合价值形式

专利的价值还在于打造基于专利的合作及整合。当发生专利侵权或存在潜在专利侵权时，宣告专利权无效并非应对诉讼或消除专利障碍的唯一途径。发起专利无效或专利诉讼的过程中，双方当事人均需要耗费大量的人力、物力、财力，但其最终结果也未必一定如愿。孙子《谋略篇》有云："百战百胜，非善之善者也；不战而屈人之兵，善之善者也。"因此，基于专利的合作及整合也是一种解决冲突，实现合作共赢的有效途径。专利权人利用其专利资源作为谈判筹码，寻求与他人合作，既避免自身的重复研发工作，节约成本，在需要对方专利技术支持时，通过购买或获得许可等方式整合专利技术，弥补自身技术劣势；当存在多方竞争时，与其中一方或几方合作，可以充分制衡竞争局面，避免"鹬蚌相争，渔翁得利"，甚至避免成为专利大战的牺牲者。

6. 专利战略价值形式

专利战略价值形式是上述专利价值形式的综合和提升，是创新主体，乃至国家决策者为机构、企业、国家的未来发展而进行的全局性筹划和安排。

在宏观上，对于创新主体而言，其专利战略价值既包括依靠专利打开市场，防御市场，占领市场，进而取得市场竞争优势地位，也包括基于专利的市场拓展，提升市场甚至全产业链布局；对于国家而言，专利的战略价值甚至与法律、科技、经济、民生息息相关，谋全局者将专利战略价值与国家法律、科技、经济政策深度融合，指导科技、经济领域的国际竞争，以谋求民生福祉。

在中观上，专利战略是创新主体应对激烈的市场变化、严峻的挑战形势，主动利用专利制度保护自己，并充分利用专利情报信息，研究分析竞争对手，推进专利技术开发，提高专利控制的市场能力，进而获得竞争优势，为其健康持续发展进行的总体性规划。专利战略的实施依赖专利或专利组合的战略价值，而专利的战略价值实现体现在创新挖掘、专利申请、实施、保护、运营等环节的协调运作和战略实施。

---

❶ 毛金生，等. 专利运营实务［M］. 北京：知识产权出版社，2013.

在微观上，创新主体充分重视每一项专利技术的创新挖掘、专利授权与确权的战略布局，力争获得具有排他效力的保护范围，洞察产业链上的每一个创新点和发展动向以及他人可能侵犯专利权的行为，及时调整自身的发展策略和专利策略，服务于经营发展战略。

1.2.3　专利价值的需求层次

专利价值的表现形式贯穿于专利价值链中专利活动的全流程，且随着专利活动的不断深入而呈现出专利价值递增的态势。权利人对于专利价值的需求亦存在层次。

美国人本主义心理学家亚伯拉罕·马斯洛于 1943 年在《人类激励理论》中提出需求层次论，将人类需求像阶梯一样从低到高按层次分为 5 种。笔者认为，专利权人对于专利的需求同样有着层次区分，这一需求层次与专利价值的高低密切相关。需求层次越高，意味着专利价值越高。由低到高依次是：①基本需求：识别、彰显；②安全需求：防御、进攻；③交互需求：运营、整合；④战略需求：综合、战略；⑤布局未来：开放、预见，如图 1 - 1 - 2 所示。

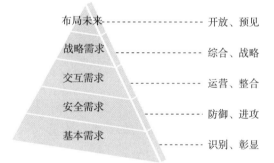

图 1 - 1 - 2　专利价值的需求层次

1. 基本需求——识别成果、彰显技术

马斯洛需求的最低层次为维持自身生存的最基本要求。以发明专利为例，申请文件自申请日起 18 个月予以公开（提前公开的除外）。随着申请文件的公开和授权文本的公告，其技术信息和法律信息被予以公开或公告，并转化为专利信息。专利信息将技术内容和技术开发者联系起来，通过专利形式彰显技术研发的方向和高度，达到识别成果的目的。我国高校和研发机构的专利转化率不足5%❶，其大部分专利被用于识别技术成果和技术彰显，在某种程度上具有"排他"价值并在一定程度上迎合政策和研发需求。授权专利均经过专利性等审查，授权专利均可以满足权利人向公众彰显技术成果、归属权以及优先研发地位的基本需求。

2. 安全需求——专利防御、专利进攻

防御与进攻是专利排他性所赋予权利人的根本权利，其提供给专利权人以排除他人为生产经营目的，未经许可的制造、使用、销售、许诺销售、进口其专利技术产品的权利。将他人排除于市场之外是行使专利权的根本形式，也是保障自我实施和市场独占的安全需求。提高他人的市场进入门槛，阻碍市场新进者的进入是对专利权运用的防御需求；将专利当作武器，获得侵权赔偿或拖延竞争对手的市场进入，则是对专利权运用的进攻需求。在实践中，不论是防御还是进攻，均是保证专利权人生产经营的安全需要，使用专利的进攻或防御功能，以达到维持和巩固自身市场上竞争地位的目的，进而发挥专利权的排他价值。

3. 交互需求——专利运营、专利整合

专利防御与专利进攻是维持和巩固市场竞争地位的权利运用之一。权利人间还存在专利的交互需求，通过专利运营与专利整合，以实现并提升专利价值。交互需求是对专利技术成果的商业化运作，进而实现和提升其市场价值的更高层次的需求。这一目标的实现，不仅局限于自己生产和制造产品来兑现价值，还包括将专利转让、许可给他人等运营方式，以及通过专利寻求与他人的合作等技术进阶的有效途径。基于专利的整合，发挥 $1+1>2$ 的增值效果。随着创新主体对专利制度利用能力的提升，专利权人将存在通过专利交互活动获得更多价值的需求。

4. 战略需求——综合需求、战略化

战略需求也可以是防御、进攻、运营、整合的综合，或与创新主体、国家主体的全局性筹划和安排相适应。专利将作为重要手段成为商业战略或国家发展战略的重要组成部分，可以改善权利人与竞争对手或合作伙伴间的谈判地位，辅助投融资的实现，其价值延伸至上下游产业链，并寻求跨产业的发展与合作，甚至借助专利实现产业的整合。这是权利人借助专利权而渴望满足的更高需求。

---

❶ 王鸿琦，等. 国外高校专利技术转化模式及对我国高校的启示 [J]. 技术与创新管理，2014 (4)：331 – 333.

5. 布局未来——开放专利、预见未来

法国古典经济学家萨伊认为：供给会为自己创造需求。一种产品的生产会为另一种产品的销售创造前提。生产最终决定了消费。谁占领供给，谁就占领了下一步的消费市场。专利作为一种排他权，对技术、产业的发展具有激励作用，也可能阻碍产业的发展和技术的进步，一些创新主体可能因为潜在的专利风险而选择不进入该领域。没有实际生产供给，就不会引导出消费者的需求，这个产业就无法长久❶。当权利人因专利的成功战略性布局而在某一领域占据绝对的竞争地位时，"战"和"略"已不再是其追求的目标。此时，开放专利，允许更多的创新主体进入，将有利于产业相关产业的蓬勃发展如生产供给，进而引导更多的市场需求。权利人对于专利的需求已经远远高出专利自身所具有"排他"价值而衍生出更高的价值。开放专利是对未来的预见和引导，布局未来的需求才是专利价值的最高层次需求。

1.3　高价值专利的内涵和外延

如何界定专利价值的内涵和外延？这是困扰业界多年的难题。

不同的判断主体，由于立场和目的不同，对专利价值有不同的认识。对以盈利为目的的市场主体而言，能为其带来可观的经济利益的专利即为高价值专利；对创新主体而言，能够使其在技术上占据主导地位的专利即为高价值专利的范畴；而对国家或地区的管理者而言，能够更好地促进科学技术进步和经济社会发展的专利，则被视为高价值专利。

专利价值中的"高低"是在比较中产生的，无比较则无高低。高价值并非绝对的标准，而是在特定时间、特定空间，判断主体基于自身的立场与特定目的，认为能体现相对优势的内心确认。"高价值专利"范围难以界定的原因在于，专利价值的多方需求以及多种外部表现形式，基于不同的立场和目的，高价值的范畴并不一致，对"高价值专利"的明确定义是一项复杂的工作。

解析"专利价值"的内涵将利于解析"高价值专利"的内涵。通过明晰种种专利价值的表现形式，探寻专利价值本质所赋予的"高价值专利"内涵。

将"高价值专利"拆分为"高低""价值"和"专利"，结合专利价值

---

❶ 郑金武. 丰田 VS 特斯拉，公开专利的博弈 [EB/OL]. (2015 – 01 – 14) [2016 – 10 – 30]. http://news. sciencenet. cn/htmlnews/2015N311564. htm.

链、专利价值的表现形式和需求层次则有利于阐释高价值专利的内涵（见图1-1-3，详见文前彩插第1页）。任何一件专利在获得授权以后，均具有一定的价值。专利价值的最低层次是与技术成果识别对应的，仅具有彰显技术成果的价值，而其排他能力极弱，甚至不具备排他作用。而具有排他价值的专利（称为"排他价值专利"）则具有排他或潜在排他的属性。在排他价值专利中，专利的价值层次与需求层次密切相关，能够满足安全需要、交互需求、战略需求的专利从低到高具有一定的价值层次性，并具有专利本质所赋予的排他价值。

关于专利价值的高低没有绝对标准。"价值高低"是在比较中产生的，并且是一个动态变化的过程。不同主体基于不同目的，对于高价值专利的认知存在不同，既可以与排他价值专利的范围等同，也可以隶属于排他价值专利范围内且为排他价值专利中的佼佼者。"高价值专利"的评判标准，与权利人对于专利运用的自身目的、权利人所处立场密切相关，其反映在特定时间和特定空间，基于自身的立场与特定目的，是判断主体能获得利益或体现相对优势的内心确认。

在高价值专利的产生、运用和管理过程中，权利人发挥着至关重要的作用。同样的专利在不同权利人的手中，其体现的价值可能完全不同。

综上所述，高价值专利可理解为在某个特定时间、特定区域内，基于专利权人的特定目的，因排他性而为权利人带来相对更多的权益或竞争优势的专利。其中，所述权益既可以是实际的经济收益，也可以是潜在的收益。而竞争优势则可以是技术、法律、市场任一维度上的竞争优势，其既可以体现在专利进攻、专利防御的交锋中，也可体现在运营、整合的交互中，更可以体现在专利战略化的大势之中。

通常来讲，需求层次越高的专利，专利的整体价值越高。基于特定的目的而言，专利价值的高低并非绝对受限于需求的层级。例如，专利权利人的目的即为通过诉讼获得高额的诉讼收益，并非许可转化，则其专利的进攻价值就要高于专利的运营价值。基于不同的目的和需求，高价值专利既可能是专利进攻中给权利人带来高额赔偿的进攻型专利，也可能是专利战略中为企业赢得市场竞争优势的战略型专利。

1.4　高价值专利类型

专利价值具有多面性，基于不同的分类标准，高价值专利的类型也不尽相同。商业的成功取决于竞争环境下的技术因素、市场因素和法律因素，同样，专利具有技术、法律、市场三重属性（见图 1－1－4），进而具有技术、法律、市场三个维度的价值属性。基于对任一维度的侧重，高价值专利可分为"高法律价值型""高技术价值型"和"高市场价值型"。基于不同的使用目的，高价值专利分为"高防御价值型""高进攻价值型""高运营价值型""高整合价值型"和"高战略价值型"（见图 1－1－5）。

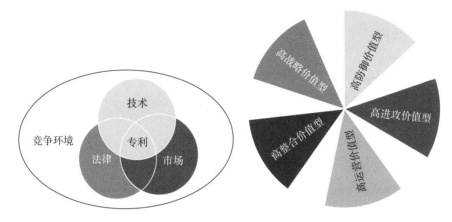

图 1－1－4　专利价值的三个维度分析　　图 1－1－5　基于应用的高价值专利分类

1.4.1　基于维度的分类

1. 高技术价值型

我国《专利法》第 2 条规定，发明是指对产品、方法或者其改进所提出的新的技术方案。实用新型是指对产品的形状、构造或者其结合所提出的适于实用的新的技术方案。不论是发明还是实用新型，保护的均为"技术方案"。技术价值是专利保护的基础，其价值的高低决定着专利的基础价值。

专利技术价值体现在"技术壁垒"或"技术主导地位"上，其受到诸如技术效果、技术影响力、技术先进性、行业发展趋势、技术适用范围、配套技术及其依存性、技术不可替代性、技术成熟度等多因素的影响。"高技术价值型"专利应当属于行业发展处于快速上升期的朝阳性产业，具有先进的技术优势，代表着技术发展的方向。"高技术价值型"专利包括不可替代的技术，具有前景的前沿性技术，应用范围广阔的潜力技术。在不考虑其他因素的情况下，专利的技术价值随着技术不断成熟而呈现上升趋势。

2. 高法律价值型

法律是技术独占的保障因素，我国《专利法》第 11 条规定：发明和实用新型专利权被授予后，除本法另有规定的以外，任何单位或者个人未经专利权人许可，都不得实施其专利，即不得为生产经营目的的制造、使用、许诺销售、销售、进口其专利产品，或者使用其专利方法以及使用、许诺销售、销售、进口依照该专利方法直接获得的产品。稳定而有效的法律价值是高价值专利实现专利防御、进攻、运营、整合、战略化的前提。专利的法律价值体现于权利的稳定性、不可规避性、专利依赖性、侵权可判定性、专利有效期、同族地域专利组合以及权利人对专利制度的运用能力等多因素。"高法律价值型"专利应当是权利稳定的，这是保证高价值专利实现"防御"和"进攻"等功能的前提，其"不可规避性"的高低取决于专利的法律效力，"专利有效期""同族地域"决定了专利保护时间的长度和空间跨度。科学且有效的战略性"专利组合"，则是"高法律价值型"专利实现高法律价值的基础。

3. 高市场价值型

"高市场价值型"专利的价值体现在市场竞争优势及其带来的竞争收益，并表现在开展市场应用、市场发展趋势、市场规模、市场供求关系、市场占有率、竞争情况政策适应性、专利运营情况多个方面，同时受控于专利权拥有者的运用能力。市场是检验专利价值的主战场。市场或潜在市场规模越大、市场占有率越高，并且供不应求的技术产品的市场价值就越高。此外，专利技术是否适应国家或地区的政策同样影响专利的市场价值。整体而言，具有市场前景的专利技术均属于"高市场价值型"专利，而其市场价值的高低取决于上述因素的共同影响。

1.4.2　基于目的的分类

基于专利目的的不同，专利分为"高防御价值型""高进攻价值型""高运营价值型""高整合价值型"和"高战略价值型"。

1. 高防御价值型

高防御价值型专利的价值体现在专利防御上，是设置在"他人"实施专利道路上的绊脚石，包括阻止他人抄袭、阻碍潜在侵权者、提高专利效力的平衡和防止第三方诉讼等方面。其防御的范围越大，则防御价值越强。高防御价值型专利的防御性通过权利要求所能覆盖的保护范围来体现。保护主题完备、权利要求的保护明确、保护范围适中的专利组合，是实现高防御价值的基础。具有主导地位或竞争优势的创新主体所拥有的，将其竞争对手隔离于市场之外、提高新竞争者的准入门槛而实现市场防御价值的专利，即为"高防御价值型"专利。市场中处于弱势地位或市场新入主体用于反诉对方侵权，或作为与对方谈判筹码、保证自我经营的防御型专利也属于"高防御价值型"专利的范畴。

2. 高进攻价值型

处于优势地位的竞争者使用警示、谈判、诉讼等手段，将竞争对手驱逐出市场或者直接获得价值赔偿的专利即为"高进攻价值型"专利。高进攻价值型专利往往有着优质的专利布局：①产业链上游布局，控制对供应商的议价能力和材料供应；②产业链下游布局，提高产业影响力并为其合作伙伴自由实施保驾护航；③在标准中布局专利，增强专利价值的兑现能力和应用维护。

处于劣势地位的竞争者可利用高进攻价值型专利作为谈判筹码，通过交叉许可获得市场准入机会，进而改变竞争格局。

3. 高运营价值型

专利运营是把专利技术转化为专利资产，把知识优势转化为经济优势和竞争优势。企业针对拥有的有效专利或专利技术进行策划、分析、收购、集成，形成面向产业的专利组合，并通过转让、许可、投资、质押等形式实现专利的经济价值。专利运营是将专利资产与经济收益直接对接，通过获得的收益推动企业竞争力的提升和产业结构的优化升级。通过转让、许可、投资、质押等形式，实现专利经济价值的专利即为"高运营价值型"专利。

4. 高整合价值型

权利人基于专利促成的合作，是一种利用专利整合解决冲突、实现共赢的好方法。专利拥有者利用已有的专利资源作为谈判筹码，在自身需要对方专利技术支持时，通过购买或获得许可的方式整合专利技术，弥补自身的技术劣势，避免自身的重复研发，节约成本。当存在多方竞争时，与一方或多方合作可以形成制衡竞争局面，避免"鹬蚌相争，渔翁得利"，甚至避免成为专利大战的牺牲者。这些作为谈判筹码与他人合作，或完善自身所需要的专利技术即为具有"高整合价值型"的专利。

5. 高战略价值型

基于多种应用，并能发挥作用的专利属于"高战略价值型"专利。"高战略价值型"专利兼具防守性、进攻性、运营性、整合性等功能，是专利宝座上的宝石。其服务于研发机构或企业乃至国家决策者，为机构、企业、国家的未来发展而进行全局性筹划和安排。研发机构或企业可以依靠其打开市场、防御市场、占领市场，最终取得市场竞争优势地位，国家可以依靠其为民生谋福祉。

综上所述，基于不同的分类标准，不同的高价值专利具有不同的价值体现。

第2节　高价值专利的评价研究

2.1　高价值专利的显现化方法

专利价值评估用于评价专利的价值或其价值度，并通过专利价值评估将专利价值（度）方法予以显现化。经典的专利价值评估方法分为商业评估方法和非商业评估方法两类。商业评估方法属于一种定量评估方法，一般用于技术交易中的资产评估，以便确定交易价格，包括成本法、收益法、市场法等❶。非商业评估方法则属于一种定性评估，通过选取与专利价值密切相关的评价指标，将其量化或分级化，经过归一化、加权计算模型化等方式，反映专利技术的价值度或价值分级。

2.1.1　商业显现化方法不适于高价值专利的评价

专利价值的商业显现化方法主要包括成本法、收益法和市场法。三种方法将专利作为无形资产，利用经济学中的无形评估手段来评估专利的市场价值，其最终给出的价值往往为与货币挂钩的具体价值。然而，专利的高价值往往体现于多个方面，且根据专利所处价值链的不同阶段，其价值的显现方式不尽相同。高价值不局限于市场价值，还可能体现于高法律价值和高技术价值，且在专利价值开发的不同阶段，其显现出的价值维度和价值形式并不相同。例如，在技术开发初期，并没有完备的条件使得专利技术市场化，往往未使得专利的价值体现于市场，也没有收益，经典的收益法和市场法并不足以彰显专利价值的高低，无法有效地将高价值专利显现化。在成本法中，专利资产的价值等价于现时重置成本减去其专利损耗和贬值❷，即专利价值＝重置成本－无形损耗－有形损耗。其中，重置成本一般根据人员投入、资金投入、资源投入等方面的成本来进行计算；无形损耗主要是指在进行专利技术评估时，由于其他更为先进或者相对较先进的技术出现，而在一定程度上造成现有专利技术价值的降低。有形损耗与固定资产使用中的累计折旧

---

❶　Smith G V，Parr R L. Valuation of Intellectual Property and Intagible Asset ［M］. 3 ed. New York：John Wiley，2000.

❷　E F Sherry，D J. Teece. Royalties. Evolving patent rights and the value of innovation ［J］. Res. Policy，2004，33：179－191.

成本的计算方式相似。高价值专利的显现化方法更多地体现在对专利价值的未来预期,而成本法没有考虑专利技术所带来的预期收益,往往会低估专利的价值。对于可预期性极低的医药领域来说,专利技术的成本往往并非完全决定于人员投入、资金投入、资源投入的重置成本,高投入成本不一定等价于高专利价值,并且无形损耗和有形损耗有时也难以界定,经典的商业方法并不适用于高价值专利的普适化显现。

2.1.2　非商业的专利价值评估法或适于"高价值专利"的显现

非商业显现化法根据专利自身所具有的特点,从法律、技术、市场等多个角度对其进行评价,通过选择和确定显现专利价值的指标,采用评价分数或区分等级等定性手段,来显现专利技术的相对价值。高价值专利的显现方法可以参照非商业的价值评估方法,根据不同的高价值专利类型,有侧重地优化各指标的显现化参数和统计权重,构建评价体系或数学模型,按照一定的标准为专利的各项指标赋分,并通过最终的价值得分区分"高价值专利",使得适于某种特定目的的"高价值专利"显现。

1. Lanjouw – Schankerman 专利价值评估模型(LS 模型)

Lanjouw – Schankerman 为耶鲁大学 Lanjouw 教授与伦敦经济政治学院的 Schankerman 教授于 1999 年提出的专利价值评估模型。两位教授收集了美国 1960 ~ 1991 年的 6111 项专利数据,通过因子分析的方法,构建了综合专利价值指数(composite index of patent value,CIPV),并使用企业的专利更新(patent renewal)和专利异议(patent opposition)数据进行了验证,发现了专利价值指数与专利价值间较好的统计相关性。他们选择了引用次数(backward citation,BC)、被引用次数(forward citation,FC)、同族专利数(family size,FS)和权利要求项数(the number of claims,NC)4 项指标作为专利价值评估的评价指标,构建了专利价值评估模型。该模型对美国药品专利的价值评估有较好的适用性。具体模型为 CIPV = $\alpha_1$lgFC + $\alpha_2$lgNC + $\alpha_3$lgFS + $\alpha_4$lgBC,其中,FC 反映了专利的影响力,NC 用于衡量专利的保护宽度,FS 反映了专利的地域保护范围,BC 用于衡量专利的创造性,α_1 ~ α_4 为 4 个指标的偏回归系数,分别为 39.8%、14.9%、10.8% 和 34.5%。CIPV 数值越高,专利价值越大[1]。

---

[1] 胡元佳,等. Lanjouw – Schankerman 专利价值评估模型在制药企业品种选择中的应用 [J]. 中国医药工业杂志,2007,38(2):A20 – A22.

曹晨等从 IMS 数据库中选取了 20 个专利药物作为样本，并将其用于验证 LS 模型中的 CIPV 值与药品经济价值之间的相关性。选择的药物分为两组，A 组为 2004 年销售额超过 30 亿美元的药物，包括"重磅炸弹"药物立普妥（Lipitor）、舒降之（Zocor）、Advair、Norvasc、Zyprexa、Nexium、Zoloft、Effexor、Plavix 和 Celebrex，B 组则为 2004 年销售额未过 1 亿美元的 10 种药物，包括 Claritin、Caduet、Emend、Cenestin、Namenda、Avelox、Hectorol、Cipro、Mobic 和 Olmesartan。研究发现，A 组的 CIPV 值显著高于 B 组，CIPV 值与药品销售额存在显著的正相关关系。

LS 模型通过综合分析引用次数、被引用次数、同族专利数和权利要求项数 4 项指标，构建了适用于药物领域专利价值高低的显现化方法，该方法不再局限于产品开发的成本，技术是否市场化收益等，CIPV 值所体现的价值区分度适用于美国药品高价值专利的显现。

2. CHI 专利指标体系

1970 年，美国知识产权咨询公司（CHI）与美国国家科学基金会一起研发出全球第一个科学成果指标。美国国家科学基金会编写出版的《美国科学与工程指标》报告了采用 CHI 的专利指标体系。CHI 专利评价指标包含专利数量（number of patents）、专利平均被引用数（cites per patent）、当前影响指数（current impact index）、技术实力（technology strength）、技术生命周期（technology cycle time）、科学关联性（science linkage）和科学强度（science strength）7 个指标，并利用前述 7 个指标分析某一专利组合的质量。其中，当前影响指数是指在技术领域里，一家公司前 5 年所获得的专利在当前年份中的平均被引用数，除以在该领域里美国所有的专利在当前年份中平均被引用数，该指数用来反映专利质量和实际的技术影响力。技术实力则为专利数量乘以当前影响指数，通过对专利数量规模进行质量加权来描述公司的专利组合力量。技术生命周期用于评估一项技术的创新速度或科技演变速度，技术生命周期具有产业依存性，即技术生命周期会因技术领域不同而有所差距。电子产业的技术生命周期较短，为 3~4 年。制药产业的技术生命周期多达 8 年以上。科学关联性为某项技术所拥有专利的平均引用论文或研究报告的篇数，用来评估该公司的专利技术的科学前沿程度。该指标具有产业依存性，会因产业的不同而有所不同。科学强度 = 专利数量 × 科学关联性，评价该技术使用基础学科建立公司专利组合的程度和公司在科学上的活跃强度❶。在这 7 个指标中，只有专利数量、专利平均被引用数、技术生命周期和科学关联性为原始数据指标，其余均为衍生的指标体系。CHI 专利指标体系侧重于某项专利技术的技术影响力，适用于显现专利组合的价值。高价值专利往往为多件专利组成的专利组合，借鉴 CHI 专利指标体系具有显现"高价值专利"组合价值的可能。

3.《华尔街日报》专利记分卡❷

《华尔街日报》（WSJ）每周二在财务 & 投资栏目中以专利记分卡（patent score card）的形式发布某一行业的公司、研究机构的技术强度排名和股票行情数据，统计指标涉及专利授权量、产业影响力、研发强度、技术强度、科学强度、创新循环周期。这 6 个指标包括以下内容：①质量为技术强度和产业影响力指标。技术强度是结合数量和质量因素对某一机构专利组合实力的总体评估结果，是专利组合的排名依据之一。产业影响力指某一机构专利组合对后续技术创新的影响程度，通过专利被引用数据计算。②数量为专利授权量指标，指某一机构在统计周期内的美国专利授权量。③科学为科学强度和研发强度指标。科学强度用来衡量创新主体利用科学研究成果构建专利组合的程度。研发强度指某一机构专利组合中科学关联度高于行业平均值的专利数量程度。④速度为创新循环周期指标，用于衡量专利或专利组合所基于的现有技术的新旧程度。专利记分卡的研究目的在于，为创新主体的技术强度排名，直接分析的对象为创新主体所拥有的专利，涉及对专利技术质量、数量、科学和速度的综合评价，所采用的排名方法和选取的指标可为"高价值专利"的显现化提供借鉴。

4. IEEE 专利实力记分卡❸

IEEE 专利实力记分卡是对全球 5000 余家领先的公司、学术机构、非营利组织和政府机构的美国专利进行客观、量化分析的结果，综合考虑了专利组合的数量和质量，根据专利实力指数进行排名。专利实力通过专利数量、专利增长情况、技术影响力、技术原创性和技术扩散性来体现，计算公式为：专利实力指数 = 专利数量 × 专利增长指数 × 校正后的技术影响指数 × 技术原创指数 × 技术扩散指数。其中，专利数量是指某一年专利授权数量；专利增长指数是指某机构最近一年美国专利授权量除以前 5 年期间每年平均授权量；

❶　马慧民，等. 日美知识产权综合评价指标体系介绍［J］. 商场现代化，2007（31）：301 –302.
❷❸　李昌峰，等. 榜单的力量：常见专利排行榜解析［J］. 专利文献研究，2005，2（1）：92 –96.

校正后的技术影响指数需要首先计算技术影响指数基础值，再根据自引率对技术影响指数基础值进行校正，以消除极端自引的影响。技术影响指数基础值是指某机构前 5 年所有授权专利被最近一年全美国所有授权专利引用的次数，除以与该机构专利组合处于同时期、同领域的所有授权专利被最近一年全美国所有授权专利引用次数的平均值。技术原创指数反映了某机构专利组合所引用的专利技术领域的宽泛程度。技术扩散指数也称技术普及型指数，反映了引用某机构专利组合的专利技术领域的宽泛程度。IEEE 专利实力记分卡与《华尔街日报》记分卡类似，其所采用的排名方法和选取的指标可为"高价值专利"的显现化提供借鉴。

5. Ocean Tomo 300™ 专利指数

Ocean Tomo 公司开发 Patent Ratings 软件平台，选取了包括有效专利的数量、生效专利的平均存活期、专利放弃的比例、单向引证率、积累引证率、专利的衰退率、有效专利季度净收入的变化、替代旧专利所需的新专利数量、专利维持率在内的 50 余个评估指标，计算出专利 IPQ 指数来客观反映专利价值。随后，Ocean Tomo 公司与美国证券公司合作，推出了 Ocean Tomo 300™的企业专利评估指数，指导投资者购买股票、基金等金融产品。目前，该公司已对 1983 年以来美国专利商标局（USPTO）授权的 400 万件专利和每周新增的 4000 件专利从质量、价值、发展趋向、竞争性等方面进行分析❶。该专利指数与市场、金融的关系密切，是高市场价值型专利的有效显现化方式，其不但可用于评价某一企业所拥有专利的整体情况，也可用于评价高价值专利组合。

6. 专利 h - 指数

专利 h - 指数（h - index），是指对于某专利组合而言，如果有 h 项专利的每一项被后来专利至少引用 h 次，而剩下的专利被后来专利引用的次数都少于 h 次，则称该专利组合的 h - 指数为 h。专利 h - 指数为一项很好的评价专利质量的指标。如果某研究对象拥有大量的专利，但是被引频次高的专利相对很少，则其 h - 指数相对很低；若某研究对象的专利综述相对较少，但是被引频次高的专利较多，则其 h - 指数相对较高。h - 指数指标巧妙地将专利的数量与质量（引用频次）结合起来分析表征❷。

---

❶ 董涛. Ocean Tomo 300™专利指数评析 [J]. 电子知识产权, 2008（5）：40 - 43.

❷ 官建成，等. 运用 h - 指数评价专利质量与国际比较 [J]. 科学学研究, 2008, 26（5）：932 - 937.

7. 专利价值分析指标体系

为了更好地落实国家知识产权战略、"十二五"规划关于技术创新的要求，推进国家知识产权局促进专利技术的运用、转移、转化的各项政策和指导方针落地，国家知识产权局专利管理司联合中国技术交易所共同编写了"专利价值分析指标体系"。该体系可被用来评价专利的价值度：法律价值度（LVD）、技术价值度（TVD）和经济价值度（EVD）。专利价值度 = α × 法律价值度 + β × 技术价值度 + γ × 经济价值度，其中，α、β、γ 为各维度价值度的权重，且 α + β + γ = 100%，专利价值度分数在 0 ~ 100，法律价值度、技术价值度和经济价值度的分值分别在 0 ~ 100。法律价值度是指从法律的角度来评价一项专利的价值。法律指标又细分为 7 个支撑指标，包括稳定性、不可规避性、依赖性、专利侵权可判定性、有效性、多国申请、专利许可状态。法律价值度 = 稳定性 × （不可规避性 × 30% + 依赖性 × 15% + 专利侵权可判定性 × 20% + 有效性 × 15% + 多国申请 × 15% + 专利许可状况 × 5%）。技术价值度是从技术的维度来评价一项专利的价值。影响技术价值度的指标包括先进性、行业发展趋势、适用范围、配套技术依存度、可替代性和成熟度。每个指标的分值都为 0 ~ 10。技术价值度 = （先进性 × 15% + 行业发展趋势 × 10% + 适用范围 × 20% + 配套技术依存度 × 15% + 可替代性 × 20% + 成熟度 × 20%）× 10。经济价值度是从市场经济效益的角度来评价一项专利的价值。专利的价值最终会体现在产品和生产产品的工艺方法上，而产品和工艺方法的价值受到市场状况、竞争对手、政策导向等因素的影响。影响经济价值度的指标确定为以下 5 种：市场应用情况、市场规模前景、市场占有率、竞争情况、政策适应性。经济价值度 = （市场应用情况 × 25% + 市场规模前景 × 20% + 市场占有率 × 20% + 竞争情况 × 20% + 政策适应性 × 15%）× 10❶。该体系充分考虑了专利价值的三个维度，并可以实现对每一件专利进行量化，为高价值专利的显现提供了框架模型。"高价值专利"培育者在该评估体系的基础上，根据评价目的选择评价指标，并调整权重获得用于筛选"高价值专利"的模型（见图 1 - 2 - 1 ~ 图 1 - 2 - 3）。

---

❶ 国家知识产权局专利管理司，中国技术交易所. 专利价值分析指标体系操作手册 [M]. 北京：知识产权出版社，2012：4 - 10.

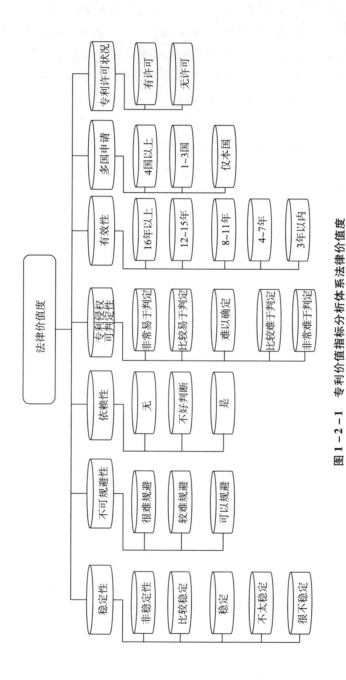

图 1 - 2 - 1　专利价值指标分析体系法律价值度

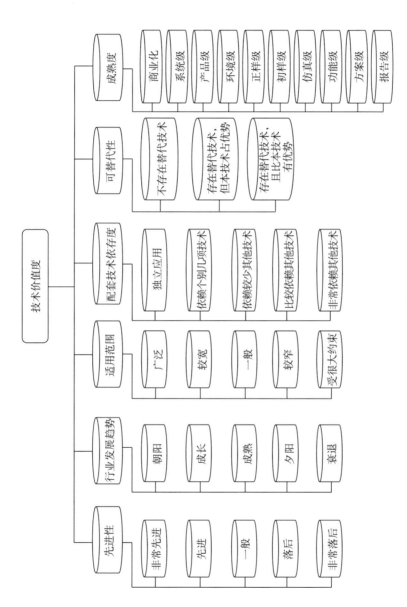

图 1-2-2 专利价值指标分析体系技术价值度

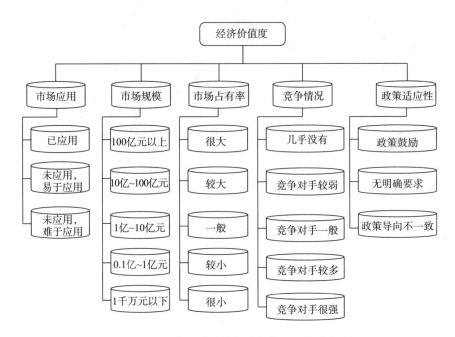

图 1 – 2 – 3 专利价值指标分析体系经济价值度

8. 传统药物专利价值评估体系

张丛等[1]构建了传统药物专利价值评估体系，选取了专利类别、药品味数指数、实验数据指数、申请人系数、同族专利指数、权利要求项数、说明书页数、法律状态系数、专利年龄指数和指标成分指数 10 个关键指标。其中，药品味数指数、实验数据指数和指标成分指数为具有药物特色的评价指标。医药领域为实验性学科，药物的技术效果依赖实验数据的证实，实验数据相关指标是药物领域高价值专利培育需要考虑的因素。张丛等构建的传统药物专利价值评估体系对于医药高价值专利显现体系的构建具有启发和借鉴作用。

9. 化学药、生物药专利价值评估体系

国家知识产权局专利局专利审查协作北京中心开发了适用于化学药、生物药专利转化的价值评估体系，选取了数据技术可信性、技术成熟度、技术先进性、权利稳定性、不可规避性、多国申请情况、专利侵权可判定性、专利依赖性、竞争情况、专利成本和疾病种类等一级指标。该模型可用于化学药、生物药可转化专利的筛选，具有良好的区分度；并充分考虑了医药领域

专利的特点，采用实验数量、实验等级、是否研发热点、解决技术问题的程度、权利要求类型、疾病种类等医药特色二级指标来表征价值评估的一级指标。该体系源于国家知识产权局专利管理司联合中国技术交易所共同编写的"专利价值分析指标体系"，又充分考虑了医药领域的特色，对于医药领域专利价值具有一定的区分度，可考虑被用于基于某特定目的的"医药高价值专利"的显现。

2.2　高价值专利的评价指标

高价值专利的评价指标应当充分考虑技术、法律、市场等维度，并根据不同的目的，从技术、法律、市场三个维度筛选合适的指标。医药行业为实验性学科，药物的技术效果依赖实验数据等信息的证实。医药行业高价值专利的确定，需要选取能体现医药特色的指标体系。

2.2.1　高价值专利评价的指标

所谓高价值专利的评价指标是指高价值评价体系中的三个维度所具体反映的专利不同侧面的情况，如法律价值度通常包括权利稳定性、专利不可规避性、专利依赖性、专利侵权可判定性、专利有效期、同族地域、专利组合情况、专利制度运用能力等指标；技术价值度通常包括技术可信度、技术效果、技术发展趋势、技术适用范围、技术前沿性、技术成熟度、技术的不可替代性、配套技术依存度等指标；市场价值度包括市场应用情况、市场发展趋势、市场规模、市场供求关系、市场占有率、竞争情况、权利人类别、政策适应性、专利运营情况等指标。根据不同的目的，筛选不同维度或不同应用的高价值专利，可以从上述指标中选择不同的指标，构建评估体系。

1. 法律价值度指标

法律价值度指标通常包括权利稳定性、专利不可规避性、专利依赖性、专利侵权可判定性、专利有效期、同族地域、专利组合情况、专利制度运用能力等（见图 1 - 2 - 4，详见文前彩插第 2 页）。这些指标涉及专利的客观条件和权利人的能动性。客观条件又分为内部条件和外部条件。专利不可规避性与高价值专利的排他本质相一致，其存在时间属性（有效期）和空间属性（同族地域），专利不可规避性作用的发挥则要依靠稳定性和侵权可判定性的保障，这 5 项指标均为专利内部评价因素，而专利的依赖性和专利组合情况则为外部影响因素，前者制约专利的法律价值，后者则提升专利的法律价值。而专利权人的专利制度运用能力则具有改变专利法律价值的能力。

（1）权利稳定性

权利稳定性是指一件授权专利被宣告专利无效的可能性。在专利诉讼过程中，竞争对手通常会对诉争专利提起专利无效宣告请求。被部分无效的专利其保护范围被缩小，被全部无效的专利被视为自始不存在。据统计，被提起无效宣告请求的专利有50%的可能性被全部或部分无效。专利权利的稳定性在法律价值度中占有决定性的作用，并作为高价值专利法律价值度评价的核心指标之一。权利不稳定的专利将失去成为高价值专利的基础。

由专业机构出具的专利权稳定性分析报告用于评估专利权的稳定性。该方法耗时且成本高，适用于已经初步确定为高价值专利的价值评价，而不适于从大量专利中筛选获得高价值专利。研究显示，诸如"权利要求数量""权利要求中的必要技术特征数和非必要技术特征数""无效/诉讼程序的结论""授权的地域数量"等信息与专利权的稳定性呈现出正相关性，可在一定程度上反映高价值专利权利的稳定性，根据评估或筛选目的选择相应指标来评估专利权人的稳定性。但是，任何一个指标均不能完全代表专利真实的稳定性，仅是某种程度与稳定性呈现正相关。

（2）不可规避性

不可规避性是指一件专利是否容易被他人进行规避设计，从而规避该项专利的专利权带来的侵权风险，并能基本达到与本专利相类似的技术效果。不可规避性指标关系到该专利的权利要求是否能够有效地保护该发明的方案。容易被规避的专利的权利要求通常在独立权利要求中加入过多的非必要技术特征或者采用特别具体和下位的术语和参数来限定独立权利要求的保护范围，他人不需要太多创造性劳动就可以容易想到其他类似的、在该权利要求保护范围之外的方案，并实现本专利的目的并获得类似的技术效果。不可规避性是衡量高价值专利的重要指标，任何排他行为均需要不可规避性的权利来保驾护航。

不可规避性是衡量高价值专利法律价值度的又一重要指标。就药物专利而言，权利要求的类型、保护范围的大小、与药物产品和适应症的对应性是决定不可规避性的关键因素。

（3）专利依赖性

专利依赖性是指一件专利的实施是否依赖于现有授权专利的许可，以及待评估专利是否作为后续专利申请的依从技术。如果一项专利的实施受到许多限制，需要获得多件在先专利的许可，则该专利的依赖性越强，属于改进型专利，则其法律价值度相对较低。相反，如果该专利的实施不需要获得其他专利的许可，且在该专利之后还衍生出许多其他专利，这些衍生专利的实施都需要该专利的许可，则说明该专利是基础专利或关键专利，其依赖性较弱，法律价值度较高。如果衍生专利包括自有专利和他人专利，则说明该专利为基础专利和研究热点，法律价值度更高；如果衍生专利仅包括自有专利，则其法律价值度要较绝大部分衍生专利为其他人专利的价值度低。专利依赖性是对高价值专利的核心地位的量化。

（4）侵权可判定性

专利侵权可判定性是指基于一件专利的权利要求，是否容易发现和判断侵权行为的发生，是否容易取证，进而行使诉讼的权利。专利侵权可判定性指标关系待评估专利的权利要求是否能够容易保护该发明的方案。容易判定专利侵权的权利要求的特征通常通过外在表现来限定发明的技术方案。举例来说，药物化合物和制药用途专利的侵权可判定性较高，而如制备方法类型的专利，由于取证较难，侵权可判定性相对弱一些。权利要求的类型是判断侵权可判定性的重要指标。

（5）专利有效期（专利剩余保护时间）

专利有效期是指一项授权专利从当前计算剩余的保护时间。专利有效期的长短会影响专利的法律价值度。专利有效期越长，则其法律价值度越大。医药产业具有研发周期长、投入大、风险高的特点，核心专利的有效期对保障创新投资收益而言十分重要，专利有效期的长短决定专利药物的市场独占期和销售收入。例如，就销售额超过10亿美元的"重磅炸弹"药物来说，专利有效期多出一年，将意味着更加丰厚的市场回报。有效期是影响高价值专利法律价值度的重要指标。

（6）同族地域（同族专利的市场分布）

同族地域是专利权人针对同一技术内容在不同国家或地区获得授权专利的市场布局。同族专利布局的市场越大，则说明专利权人对其的重视程度越高，专利就越重要；获得权利的国家或地区越多，则说明同族专利技术潜在的市场空间就越大。

（7）专利组合

专利组合是彰显创新主体对专利的重视程度及其对技术开发延续性的重要标志。完善的专利组合将极大地提高单件专利的价值，实现 1 + 1 > 2 的效果。专利组合能够提升专利的防御价值，使企图仿制者难以进行规避设计或对该核心技术难以针对性进行专利布局。将高质量的专利组合进行转让和许可，可获得比单件专利更高的估值，从而通过专利权本身实现产品的收益。目前，组合专利的价值正在增长，市场也更偏好专利组合。专利组合价值取决于形成专利组合的数量和质量，如专利主题的多样性和丰富性密切相关，专利的主题越多样，则意味着技术可拓展的范围越广，则专利组合所赋予专利的法律价值度就越高。

（8）专利制度运用能力

专利价值一部分源自其自身条件，而权利人管理和运用专利的能力则可能改变专利的价值。不同的权利拥有者使得专利发挥的效用可能完全不同，充分利用专利制度及其相关法规，控制专利应用，将大大提升专利的法律价值。权利人对专利制度的运用能力是评价专利法律价值度的重要因素。专利撰写质量、专利答复能力、专利策略运用能力均能够从侧面反映权利人对专利制度的运用能力。分析大量国内外"重磅炸弹"药物权利人的专利申请、答复与运用策略发现，这些专利权人均注重专利撰写质量，利用从属权利要求有层次地限定专利保护范围，针对会影响其保护范围的审查意见据理力争，力求范围最大，同时善于使用优先权、分案申请、加快审查等专利程序与制度。专利制度的运用能力是评价高价值专利的运用主体改变专利价值能力的有效指标。

2. 技术价值度指标

技术价值度显现化指标通常包括技术可信度、技术效果、技术发展趋势、技术适用范围、技术前沿性、技术成熟度、技术的不可替代性、配套技术依存度等。其中，既有内在因素，也有外在因素。外在因素中既包括宏观因素，也包括微观因素。对于药物领域来说，疗效、毒性、副作用所体现的技术效果是技术价值度的核心，治疗范围（适应症）则是影响专利价值的又一核心因素。技术可信度和技术成熟度则是药物专利技术价值的保障，四者构成内部因素。在外部因素中，不可替代性和配套依存度分别为制约专利技术价值的微观因素，而技术前沿性和技术发展趋势则是宏观因素的体现。技术前沿性体现了宏观上的过往，而技术发展趋势则体现了宏观上的未来（见图1-2-5，详见文前彩插第1页）。

（1）技术可信度

专利的真实性、可信性是决定专利实际价值的前提因素。在专利审查中，并没有明确法律规定对技术的真实性进行审查。专利所公开的技术信息中存在部分可信度存疑的情况。技术可信度是高价值专利，特别是在专利买卖、专利质押融资或政府部门评审投资时需要考虑的因素之一。若某专利存在大量撰写方式类似的申请，其所覆盖的技术开发工作量远远超出药物研发领域的常规认识，则该专利的技术可信度较低。专利申请人的研发实力、申请文件中所披露的实验数据的多少和/或效果实验图表的多少也从不同侧面反映专利技术的可信度。此外，是否存在与本申请技术匹配的论文或产品市场信息以及在该专利申请日的前后几年是否存在该申请人围绕该专利技术的基础技术或延伸技术均是考察技术可信度时的辅助条件。

（2）技术效果

药物研发属于实验性学科，药物的疗效、毒性和副作用即为药物的技术效果，这是决定药物开发的关键性因素，是高价值专利评价中必须考虑的问题。疗效好于现有药物，而其毒性、副作用较低的药物技术价值就较高。针对疗效、毒性、副作用的综合考察，有助于对医药技术效果给出客观的评价。

（3）技术发展趋势

技术发展趋势是指一项专利技术所在技术领域目前的发展方向。统计分析行业专利申请（专利）时间分布，我们可大体判断该行业所处的发展阶段，或者使用技术生命周期等来评估技术的发展趋势和发展阶段。技术生命周期常用于评估一项技术的创新速度或科技演变速度，其具有产业依存性，因技术领域不同而有所差距。处于不同技术生命周期的专利，其价值也不尽相同。

（4）技术适用范围

技术适用范围是指一项专利技术可以应用的范围。如果一项专利技术属于基础型、开创型、原理型，则其应用范围通常比较广泛，甚至可以在多个行业或技术领域中得到应用。如果一项专利技术仅仅在某个领域中解决某个具体而特殊的问题，则其应用范围较窄。

（5）技术前沿性

技术前沿性是指一项专利技术与当前本领域的其他技术相比是否处于领先地位。技术前沿性有别于专利的新颖性和创造性，一件经过审查而授权的发明专利应该是相对于该发明申请日之前的现有技术具备新颖性和创造性的技术，从发明专利的新颖性和创造性并不能判断出该发明的技术前沿程度❶。

---

❶　国家知识产权局专利管理司，中国技术交易所．专利价值分析指标体系操作手册［M］．北京：知识产权出版社，2012：4－10.

另外，随着技术的发展，技术的前沿性也会发生变化，一项发明在申请时也许是先进的，但是随着技术的更新换代、研发方向的改变、新的技术问题的出现等，前沿的技术可能转变为落后甚至淘汰的技术。因此，需要确定技术比较的时间点，即进行当前分析的时间点。对于药物领域来说，涉及当今热门靶点的药物或热门技术研发的专利就是具有较高技术前沿性的专利。例如，格列卫在其研发的年代，它作为第一个靶向 BCR – ABL 激酶的小分子药物，开启了分子靶向治疗肿瘤的时代。目前，肿瘤相关靶点层出不穷，新化合物药物不断涌现，现在涉及 BCR – ABL 靶点的药物，其技术前沿性将大打折扣。为了评估专利技术的前沿性，可以考虑在该领域拟出一个"药物前沿靶点和前沿技术的清单"并及时更新，若某技术处于该清单之中，则该技术的前沿性则较高。此外，某一项技术的"技术发展趋势分析"也能够反映技术的前沿性，处于技术生命周期的萌芽期和快速上升期的技术前沿性则较高。

（6）技术成熟度

技术成熟度是指一项专利技术在分析时所处的发展阶段。根据国家标准《科学技术研究项目评价通则》（GB/T 22900—2009），大多数技术的发展依次经历如下阶段：报告级、方案级、功能级、仿真级、初样级、正样级、环境级、产品级、系统级、产业级。对于平台性技术而言，技术所处的发展阶段能够表示技术的成熟度。药物的开发是一个耗时且高风险的过程。其研发进程大致分为药物发现阶段、临床前实验阶段、临床阶段和上市后阶段。随着药物研发进程的推进，药物技术成熟度不断提升，研发风险逐步降低。临床前实验阶段和临床阶段是技术成熟度的分水岭，专利药物获得临床批件，将使得药物所对应专利的价值大幅提升。

（7）技术的不可替代性

技术的不可替代性是指一项专利技术在当前的时间点是否存在解决相同或类似问题的替代技术。不可替代性作为衡量一项技术价值的指标，一项不可被替代的技术将在市场上具有绝对独占地位，且具有极强的话语权。随着替代品的出现，其技术不可替代性将降低，替代方案越多，技术的不可替代性就越低。例如，某一项针对不治之症的化合物药物问世意味着其化合物专利具有极高的不可替代性。随着类似药物不断被研发，其不可替代性则逐渐降低。

（8）配套技术依存度

配套技术依存度是指一项专利技术是独立应用到产品，还是经过组合才能应用，即是否依赖于其他技术才可实施。

如果一项专利技术属于整体解决方案，而不需要其他辅助技术（包括专利技术或技术秘密）的支持就可以独立应用，则配套技术依存度较低。如果一项专利技术属于改进型或局部的专利技术，则需要其他辅助技术的支持，则其配套技术依存度较高。配套技术依存度过高的专利，其专利价值将会较低。

3. 市场价值度指标

市场价值度指标包括市场应用情况、市场发展趋势、市场规模、市场供求关系、市场占有率、竞争情况、权利人类别、政策适应性、专利运营情况等。专利技术是否有市场应用是首先要考虑的因素，若该专利技术已经在市场上应用，则需要考虑该专利技术的市场规模和市场占有率；若该专利技术尚未在市场上应用，则需要考察专利产品或技术所属种类的产品的市场供求关系和市场发展趋势。其中，供求关系是对当前市场的评估，而市场发展趋势则是对市场的预估。竞争情况包括内部竞争和外部竞争。所谓内部竞争是指专利所对应的产品和技术是否存在竞争对手。若存在竞争对手，则因为专利权赋予的排他性而使得专利具有市场价值。所谓外部竞争是指专利技术所处领域的竞争情况。外部竞争越激烈，专利所能带来的市场瓜分者越多，专利的价值就越低。此外，专利运营情况、专利是否适应政策也是专利市场价值的反映因素。由于自身的市场运作能力不同，不同的专利权人即使拥有同一专利权也会使得专利发挥不同的价值。专利权人的类别也决定着专利市场的大小（见图 1 - 2 - 6，详见文前彩插第 2 页）。

（1）市场应用情况

由于种种原因，有相当数量的专利组合没有形成进入市场的最终产品。某项专利技术是否投入市场，某项专利产品是否有市场依托，将显著影响专利的市场价值。高价值专利应当以技术转化、投入市场或二者潜在的可能性发生为主要目的。市场应用情况是衡量专利市场价值度的主要指标之一，包括等级 1：已经投入市场应用；等级 2：处于投入市场的准备阶段；等级 3：尚未做好投入市场的准备。

（2）市场发展趋势

专利技术所处的市场发展趋势是影响专利技术市场价值的因素之一。如果专利技术的市场趋于蓬勃发展，则其市场价值随之提升。高价值专利应当是市场发展趋势向好的专利，该技术经过充分的市场推广后，其对应的专利产品或工艺才有可能实现销售收益。专利技术所处的市场发展趋势可以由该专利药品所处品类的药物在近5年的销售总额的增长情况来反映。

（3）市场规模

市场规模是指某一专利技术或产品在某一时间区间内的整体市场容量，包括该专利技术或产品在指定时间区间内的产量、产值、市场地域范围等。市场规模越大，其专利价值越高。有广阔的市场规模的专利属于高价值专利。市场规模可以用该专利产品近5年的销售总额来进行反映。

（4）市场供求关系

市场供求关系是一个经济学概念，是指在商品经济条件下，商品供给和需求之间相互联系、相互制约的关系，是生产和消费之间的关系在市场上的反映。专利方法或专利产品是为满足人们的某种需求或解决某种问题而存在。对于该方法或产品的需求程度和解决问题的程度，以及已有的满足该需求或解决该问题的供应情况等因素共同制约着专利的价值关系。例如，一种治疗高血压的新药物，尽管高血压患者众多，但市场供应的品种十分丰富，若该药物相比于已经存在的药品没有更出众的药效和更让人难以放弃的理由，则该专利技术往往由于供应过多而降低了专利的市场价值。

（5）市场占有率

市场占有率表征某一产品在市场同类产品中所占有的份额，用于反映产品对同类市场的控制力。就已经上市的产品而言，专利技术经过充分的市场推广后可能在市场上占有份额，而市场占有率较高的专利技术或专利产品则是市场价值度较高的品种。

（6）竞争情况

竞争情况能较充分地反映专利市场的价值，包括内部竞争和外部竞争。所谓内部竞争是指专利所对应的产品和技术是否存在竞争对手，所谓外部竞争是指专利技术所处领域的竞争情况。

就内部竞争而言，市场上是否存在与目标专利技术的持有人形成竞争关系的竞争对手存在，以及竞争对手的规模均可影响专利的价值。通常来说，竞争对手越多的专利产品，其产品所对应的专利价值越高。专利本质的价值在于"排他"，具有竞争对手的表现体现在专利审查过程中第三方公众意见的提出、专利无效、专利侵权诉讼的发起等，这些情况越多，则表示该专利的价值越高。

就外部竞争而言，外部竞争越激烈，则专利所能带来的市场瓜分者越多，专利的价值越低。

（7）权利人类别

同样的专利处于不同的权利人手中，其价值往往会有不同的体现。药物开发需要巨资投入，具有较强研发实力和较强财力的研发机构或医药公司，将更有能力更大限度地发挥专利价值，实现专利价值的最大化。权利人的类别是体现专利市场价值的重要指标。

（8）政策适应性

专利技术只有与国家产业政策保持一致，才会得到国家和地方政府的支持，该项专利技术才能迅速形成产业。医药关系国民健康，其发展一直受到政策鼓励，属于"政策适应性"较好的行业。医药领域的专利可以表现出较好的政策适应性。

（9）专利运营情况

专利许可、专利质押、专利转让等行为的发生，意味着待评价专利具有较高价值。具有上述专利行为且依靠这些行为获得较高收益的专利技术，属于高价值专利的范畴。

2.2.2　医药行业高价值专利的特色指标

医药行业属于实验性学科，其专利评价也有其特色。药物的技术效果、由实验等级所体现的技术成熟度、技术可信度、医药治疗范围所确定的技术适用范围，以及能够体现出专利不可规避性和侵权可判定性的权利要求类型是医药行业高价值专利的特色指标。

1. 基于疗效、毒性和副作用的技术效果

药物的疗效、毒性和副作用作为药物的技术效果，是决定药物开发的关键性因素，也是医药领域高价值专利评价必须考虑的问题。疗效好于现有技术和/或毒性、副作用较低的药物的专利技术价值较高。疗效、毒性、副作用的综合考察是体现医药领域高价值专利的特色指标。

2. 研发阶段与实验等级

医药行业属于实验性学科，药物的技术效果依赖于实验数据的证实。随着药物研发进程的推进，药物技术成熟度不断提升，药物研发风险逐步降低。临床前阶段和临床阶段是技术成熟度的分水岭，专利药物获得临床批件，将使得药物所对应专利的价值大幅提升。其中，临床前阶段又分为细胞阶段、鼠/兔模型阶段、犬模型阶段、猴模型阶段等动物试验阶段，临床阶段又分为Ⅰ期、Ⅱ期、Ⅲ期临床。不同时期的技术成熟度并不相同，所表示的技术价值也不同。

3. 实验数量与图表信息

医药开发高度依赖实验数据，申请文件中所披露的实验数据的多少和/或效果实验图表的多少也从不同侧面反映专利技术的可信度。实验数据越详尽，公开的信息越多，效果图表越多，则专利技术能够产业化的可能性越大。实验数据和效果图表的数量可作为反映技术可信度的反映指标。

4. 适应症的范围

对于药物领域来说，药物研发的平台性技术，如抗体与毒素的偶联技术受到具体疾病领域的影响较小，则其适用范围广阔。而药物的适应症范围越广、可治疗的疾病种类越多，则说明药物专利的技术价值越大。扩展药物的适应症范围将有效提高专利的技术价值。

5. 医药特色的权利要求类型

医药行业的权利要求类型较为固定，主要包括活性成分及其衍生物（盐、酯或溶剂化物）、制备方法、中间体及其制备方法、制剂、联合用药、制药用途等。药物的核心活性成分的专利布局是防止他人仿制或规避的有力武器，通常有关核心活性成分专利布局的不可规避性均较高。例如立普妥的上市产品为含有阿托伐他汀钙的片剂，该产品对应的权利要求类型，可以是①包含阿托伐他汀在内的马库什通式化合物；②阿托伐他汀及其盐；③阿托伐他汀钙；④阿托伐他汀钙的溶剂化物或晶型；⑤阿托伐他汀钙制剂；⑥阿托伐他汀钙的片剂；⑦具有特定处方组成的阿托伐他汀片剂。其不可规避性从高到低依次的顺序为：①通式化合物 > ②化合物及其盐 > ③化合物盐 > ④化合物盐的溶剂化物/晶型 > ⑤制剂 > ⑥特定制剂 > ⑦特定组成的制剂。药物领域权利要求的类型是衡量高价值专利不可规避性的重要指标。药物领域权利要求类型还包括化合物衍生物（包括酯、前药、结构改造物）及其制备方法、中间体及其制备方法、联合用药、制药用途等。这些权利要求的不可规避性不可一概而论，其防御的方向也不尽相同，与保护范围的大小以及与药物产品和适应症的对应性密切相关。对于临床批准或拟批临床的制药用途权利要求而言，其不可规避性甚至不亚于化合物权利要求，而对于未有对应临床适应症的制药用途权利要求，其不可规避性将大打折扣。化合物制备方法、中间体及其制备方法则需根据权利要求范围的具体情况具体考虑。联合用药、化合物衍生物等作为药物的衍生专利，通常对原活性成分的产品市场防御能力有限，但也具有相当的价值。以联合用药为例，辉瑞公司 2004 年上市的重磅药物"多达一",其活性成分为氨氯地平和阿托伐他汀钙,早在1997 年辉瑞公司就开始申请氨氯地平与阿托伐他汀联合用药的组合物专利,该专利的存在并不会对生产阿托伐他汀单方仿制药的企业起到阻碍作用或构成专利威胁,然而"多达一"被证实在降血压、降血脂方面具有更好的疗效。该药物所对应的专利从技术上巩固了因立普妥专利到期可能带来的市场下滑,间接地为其升级产品"多达一"再次占据市场竞争高地保驾护航。此外,药物化合物和制药用途专利的侵权可判定性较高,而诸如制备方法类型的专利,由于取证较难,侵权可判定性相对较弱。

2.3 国内外高价值专利评价体系存在差异

LS 模型及国外的其他评价体系均依赖专利的引证次数和被引证次数。

美国专利商标局(USPTO)将引用文献按照美国专利文献、外国专利文献和其他非专利文献的顺序进行排列,还在各部分前面分别加上相应标题。我国专利相关法规中,仅在《专利法实施细则》第 17 条中提到"有可能的,并引证反映这些背景技术的技术文献"。引用规则的缺失导致我国专利体系中专利引用数据的缺失。

我国研究者朱月仙提出:适用于评价国外专利的指标未必适用于国内专利的评价。研究显示,经独立样本 T 检验发现,在国内的专利类型、专利族大小、授权后第 5 年是否维持这 3 个指标能够表征高价值专利[1]。国外 NPE 购买的专利在相对被引证次数、非专利参考文献数量、IPC 分类号数量、权利要求数量、专利族大小、专利年龄、授权后第 8 年是否维持等指标上具有显著性差异。国外偏重于引证与被引证关系,而国内偏重于授权后第 5 年是否维持。

LS 模型等评估体系是否适用于国内高价值专利的显现还有待进一步研究证实。国内高价值专利显现化的指标需要符合中国专利的实际情况。

---

[1] 朱月仙,等. 国内外专利产业化潜力评价指标研究 [J]. 国图情报工作,2015,59(1):127 – 133.

第 2 章

高价值专利的产生过程研究

第1节　高价值药物与高价值专利

1.1　药物的专利价值

制药行业关乎国民生计，直接影响着人民的健康和生活。药品作为一种特殊的商品，其研发受到健康需求和市场需求的双重驱动。创新药物的研发存在高投入、高技术和高风险的特点，制药企业在高风险系数的研发过程中常常期望通过药品的创新，回报巨额的收益投入研发促进下一轮技术创新。大部分的研究人员认为，新药品的价值体现在其未来的盈利能力上。

虽然，新药品的销量受到治疗靶点、研发密度、销售价格、消费市场容量、疗效认可度、销售渠道、营销策略等多种因素影响。从法律层面上看，药品能够获得巨额经济回报的根本保障在于药物在专利保护期内生产和销售的排他占有权，市场独占为其带来垄断利润，这使得拥有药品专利权的制药企业在专利保护期内可以利用独占市场的权利来垄断药物销售的收益，从而回收药品开发阶段所投入的大量资金和成本，并获得充足的资金来进行下一个新药的研发。药品所取得经济回报的高低与药品专利为其提供的排他占有权密切相关。专利价值的本质正源于专利权人实施专利的专有排他权，这是进行专利开发、诉讼等活动的前提。药品能够获得较高的经济回报在一定程度上反映出药品专利所具有的高法律价值。

除了法律价值外，专利也具有一定的技术价值，药品从新化合物的发现到新剂型的开发通常凝聚了多项专利技术。药品专利的技术价值通常取决于药品的性能及其创新程度，即药品是否具有优异的医疗价值，其相对于同类药品技术优越性是否明显，特别是在存在大量创新的领域能否脱颖而出；是否在技术上有质的飞跃和突破使技术的更新换代不可避免；是否缺乏可替代技术方案以致无法规避该药品专利；是否有可能据此形成相关标准。药品专利技术上的高价值决定了药品能否具有优异的医疗价值，即该药品客观上具有的独立价值。

药品经济价值的高低一方面取决于该品种客观的独立价值，也取决于主观的商业运作与技巧。在不考虑主观影响的情况下，药品经济价值就取决于药品客观的独立价值。独立价值越高的药品，越可能获得较高的经济回报。因而，药品专利的技术价值也与其获得的经济回报具有一定相关性。

综上可见，药品专利的综合价值在一定程度上可以通过药品在市场上获得的经济回报来体现。药品专利的综合价值与药品的经济价值存在相关性。该评价标准也得到专利价值评估模型，如得到 LS 模型的支持。胡元佳等❶于 2007 年首次将 LS 模型引入药品专利价值的评估，分析药品的综合专利价值指数（composite index of patent value，CIPV）与销售额的相关性。综合专利价值指数由专利的权利要求项数（number of claims，NC）、被引用次数（forward citations，FC）、引用次数（backward citations，BC）和同族专利数（family size，FS）4 项指标构成。结果表明，CIPV 值与药品经济价值之间确实存在相关性，高经济价值药品通常具有高 CIPV 值（见表 2 - 1 - 1）。

表 2 - 1 - 1　部分药物专利 CIPV 数据

药品名	通用名	公司	上市时间	首项专利申请时间	美国专利号	CIPV 值
Lipito	atorvastatin	Pfizer	1997	1987	4681893；5273995；5969156	8.6554
Plavix	clopidogrel	Bristol - Myers Squibb	1998	1985	4529596；4847265；6429210；6504030	6.0929
Avastin	bcvacizumab	Roche	2004	1996	5530101；5693761；6180370；6884879；7297334	5.6516

❶　胡元佳，卞鹰，王一涛. Lanjouw - Schankerman 专利价值评估模型在制药企业品种选择中的应用［J］. 中国医药工业杂志，2007，38（2）：20 - 22.

续表

药品名	通用名	公司	上市时间	首项专利申请时间	美国专利号	CIPV 值
Takepron	lansoprazole	Takeda	1995	1986	5013743；4628098；4689333	4.5250
Glivec	imatinib	Noyzrtis	2001	1996	5521184；5543520；6894051；7151106；7544799	3.8803
Sutent	sunitinib	Pfizer	2006	2003	6573293；7125905；7572924	2.5078
Isentress	raltegravir	Merck & Co	2007	2007	7169780；7217713；7435734；7820660	2.4726
Valcote	valproic acid	Abbott	1984	1991	4988731；5212326	1.8562
Flolan	epoprostenol	GSK	1995	1982	4539333；4883810；4883812；4335139	1.2065
Cimzia	certolizumabpegol	UCB	2008	2006	7012135；7186820；7402662	0.8247

胡元佳等的研究还显示，专利为原研药带来了市场独占性。畅销药的背后必然有很多专利支撑，平均每种药品拥有 7.44 项专利，最多的达到了 42 项专利❶，这些专利构成的专利组合使药品在某一领域拥有技术独占权，进而带动药品的销售和市场占有。"重磅炸弹"药物均伴随着高 CIPV 值，其平均销售额以及平均 CIPV 值均高于平均水平。

药品专利的价值与该药品为专利权人创造的经济利益（在不考虑研发成本的情况下，可参考药品的年销售额）存在较大的相关性。专利的高价值往往会给专利权人带来巨额的垄断利益，具体表现为对市场的独占以及由此带来的巨额利润。药品享有超高的市场价值进一步证明了其获得整个行业的广泛认可及其优异的医疗价值。

---

❶ 曹晨，胡元佳．综合专利价值指数与药物经济价值的相关性研究［J］．中国医药工业杂志 2011，42（7）：63－64．

1.2 "重磅炸弹"药物的专利高价值现象

"重磅炸弹"药物如今是指年销售额超过 10 亿美元的药物❶。1986 年，抗消化性溃疡药泰胃美（Tagamet）上市后的第 3 年，其年销售额突破 10 亿美元，一跃成为首个"重磅炸弹"药物。2004 年，立普妥年销售收入达到 120 亿美元，成为首个年销售收入突破百亿美元的超级"重磅炸弹"药物。在此期间，"重磅炸弹"药物的内涵也在不断地发生变化。20 世纪 80 年代，"重磅炸弹"药物以治疗型药物为主。20 世纪 90 年代，"重磅炸弹"药物的内涵则以改善患者生命质量的药物逐渐占据优势。21 世纪，"重磅炸弹"药物则以提高人们生命和生活质量的新药为主导。近 20 年来，"重磅炸弹"药物得到了快速发展，成为医药行业经济增长的重要推动力。

"重磅炸弹"药物取得的市场成功与多种因素有关。专利保护对"重磅炸弹"药物维持高价垄断起到了非常关键的作用，所有"重磅炸弹"药物在上市之前都申请了专利，确保其获得市场垄断。基于 LS 模型可知，"重磅炸弹"药物均伴随着高 CIPV 值，带来巨大经济价值的"重磅炸弹"药物背后支持其垄断市场的大量专利成为高价值专利的典型代表。在拥有该重磅药物的核心专利技术之后，为了延长这类市场前景广阔、临床应用潜力巨大、对公司业绩贡献巨大的重磅药物品种的生命周期，制药企业会想尽办法，多角度、长时间地利用专利对其加以保护，延缓潜在的仿制药竞争者在其核心专利保护到期时进入市场的速度，尽量维护其占有的高市场份额。为此，从新药发现直到上市后的各阶段，原研企业必须在核心专利的基础上，继续抢先开发外围专利，逐步形成严密的专利网，防止其他医药创新主体率先申请外围专利，从而丧失相应的专利排他权和市场占有权。

立普妥的通用名为阿托伐他汀钙片（atorvastatin calcium），为他汀类血脂调节药，属于 HMG‑CoA 还原酶抑制剂，于 1997 年初获准上市，累计销售额约 1500 亿美元，被称为史上销售最好的药品。在立普妥上市之前，原研药厂（Warner‑Lambert）拥有与之相关的两项基础专利（US5273995 和 US4681893），并就其完成了中间体及其制备方法（US4681893A、US5298627A）、产品（US5273995A）、4 种晶体（WO9703958A1、WO9703959A1）、非晶型产品（WO9703960A1）、部分组合物（WO9416693A1、WO9716184A1）等技术主题

---

❶　LI Jie Jack. "重磅炸弹"药物：医药工业兴衰录［M］. 张庆文，译. 上海：华东理工大学出版社，2016：1.

的专利保护，形成了阿托伐他汀相关的专利组合，基于立普妥良好的疗效和销售业绩，不少制药巨头（包括辉瑞）对其虎视眈眈，实际上，在立普妥上市之初，辉瑞就已经对其进行了深入的跟踪研发，并申请了数项与阿托伐他汀相关的专利，包括2004年成功上市的CADUET（氨氯地平与阿托伐他汀组合物，WO9911259A1）。但是，该组合物上市仍然受制于Warner-Lambert拥有的阿托伐他汀基础专利。即使辉瑞申请了组合物专利并在后期通过临床试验，也无法实现产品的及时上市，必须坐等14年，即Warner-Lambert的阿托伐他汀产品专利到期。基于前期对Warner-Lambert专利技术的深入研究分析，辉瑞极其看好阿托伐他汀的市场前景。为了不再受制于人，辉瑞于2000年以824亿美元巨额并购Warner-Lambert。事实证明，辉瑞这一大手笔的收购决策是非常及时正确的，为其后续拓展了阿托伐他汀专利布局的深度和广度，进而在更多的国家和地区长期垄断市场争取了宝贵时间，而且及时阻止了其他竞争对手在专利保护期内来瓜分其市场，如Merck公司于1998年申请的组合物专利Liptruzet，到2013年5月才获美国食品药品监督管理局（FDA）批准上市。此外，辉瑞收购Warner-Lambert后继续进行研发，并阶段性地围绕立普妥的相关技术创新成果提出新的专利申请，包括药物制剂、制备工艺、配方、制药用途等专利保护主题来延长其专利保护期，将立普妥打造成了划时代的"明星药物"，并最终创造了15年累计销量超过1000亿美元的超级神话，令他汀市场风生水起，被誉为"立普妥时代"。

从上述例子可以看出，在知识经济时代，高价值专利已经成为一种强大的商业工具，是企业研发和市场之间的自然链接，是企业价值和盈利的重要增长点，是企业构建商业视野的关键环节。专利对于企业募集发展资金、扩大收益回流、形成竞争优势、强化市场地位发挥着巨大的作用；并对企业间的转让、兼并、收购等重大商业行为有着重要的影响。所谓的"重磅炸弹"药物正是依托了其拥有的高价值专利，在市场中从事资本的多种运作，实现专利价值的最大化，如专利许可、专利转让、专利作股、专利信托、专利担保、专利保险等，从而获得了巨额的经济回报。随着企业研发的不断累积和演进，药品相关的专利数量也在不断增加。这些专利之间一般存在内在的技术关联，并不是彼此孤立的。支撑特定技术发展的核心专利数目有限，更多的是依赖于核心专利的外围专利。外围专利拓展了技术的发展空间，但仍然处于核心专利的技术路线范畴之内，与核心专利共同形成特定技术领域的专利群。专利群中专利的相互关联，形成了一个保护范围更大、更多样化的专利整体，专利群的价值不是其中个体专利价值的简单加和，其高价值体现在赋予"重磅炸弹"药物多角度、多层次、多地区、高稳定性、高防御性的排他性保护。一旦专利过期，大量仿制药的竞争会迅速瓜分重磅炸弹药物的市场。

品牌药的市场垄断地位一旦被打破，其销售收入会出现明显下降，尤其在专利保护到期后，其销售额和利润如同从悬崖跳下般锐减，这也正是制药企业格外重视专利保护的原因所在。制药企业的发展离不开专利保护，发明专利代表着其创新的力度，核心技术通过良好的专利保护才能很好地为企业所用。药品上市后的市场价值也从一定程度上反映了支持其垄断市场的核心专利或专利组合的价值，药品的复杂性使"一药多专"的情况很普遍。几乎每种专利药品都拥有一套系统的组合专利，甚至利用组合专利形成一个保护范围更大、更多样化的专利组合。专利组合的价值取决于专利规模以及专利类别两个维度，而非单项专利价值之和，或者是核心专利的价值。制药企业正是利用战略性的专利组合及其排他性来保护品牌药物的市场独占，并最终体现于品牌药在专利保护期内的销售收入及其转让价格中。

1.3 专利悬崖——化学药专利高价值危机

"重磅炸弹"药物的研发集中在 20 世纪八九十年代。"重磅炸弹"药物将在近几年面临核心专利到期的困境。图 2 - 1 - 1 显示了 2014 年前到期的主要品种在 2011 年的全球销售规模，用于调血脂的阿托伐他汀钙、治疗心脑血管疾病的氯吡格雷、抗高血压药缬沙坦等均位列全球处方药销售前十名，这些"重磅炸弹"药物多针对常见病和多发病，适应人群广泛，市场规模大，而且占据着国际主流药品市场，其专利到期将给予市场极大的冲击和影响。

2010 ~ 2015 年，全球有近 400 种专利药物到期，主要集中在呼吸系统用药、内分泌及代谢药、心血管系统药、中枢神经系统用药和消化系统用药等领域。这些专利药品的销售额高达 2550 亿美元。2011 ~ 2015 年，全球有 80 多种"重磅炸弹"药物专利陆续到期。有 8 种药物的核心化合物专利于 2015 年、2016 年到期。2015 ~ 2016 年，化合物专利过期的"重磅炸弹"药物治疗领域主要分布在心血管系统、抗肿瘤和免疫调节剂以及全身用抗感染药物，包括格列卫（glivec）、达菲（tamielu）、可定（crestor）等。

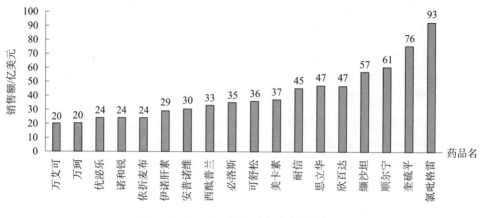

图 2 - 1 - 1　2011 年全球部分药销售数据

2010～2015 年，专利到期的药物主要以化学小分子药物为主，仅有少数大分子药物。20 世纪 80 年代是小分子化学药物开发的黄金时期，制药企业大笔投入研究和开发新分子，研发的积累和升级在 20 世纪 90 年代取得了非常好的结果，当前处于 20 年专利期陆续到期阶段。

1.4　后起之秀——生物药专利高价值端倪

从 20 世纪末开始，全球大型制药企业的药物研发重点开始转移到以靶向药物为主的生物大分子类药品，首个生物品种在 2013 年也迎来全球专利到期。2015～2016 年，专利到期的生物大分子类"重磅炸弹"药物治疗领域主要分布在抗肿瘤、糖尿病和免疫调节剂药物，包括赫塞汀（herceptin）、来得时（lantus）、阿瓦斯汀（avastin）等。

尽管有一些重磅药品面临专利悬崖的困境，然而由于各大制药企业热衷于肿瘤药物研发，单抗、激酶抑制剂等新型抗癌药物持续推向市场，使得抗肿瘤药物在疾病治疗领域将继续占据绝对优势。据 IMS 数据统计，抗肿瘤药自从 2007 年超越降血脂药后，一直是全球医药市场的领头羊。近年来，随着分子靶向药物不断推向市场，肿瘤个体化治疗的选择空间增加了，部分特定人群受益更为显著。靶向药物主要包括小分子靶向药物和单抗。由于单抗靶向治疗的理念越来越被接受，与化疗药物联合用药为患者带来较显著的生存受益，使得抗肿瘤单抗药物的市场占有率迅速攀升。根据 Reva Pharma 预测，至 2015 年全球将有 640 亿美元生物专利药到期，在这些即将到期的生物专利药中，单抗占比最大（约 48%）。未来几年，单抗类药物将迎来新一轮专利到期潮，如美罗华、赫赛汀、类克、修美乐、阿瓦斯汀等（见表 2 - 1 - 2）。

表 2 - 1 - 2　部分抗体药物专利到期时间

公司	抗体名称	美国专利到期时间	欧洲专利到期时间
Amgen	Enbrel	2011 ~ 2019	2015
Genentech	Rituxan	2013 ~ 2019	2013
Genentech	Herception	2013 ~ 2018	2010 ~ 2014
Genentech	Avastin	2013 ~ 2018	2014
Genentech	Xolair	2010 ~ 2018	2015 ~ 2017
Genentech	Lucentis	2011 ~ 2017	2016 ~ 2018
Biogen - IDEC	Amevive	2011 ~ 2017	2016 ~ 2018
Biogen - IDEC	Tysabri	2013 ~ 2018	2016
Genzyme	Campath	2014 ~ 2020	2014
Medimmune	Synagis	2013 ~ 2020	2015
J & J	Remicade	2014	2014
Abbott	Humira	2017	2018
Lilly	Erbitux	2015	2016
Lilly	Reopro	2017	期满
Alexion	Soliris	2018	2014
Pfizer	Mylotarg	2013 ~ 2015	2015

1.5　厚积薄发——中药新时代的价值复兴

中药作为中华民族的瑰宝，也是潜力巨大的经济资源。随着屠呦呦获得 2015 年的诺贝尔医学奖，中医药在世界范围内受到了前所未有的关注。然而，在青蒿素发现的特定历史阶段，我国并未建立专利保护制度，这个伟大的成果并没有给科研单位带来相匹配的回报。中国作为青蒿素技术的发源地，而其青蒿素相关技术的国际市场份额不足 10%（2014 年统计数据）。中国为世界贡献了七成以上的青蒿素原料，而利润丰厚的下游产业链基本被国际巨头把控，中国企业主要为产业链的原料提供者❶。随着青蒿素及其衍生物新的研究进展，2016 年 9 月 21 日，诺贝尔奖得主屠呦呦牵手国内中药企业昆药集团，合作开发双氢青蒿素片，用于治疗红斑狼疮。若此项技术获得成功，

---

❶　专利产业化：破解我国青蒿素药物专利产业化难题［EB/OL］.［2016 - 10 - 30］. http：//www. weixida. com/document/14963177. com.

将填补红斑狼疮领域的技术空白❶。

近年来，国家和政府高度重视中医养生保健服务的发展，先后制定和出台政策措施促进行业发展。天然药物的发现是传统中医药献给世界的礼物。天津天士力制药股份有限公司（以下简称"天士力"）的复方丹参滴丸、江苏康缘药业股份有限公司（以下简称"康缘药业"）的桂枝茯苓胶囊、上海现代中医药股份公司的扶正化瘀片、北大维信生物科技有限公司的血脂康胶囊、浙江康莱特药业有限公司的康莱特胶囊和康莱特注射液，以及河北以岭医药研究院有限公司（以下简称"以岭药业"）的连花清瘟胶囊，相继向美国 FDA 提交 IND 申请，开启了中药国际化路线。

由于我国具有原创优势的科技资源、优秀的文化资源和重要的生态资源，中药产业将在经济社会发展中日益发挥着更加重要的作用。

第 2 节　伊马替尼专利价值分析

2.1　合成药伊马替尼

2015 年，因"印度抗癌药代购第一人"陆勇被诉事件，一种昂贵的抗癌药——格列卫受到了舆论的关注。格列卫（glivec，即甲磺酸伊马替尼，imatinib mesilate）的化合物原编号是 STI – 571，是诺华集团（Novartis，以下简称"诺华"）研发的一种针对酪氨酸激酶 BCR – ABL 的分子靶向药物。2001 年 5 月，由于在 Ⅱ 期临床研究中得到了前所未有的高有效率阳性结果，格列卫在美国获得了加速审批，用于治疗费城染色体阳性的慢性粒细胞白血病（CML）急变期、加速期或 α – 干扰素治疗失败后的慢性期患者。2001 年 11 月格列卫在欧洲上市，并于 2002 年 4 月在中国上市。格列卫是慢性粒细胞白血病患者的救命药，也是天价药，售价为 2.4 万元人民币每盒，每克价格为黄金价格的 7 倍。格列卫的上市改变了慢性粒细胞白血病患者无药可治的局面，并且开创了肿瘤分子靶向治疗的时代，被誉为里程碑式的发现。

在格列卫出现之前，患者的平均存活期只有 3 ~ 6 年，格列卫对 CML 具有革命性的治疗效果，CML 患者的 10 年生存率达 85% ~ 90%，大大延长了患者的生命存活期。在安全性方面，格列卫相对于干扰素疗法副作用大幅降低，很

---

❶ 昆药再度牵手屠呦呦 签约双氢青蒿素片治疗红斑狼疮项目［EB/OL］. (2016 – 09 – 21)［2016 – 10 – 30］. http://www.xinhuanet.com/health/2016 – 09/21/c_ 1119600498.htm.

快成为治疗 CML 的一线用药。2002 年，格列卫又获 FDA 加速审批成为治疗晚期或转移性胃肠道间质瘤（GIST）一线用药。截至现在，格列卫是国内外 GIST（不论基因类型如何）治疗指南唯一的一线推荐用药。2008 年，FDA 又通过加速批准途径批准格列卫用于有可能根治性切除但复发危险增加的 GIST 肿瘤病人，2011 年格列卫获得美国和欧盟批准治疗儿童急性淋巴细胞白血病。

迄今为止，格列卫是最有效和最成功的抗肿瘤小分子药物之一，已在欧盟和 60 多个国家获批上市，在美国、欧盟和日本都被指定为治疗 CML 的"孤儿药"。对诺华而言，格列卫无疑取得了巨大成功，其药效高、耐受性良好，上市第 3 年即获得超过 10 亿美元的销售额，跻身"重磅炸弹"药物行列。从 2010 年开始，格列卫每年的全球销售额都高达 40 亿美元以上，在 2014 年全球"重磅炸弹"药物销售排行中，格列卫以 47.46 亿美元的销售额排名第 15 位，2015 年销售额达 46.58 亿美元（见图 2 - 2 - 1）。正是诺华为格列卫打造的一系列专利为其提供了高稳定性、高防御性的排他占有权，从而保证其在专利保护期内能够长期独占市场，专利的排他权确立了格列卫在该治疗领域绝对领先的市场优势，从而提高了药品的市场价值。

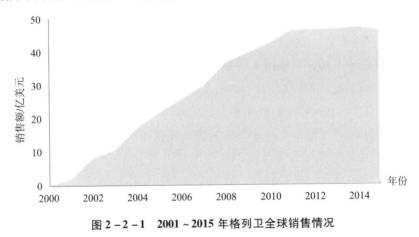

图 2 - 2 - 1　2001～2015 年格列卫全球销售情况

2.2　伊马替尼相关高价值专利的产生过程

2.2.1　伊马替尼技术价值、法律价值、市场价值的构建

2.2.1.1　伊马替尼专利技术价值的构建

1. 发掘技术价值——高起点开创肿瘤的分子靶向治疗时代

高技术价值专利的诞生，归根结底离不开基础研究的支持，比如新靶点

的发现、作用机制的阐明。BCR – ABL 融合基因是首个确认的与特定恶性肿瘤相关的异常基因，它也成就了格列卫的研发。格列卫成为基于对癌细胞分子作用机理的了解而合理设计开发的第一个抗癌新药，也被认为是合理药物设计的典范。由于其作用的靶向性，格列卫对其他类型的细胞酪氨酸激酶的作用较小。因此，与传统非靶向细胞毒抗癌药物相比，格列卫的副作用较少。格列卫的成功是合理药物发现取得的巨大胜利。进一步梳理格列卫药物开发过程，将有助于制药企业准确把握药物的合理发现途径，从而奠定药品专利技术价值的基础。

（1）伊马替尼发现前白血病药物的专利保护现状

白血病又称作血癌，是一类造血干细胞恶性增生性疾病。1847 年，德国病理学家鲁道夫·菲尔绍首次识别了白血病。白血病位居儿童癌症发生率首位，根据儿童癌症基金会的统计，白血病约占所有儿童癌症的 31%，可分为急性淋巴性白血病（ALL）、急性骨髓性白血病（AML）、慢性粒细胞性白血病（CML），其中，慢性粒细胞性白血病较少见，CML 在成人白血病中也仅占 15% ~ 20%，年发生率为 10 万人中有 1 ~ 2 例，CML 属于患病人数较少的"罕见病"。

20 世纪 70 年代，治疗 CML 以传统的细胞毒化疗药物，如白消安、羟基脲等，但是效果不佳，只能用来缓解白细胞过高的现象，平均 5 年存活率在 40% 左右。20 世纪 80 年代，Talpaz 等人使用干扰素（Interferon）治疗是一个突破，也是 1990 年后第一个被确定为治疗 CML – CP 慢性期有遗传学效应的药物。采用干扰素治疗，20% ~ 30% 的患者能获得细胞遗传学缓解，生存期有所延长。但干扰素有很多毒性，副作用难以接受。直到 20 世纪 90 年代，除了传统化学治疗和干扰素治疗，异体干细胞移植技术进入成熟阶段，成为 CML 的主要治疗手段之一，患者 5 年的存活率可达 70%，但是异体移植涉及配对成功率以及后续排斥反应等因素，对于大多数患者而言，这种疗法并不可行。在发现格列卫之前，一直没有针对这种罕见病的特异性药物。

图 2 – 2 – 2 显示了伊马替尼的活性成分专利申请分布，1985 ~ 1992 年是治疗白血病的化疗药物加速发展阶段，白血病相关的药物专利申请也出现快速增长趋势，年平均申请量达到 700 件以上，是 1984 年之前年平均申请量的 6 倍。其间，针对 CML 治疗药物的专利申请量始终在低点徘徊，年平均申请量不足两位数，与白血病药物申请量快速增长的态势形成鲜明对比。

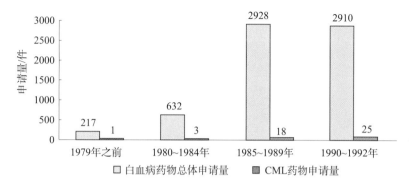

图 2 - 2 - 2　伊马替尼发现之前白血病药物总专利申请量与 CML 药物专利申请量分布

由此可见，直到 20 世纪 90 年代初期，相对急性白血病药物而言，治疗 CML 药物的发展仍处于相对缓慢状态。CML 通常发病年龄是 55 ~ 65 岁。近年的流行病学调查发现，年轻人群中的发病率在逐年上升，并且在某些老年化严重的国家或地区，CML 的总发病率明显提高，但仍面对无药可用的困境，亟需开发出针对 CML 的高效低毒药物。同时该领域技术发展的明显滞后也为推出创新药物提供了研究方向的选择。

（2）BCR - ABL 靶点的发现与选择

1960 年，宾夕法尼亚大学教授彼得·诺维尔和 Fox Chase 癌症中心的大卫·亨格福德发现了费城染色体，并在 95% 的 CML 患者中检测到该染色体的存在，从而第一次将染色体异常与癌症关联起来。但费城染色体的形成机制及其导致 CML 的原因并不明了。该染色体的发现并没有为 CML 治疗药物的开发带来实质进展。直到 1973 年，费城染色体的"易位"机制得到了确认。1976 年，Bishop 和 Varmus 发现 SRC 癌基因序列，之后一些癌基因陆续被发现。其间，癌细胞分子生物学研究也有了重大进展，1979 年，Cohen 和 Levi - Montalcini 关于癌基因/抑癌基因和生长因子及其受体的研究，使癌变分子机制的研究更加深入，随着细胞跨膜信号转导机制的研究进入肿瘤领域，癌基因/抑癌基因和生长因子及其受体在癌变中的作用得到进一步解析。1982 年，Annelies 发现 C - ABL 癌基因易位后，与 BCR 融合形成的 BCR - ABL 融合基因使酪氨酸激酶活性持续升高。1983 ~ 1987 年，研究人员发现费城染色体能产生一种增强酪氨酸激酶活性的融合蛋白（BCR - ABL），该蛋白是一种酪氨酸激酶的活化形式，该酶通过多种途径传导信号，收到信号的细胞开始失控和分裂，引发白细胞数量大量增加，从而导致 CML，这似乎为进一步开发针对 CML 的创新药提供了契机。此后，针对 BCR - ABL 的研究日益增多，至 2015 年，与 BCR – ABL 研究相关的文献超过了 12000 篇（见图 2 – 2 – 3），推动了创新药物的研制进程。

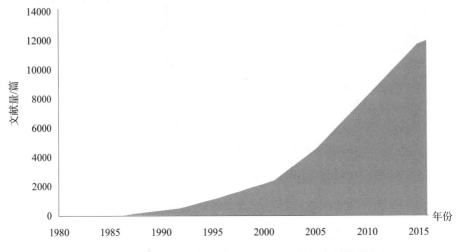

图 2 – 2 – 3　1980 ~ 2015 年研究 BCR – ABL 相关文献增长趋势

致病机理的发现不仅为疾病的发病原因提供了重要信息，也为药物开发提供了全新的靶点，对新药的开发研制、建立筛选模型、发现先导化合物具有特别意义。药物作用的新靶点一旦被发现，往往会成为一系列新药发现的突破口。一个全新药物靶点的发现对于率先研发出开创性新药，从而迅速占领相应市场至关重要。

（3）关于激酶抑制剂选择性的技术偏见

20 世纪 90 年代之前，大多数制药公司对激酶抑制剂的开发并无多大兴趣。因为机体细胞内存在结构类似的多种激酶，大家普遍认为，开发能够针对一种特殊激酶的阻断剂是不可能的事情。如果激酶抑制剂缺乏选择性，必将带来严重的副作用，因而不可能成为一种临床上可使用的治疗药物。

瑞士巴塞尔的汽巴—嘉基公司（1996 年瑞士巴塞尔的汽巴—嘉基公司与 Sandoz 公司合并成为今天的诺华）的科学家通过对激酶结构的进一步研究发现，不同的激酶之间，其 ATP 结合口袋结构存在一定差异。这一发现意味着，针对这一结构差异，寻找具有特异性激酶抑制剂成为可能。在大家对激酶抑制剂研究并不看好的情况下，汽巴—嘉基公司的癌症研究小组的负责人，凭着其自身对刚刚兴起的分子生物学新技术的敏锐感知力，确定以蛋白激酶为突破口进行深入研究，以期为癌症治疗药物研发开辟新的路径。虽然在选择具体蛋白激酶作为研究靶点之初，该小组负责人对 BCR – ABL 并不十分感兴趣，原因是 CML 病人较少，即使成功开发出有效治疗药物，也只能挽救为数不多的患者，不会给公司带来巨大利润，他们的目标是开发可用于常见癌症的酪氨酸激酶抑制剂。加盟该研究项目的波士顿 Dana – Faber 癌症研究所的德鲁克博士在 CML 分子生物学方面的大量研究经验使他相信，CML 应该是汽巴—嘉基公司研究小组的最适研究方向，并是与单一肿瘤基因相关的癌症，如果开发出能够抑制 BCR – ABL 激酶的药物，将开创通过分子生物学手段治疗癌症的新途径。

（4）计算机辅助药物设计（CADD）的使用

随着计算机性能的提高和应用软件的普及，20 世纪 90 年代，计算机辅助分子模拟法（CAMM）得到了很大的发展，也极大地推动了药物设计的研究，并趋于发展成为一门新的学科——计算机辅助药物设计。该项技术以计算机化学为基础，通过计算机的模拟、计算和预算药物与受体生物大分子之间的相互作用，考察药物与靶点的结构互补、性质互补等，设计出合理的药物分子。计算机辅助分子模拟法在药物研究的前期价值巨大，它是设计和优化先导化合物的快捷手段，可以大大减少在大量待选分子中寻找具有某一特定生理活性分子的工作量，提高新药开发的效率❶

如图 2 – 2 – 4 所示，CADD 技术在 1990 年前后处于技术发展的成长期，刚刚被药物研究领域所认识，属于新型学科，其药物研发手段尚未被广泛地使用。从 1990 年开始，癌症研究小组借助计算机分子模拟技术，针对激酶 ATP 结合口袋立体结构，负责设计和合成小分子物质，随后，通过高通量的药物设计筛选方法选出了一系列的化合物。CADD 技术的使用大大减少了寻找目标活性分子的工作量，提高了药物开发的效率。两年以后，在这一系列的化合物中，他们发现了名为 STI – 571 的 2 – 苯胺基嘧啶衍生物（最初命名为 CGP57148B）在体内和体外均可以明显抑制 BCR – ABL 的表达。STI – 571可抑制 92% ~98% 的来源于 CML 患者的肿瘤细胞在体外形成集落，而对正常细胞影响极小。完成了细胞学试验后，他们进一步完成了动物的体内试验，其安全性和有效性均得到了证实。汽巴—嘉基公司于 1992 年递交了 STI – 571的基础专利申请。1995 年，STI – 571 作为最佳备选药物进入 I 期临床试验，结果表明其具有强大的抗 CML 作用，且绝大多数患者对 STI – 571 耐受良好。

---

❶ 蔡惠明，等. 药物设计中的计算机辅助分子模拟法［J］. 药学进展，1990，14（1）：11 – 15.

1999～2001 年，Ⅱ期临床实验结果显示该药物对慢性骨髓性白血病的慢性期、加速期和急变期都有显著疗效，其对慢性期的疗效近 100%，这是肿瘤药物研究史上的革命性成果。鉴于 STI－571 的确切疗效，美国 FDA 罕见地在 STI－571 还没有进行Ⅲ期临床的情况下就于 2001 年 5 月批准了 STI－571 用于治疗费城染色体阳性的 CML 急变期、加速期或 α－干扰素治疗失败后的慢性期患者。2001 年 11 月，该药物在欧洲上市，2002 年 4 月在中国上市。该药物成为 CML 患者的救命药，将 CML 患者的 10 年生存率提高到 85%～90%，大大延长了患者的存活期，而在伊马替尼之前，患者的平均存活期只有 3～6 年。在安全性方面，伊马替尼相对于干扰素疗法的副作用而言，大幅降低。因此，很快成为治疗 CML 的一线用药。而快速成为"重磅炸弹"级药物，自 2003 年起的年销售额即超过 10 亿美元。

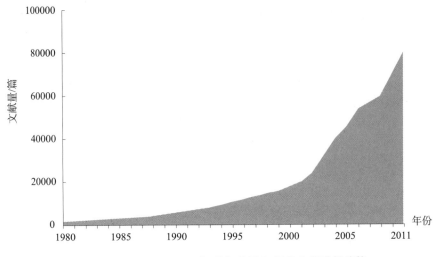

图 2－2－4　1980～2011 年研究 CADD 相关文献增长趋势

从 1960 年伊马替尼的作用靶点"费城染色体"的发现算起，到 2001 年 5 月美国 FDA 批准格列卫应用于 CML 的治疗，时间跨越了 41 年，且是为数不多的仅通过了Ⅰ期、Ⅱ期临床，就以"绿色通道"形式直接获批的临床一线新药。纵观格列卫的孕育过程，我们不难发现，其成功与选取的疾病、靶点、研发手段等因素密切相关。

立足"罕见病"药物开发，针对"全新靶点"BCR－ABL 酪氨酸激酶，不惧普遍存在的技术偏见，勇于探索发现了不同激酶 ATP 口袋的差异性，利用 CADD 新兴技术筛选并合成伊马替尼，第一时间形成专利保护，成就了首个特异性靶向激酶药物，首个 BCR - ABL 酪氨酸激酶抑制剂，首个基于 CADD 产生的抗癌药，首个治疗 CML 的特效药物，高起点开辟了伊马替尼高技术价值的时代（见图 2 - 2 - 5）。在化合物被筛选出后诺华（及其前身）立即对其提交专利申请保护，把伊马替尼候选药物的专有权牢牢掌握在自己手中，并以马库什权利要求和多个实施例的方式将伊马替尼隐藏在多个化合物之中，避免技术过早地被他人关注，从而保持其技术领先的优势。

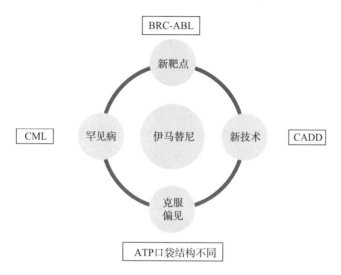

图 2 - 2 - 5　格列卫技术价值的挖掘

2. 提升技术价值——拓展肿瘤"罕见病"靶向治疗领域

Ⅰ期临床期间，研究小组发现，伊马替尼可以抑制 BCR - ABL 的活性，对 c - KIT 和血小板源性生长因子受体（PDGFR）的酪氨酸激酶活性也具有明显的抑制作用。胃肠道间质瘤（GIST）是胃肠道最常见的间叶性肿瘤，目前认为 GIST 来源于胃肠道 Cajal 间质细胞，80% ~ 100% 的 GIST 弥漫性表达 CD117（c - KIT），60% ~ 80% 的 GIST 弥漫阳性表达 CD34。由于 c - KIT 在 GIST 中强表达，STI - 571 很有可能对 GIST 有良好的疗效。2001 年，芬兰赫尔辛基大学中心医院的研究人员报道了世界上首例 GIST 转移瘤患者在接受了 STI - 571 治疗后获得快速缓解的案例。据《孤儿药报告（2014）》（来自 Evaluate Pharma）预期，2014 ~ 2020 年，全球孤儿药销售规模的年增长率将达到 11%，是处方药（仿制药除外）的两倍；市场规模将从 2014 年的 970

亿美元增长到 2020 年的 1760 亿美元，占处方药（仿制药除外）市场规模的 19%❶。罕见病药物（孤儿药）的快速审批机制是药物扩充适应症的正向激励，2001 年诺华提交了涉及格列卫用于治疗胃肠道间质瘤的相关专利申请，并随后在中国、美国等多个国家或地区获得授权。2012 年 2 月，美国 FDA 授权了伊马替尼作为不可切除或转移 GIST 的一线用药，2002 年 8 月，《New England Journal of Medicine》杂志发表了一项纳入 147 例不可切除或转移 GIST 患者的随机、多中心、前瞻性研究，结果表明绝大多数接受伊马替尼治疗的患者获得了不同程度的缓解。

从 2001 年获批首个适应症以来，格列卫共获批了 10 个适应症，包括费城染色体阳性的慢性髓性白血病急变期、加速期或 a－干扰素治疗失败后的慢性期患者；新诊断费城染色体阳性的慢性髓性白血病（Ph＋CML）处于慢性期的成人或儿童患者；难治复发成人费城染色体阳性的急性淋巴细胞白血病；联合化疗治疗新诊断的费城染色体阳性急性淋巴细胞白血病（Ph＋ALL）儿童患者；治疗骨髓增生异常综合症/骨髓增生性疾病（MDS/MPD）伴有血小板衍生生长因子受体（PDGFR）基因重排的成年患者；治疗侵袭性系统性肥大细胞增生症（ASM），无 D816V c－Kit 基因突变或未知 c－Kit 基因突变的成人患者；用于治疗嗜酸细胞过多综合症（HES）和/或慢性嗜酸粒细胞白血病（CEL）伴有 FIP1L1－PDGFRa 融合激酶的成年患者；治疗不能切除、复发的或发生转移的隆突性皮肤纤维肉瘤（DFSP）；用于治疗 Kit（CD117）阳性不能切除和/或发生转移的恶性胃肠道间质瘤（GIST）的成人患者；用于 Kit（CD117）阳性 GIST 手术切除后具有明显复发风险的成人患者的辅助治疗。快速拓展适应症也是格列卫保持"重磅炸弹"药物的重要因素之一，而相关专利的紧密布局为其垄断市场提供了重要的权利基础。

2.2.1.2 伊马替尼专利法律价值的构建

（1）细细打磨基础专利，形成有效专利壁垒

伊马替尼基础专利的高价值还体现在其权利要求的设计上，以其中国同族专利（CN1043531C）为例，其授权权利要求如下：

权利要求 1：

一种式 I 的 N－苯基－2－嘧啶胺衍生物，

---

❶ 罕见出路系列："孤儿药"寻路中国［EB/OL］．［2016－10－30］．http：//www.csrworld.cn/article－4373－1.html.

（Ⅰ）

其中 R_1 是以环碳原子相连的且氮原子未被氧取代或被氧取代的吡啶基，R_2、R_3 和 R_8 均为氢，R_7 为硝基、氟取代的低级烷氧基或结构式 Ⅱ 所示的基团：

$$- N (R_9) - C (=X) - (Y)_n - R_{10}$$ （Ⅱ）

其中 R_9 是氢或 $C_1 \sim C_4$ 烷基；X 是氧；Y 是氧或 NH 基团；n 是 0 或 1；和 R_{10} 是一种至少有 $5 \sim 10$ 个碳原子的脂肪族基团，$C_5 \sim C_6$ 环烷基、吡啶基、噻吩基、萘基或是未取代或被下列基团取代的苯基：氰基、$C_1 \sim C_4$ 烷基、（4－甲基－哌嗪基）－$C_1 \sim C_4$ 烷基、$C_1 \sim C_4$ 烷氧基、卤素或羧基，和 R_4、R_5 和 R_6 各自独立地为氢、$C_1 \sim C_4$ 烷基或三氟甲基，或至少有一个成盐基团的此种化合物的一种盐。

权利要求 2~6：对上述取代基的进一步限定。

权利要求 7~37：根据权利要求 1 的 N－（3－硝基苯基）－4－（3－吡啶基）－2－嘧啶胺或它的一种药理上可接受的盐。

权利要求 38：一种药物组合物，它包含根据权利要求 1~3 和 6~37 任一项的式 Ⅰ 的一种化合物或含至少一个成盐基团的此种化合物的一种药理上可接受的盐和一种药物载体。

权利要求 39：一种制备根据权利要求 1 的式 Ⅰ 的一种化合物或含至少一个成盐基团的此类化合物的一种盐的方法。

该核心专利的权利要求采用马库什通式形式撰写，从而涵盖了一系列具有相同母核结构的化合物，由于说明书中描述了式 Ⅰ 化合物具有选择性抑制蛋白激酶 C 和 PDGF 受体激酶以及 BCL－ABL 激酶的活性，并在实施例中列举了多个式 Ⅰ 范围内的具体化合物，因而权利要求概括的范围能够得到说明书的支持，最终获得授权。该专利的美国同族、欧洲同族均获得了相同的保护范围，而该专利的保护范围中涵盖了后续被确定为最佳化合物的伊马替尼。授权的权利要求采用马库什通式概括了较宽的保护范围，有效地囊括了有惊人效果的伊马替尼，进而保证了诺华在这一研究领域上的绝对领先优势，同时较宽的保护范围也避免了活性化合物伊马替尼过早被暴露，阻碍了竞争对手的快速跟进研究，为诺华后续对格列卫的开发铺平了道路。

（2）巧妙利用各国专利制度，合理延长保护期限

专利权价值的本质源于专利权人实施专利的专有排他权，这是进行专利运用、交易、诉讼等活动的前提。对于格列卫的基础专利而言，其分别进入了 28 个国家或地区，并在 24 个国家或地区获得了授权，进而在授权国家或地区获得了专有排他权，任何单位或者个人未经专利权人许可，都不得实施其专利。然而，一旦该专利权在某一国家或地区保护期届满，这一国家或地区的仿制药产品将会迅速抢占其市场，瓜分专利权人原有的垄断利益。为此，专利权人会想方设法地延长其专利，尤其是核心专利的保护期限，进而提升了专利因排他性而带来的价值延续，保障专利权人在更长时间内享有该专利带来的垄断利益，提高专利所带来的价值总量。

图 2-2-6 显示了诺华利用美国专利制度充分延长市场独占期的做法。伊马替尼的基础专利 US5521184（在美国的申请日为 1994 年 4 月 28 日）授权日为 1996 年 5 月 28 日，其期限届满日为 2013 年 5 月 28 日；伊马替尼中国同族专利（CN1043531C）的期限届满日为 2013 年 4 月 2 日，然而其美国同族专利却在其保护期届满后又获得了延期，实际终止日为 2015 年 1 月 4 日，表明诺华充分利用美国的 Hatch - Waxman 法案获得了 586 天的延长期。同时，基于格列卫获 FDA 批准用于新诊断费城染色体阳性的慢性髓性白血病（Ph + CML）处于慢性期的儿童患者以及联合化疗治疗新诊断的费城染色体阳性急性淋巴细胞白血病（Ph + ALL）儿童患者，根据儿科延期（pediatric exclusivity，PED）规则，该药物额外获得 6 个月的市场独占期。在合理利用美国相关法案或规则后格列卫市场独占期最终延长了 766 天。诺华巧用美国医药相关法规，赢得了两年多的市场独占期，额外收获更多的独占收益。

图 2-2-6　格列卫市场独占期延长示意图

（3）多主题布局外围专利，多面提升专利法律价值

随着药品研发经验的不断累积及药品市场价值的不断增加，专利稳定性和不可规避性的需求不断提升。化合物盐、化合物晶型、新型制剂、新适应症以及药品相关的检测均是专利布局的技术主题。多主题形成的专利组合形成了退可守、进可攻的战略格局。就守而言，多主题构建的专利壁垒是抵御进攻的重要屏障，拖延竞争对手技术回避的时间，多主题组合专利提高了竞争对手无效相关专利权的难度，间接地提高了专利权的稳定性。就攻而言，多主题构建的专利好比多种类的专利武器，实现多手段、多频次的亮剑。

随着时间的推移，数量有限的"核心专利"期限届满，专利药品往往就失去了权利的独占，如果在时间维度上进行有规划、有步骤的外围专利布局，则可实现"核心专利"专利保护期的延伸，外围专利所体现的技术往往是技术研究的进一步深入，这种"深入"可以是权利人精心设计的以公开换保护的专利布局之策。在适当的时候将某一曾经保密的内容适当地以专利形式抛出，达到专利保护期的延长。

图 2-2-7（详见文前彩插第 3 页）显示了诺华围绕伊马替尼开展的专利布局，中间是伊马替尼的核心结构专利，周围 5 个部分列出了布局的主题，每部分伸展的枝叶则表示具体布局的技术点。在核心专利（通式化合物）之后，诺华进行了活性成分、制药用途、联合用药、制剂以及其他方面的多主题专利布局。

就活性成分而言，1993 年用于保护 N-苯基-2-嘧啶胺衍生物（CN93103566. X）的专利申请被提出，其保护范围覆盖了大量化合物的通式化合物以及多个具体化合物，伊马替尼即为其中之一。1996 年，德鲁克和莱登公开了 STI-571 就是他们苦苦寻找的 BCR-ABL 激酶选择性抑制剂，该结果引起了医学界的广泛关注。1998 年，格列卫获批进行 I 期临床，对于化合物小分子药物来说，科学工作者可以使用现代化合物的确认手段对化合物的结构进行反向工程的确认，且当药物进入 I 期临床时，能够接触到该药物活性成分的人群将不局限于主要发明者，其技术秘密被泄露的风险大大地提高，为此，1998 年，诺华抛出了伊马替尼的优势活性成分伊马替尼甲磺酸盐 β 晶型专利，以期获得格列卫药物保护期的延长并对竞争对手形成专利壁垒。2005 年，诺华同样布局具有性质优势的伊马替尼的 D-酒石酸盐、L-酒石酸盐、琥珀酸盐、丙二酸盐等（CN200580003217. 7），伊马替尼甲磺酸盐的其他晶型（如 F、G、H、I 和 K 晶型）（CN200680044007. 7）以及 δ、ε 晶型

（CN200680030515、CN201010586080.5），2007年布局了伊马替尼甲磺酸盐的非晶型形式（CN200870018651.2）。

多家仿制药企业均对格列卫给予高度关注，据国家食品药品监督管理总局（CFDA）数据库显示，截至2016年3月9日，至少有16家国内制药企业向CFDA提出过伊马替尼仿制药的申请，还包括1种进口药申请。诺华试图采用高密度的晶型（包括非晶型）专利布局，寻求对仿制药企业设定法律壁垒，从而拖延竞争对手的技术跟进时间。但这种设障方式并非可以保证仿制药完全没有跟进的机会。事实上，仿制药企业也会及时启动规避方案的开发，试图找到可以替代诺华拥有权利的各种晶型。据报道，已有H1、α2、非针状α、Ⅰ、Ⅱ、Ⅳ-ⅩⅥ等多种替代晶型。江苏豪森药业股份有限公司拥有甲磺酸伊马替尼A晶型的专利（ZL2010101767726.2），而南京卡文迪许生物工程技术有限公司则拥有多晶型物Ⅰ、Ⅱ、Ⅲ的专利（ZL201110032923.1、ZL201110141335.1、ZL201110157098.8）。石药集团拥有甲磺酸伊马替尼L晶型的专利（ZL201210162532.6）。

就第二制药用途而言，诺华申请了胃肠基质肿瘤（GIST）、甲状腺癌、表达BCRP的癌症、肺动脉高压（PAH）以及α-碳酸肝酶调节的眼科疾病等用途。诺华将"胃肠基质肿瘤"专利（CN1276754C）作为向仿制药企业提起诉讼的武器，以期维持市场独占中发挥了重要的进攻作用。

不同时间，在不同地域布局多个主题的专利保护网，对延长核心化合物专利的保护期以及提升专利技术的不可规避性具有重要意义。多主题布局后续专利，在高价值专利培育过程中发挥了重要的作用。

2.2.1.3 伊马替尼专利市场价值的构建

技术价值是药物市场价值的基础，而法律价值则是市场价值的保障。格列卫的专利市场价值与其技术价值、法律价值密不可分。

（1）做足"孤儿药"市场，全球销售额不断增加

世界卫生组织（WTO）将罕见病定义为患者占总人口的0.065%~0.1%的疾病或病变。医学文献显示，每个人基因中平均约七组到十组存在缺陷，一旦父母双方存在相同的缺陷基因，孩子就有可能患罕见病。全球确认的罕见病有近7000种，当前已知的罕见病中，有90%属于严重疾病，但仅不到5%有治疗方案。然而，罕见病药物的研发成本十分高昂。根据美国制药工业协会的统计，全球创新药物的研发通常需要花费10~15年的时间，投入8亿美元以上的资金，才有获得市场准入的可能。仅用于治疗单一"罕见病"的

药物市场非常有限，研发难度高，而且风险大。正因如此，各国均出台扶持政策，推动"孤儿药"的研究向前发展。美国在 1983 年率先出台了《孤儿药品法案》，从立法上对临床研究的基金资助、药物注册审批程序、专利保护期延长、临床研究费用减免税等方面予以支持。格列卫的快速审批上市以及专利保护期的延长，均因其适应各国有关"孤儿药"的政策，使其迅速占领市场而获得高额利润。格列卫也因不断扩充罕见病适应症而使利润大幅提升。从 2001 年获批首个适应症以来，格列卫共获批了十大适应症，包括费城染色体阳性的慢性髓性白血病急变期、Kit（CD117）阳性不能切除和/或发生转移的恶性胃肠道间质瘤（GIST）等七大罕见病。尽管罕见病的病患人数不多，但是这些疾病往往没有有效可靠的治疗手段，市场上无替代产品可用，其潜在的市场规模依然可观。格列卫的全球销售额随着适应症种类的扩展而增加（见图 2 - 2 - 1）。由于其药效高、耐受性良好，上市第 3 年即超过 10 亿美元，跻身"重磅炸弹"级药物行列。从 2010 年开始，格列卫全球年销售额都超过 40 亿美元，位列 2014 年全球"重磅炸弹"药物销售排行第 15 名，是业内公认的高市场价值品种。

（2）仿制药企扎堆跟进，竞争提升专利的市场价值

市场销售业绩好的创新药品会引来大量的仿制跟随者。仿制专利药物的厂家越多，则说明其被多方认可的市场价值越高。各国制药企业对伊马替尼关注多时。以中国为例，国内自 2011 年就开始了该药的仿制申报，格列卫在华专利保护期限届满仅 2 个月后，两家仿制企业的仿制申报就获得了 CFDA 的批准，其中，江苏豪森和正大天晴获得了格列卫胶囊剂的生产批件。据 CFDA 数据库显示，截至 2016 年 3 月 10 日，伊马替尼仿制药的申请超过了 45 个，还包括多个进口药申请。先声药业集团、齐鲁药业等主要本土企业也在着手仿制伊马替尼。其中，江苏豪森和石药集团等获得了原料药及制剂的生产批件。更多竞争对手的出现，提升了专利所带来的市场独占价值，并随着竞争者的不断进入而得到提高，且随着专利的保护期届满而快速下降。作为高价值专利的典范，伊马替尼专利的高技术价值、高法律价值以及高市场价值体现在项目立项、创新挖掘、专利布局、相关法规制度的充分利用，以及将专利作为武器保护竞争优势等各个环节。高价值专利孕育于技术价值的发掘与提升，法律价值的巩固与延伸，市场价值的发挥与拓展之中。

2.2.2 基于应用的专利价值体现

当面对伊马替尼核心专利保护期届满、原研药和仿制药之间的争议不可避免的困境时,诺华为伊马替尼构建的外围专利开始显现出排他价值,包括新晶型或新适应症专利,这些外围专利既在产品专利保护期届满之后成为专利权人维护其市场占有率,并延缓仿制药竞争对手产品上市的一大利器。

1. 专利为矛,打击对手,尽显专利进攻价值

格列卫上市以后,诺华一直密切关注全球各大制药企业的仿制情况,并寻找合适的时机对仿制厂商提起诉讼,以维护自身市场独占权或拖延仿制药的上市时间。

2013 年 6 月,正大天晴的仿制药"格尼可"和江苏豪森的仿制药"昕维"先后获批上市。在诺华伊马替尼的化合物专利到期后(中国专利到期日为 2013 年 5 月)。正大天晴在其官网及药品包装公布的药品说明书中将"胃肠基质肿瘤的治疗"列为该药品的适应症之一,并在"药代动力学"部分提到该药品可用于治疗胃肠基质肿瘤。而江苏豪森在其药品说明书中的"药代动力学"部分提及治疗胃肠基质肿瘤。当正大天晴和江苏豪森销售、许诺销售仿制药品后,诺华以侵犯"胃肠基质肿瘤的治疗"(ZL01817895.2)中国发明专利为由将正大天晴、江苏豪森药及其销售商告上法院。认为,共同被告未经许可实施专利的行为构成侵权,应承担停止侵权、赔偿损失的责任,并向法院提出行为保全申请。

2013 年 12 月 11 日,正大天晴司就专利 ZL01817895.2 向国家知识产权局专利复审委员会(以下简称"专利复审委")提交无效宣告请求书。最终,双方达成和解,正大天晴撤回无效宣告请求,诺华不再追究正大天晴的经济损失赔偿。2014 年 9 月 5 日,江苏豪森就专利 ZL01817895.2 向专利复审委提出无效宣告请求,专利复审委于 2015 年 10 月 23 日作出宣布专利权全部无效的决定。

ZL01817895.2 专利的申请日为 2001 年 10 月 26 日,专利保护期届满日为 2021 年,其权利要求书主要内容为:具有通式 I 的 4 - (-4-甲基哌嗪-1-基甲基)-N-[4-甲基-3-[(4-吡啶-3-基)嘧啶-2-基氨基]苯基]-苯甲酰胺或它的可药用盐在制备用于治疗胃肠基质肿瘤的药物组合物中的用途。仿制药企业在其说明书和/或网站上公开其生产销售的格列卫仿制药用于治疗胃肠基质肿瘤的相关信息,从而成为诺华据此提起侵权诉讼的理

由，并由此打乱仿制药的上市计划，巩固其市场竞争优势。

围绕格列卫布局的后续专利，成为原研公司延续专利保护、维护自身市场份额的重要武器。

2. 专利为盾，维护市场，展现专利防御价值

格列卫化合物专利保护期限届满后，诺华仍然持有效果更好的 β、F、H、δ、ε 等多种晶型的专利权，提高了仿制药企业的规避难度，仿制药企业若想规避这些晶型，仅能选择效果不佳的已有晶型或创造性地开发其他效果更好的晶型。从而将大部分研发实力薄弱的制药企业阻拦于市场的门外，并因掌握优势晶型，在市场上占据有力的竞争地位。

3. 专利整合，拓展应用，寻求专利合作价值

诺华凭借伊马替尼相关的专利权寻求与平台技术的合作，逐步巩固格列卫的市场。2002 年 5 月，Variagenics 公司同意将其整合的癌症基因组学平台应用于伊马替尼和 PKI - 166，目的是确认能反映两种药物对前列腺癌疗效的潜在标记物，并使用其整合癌症基因组平台来识别两种药物有效性的潜在标记物，保留其开发任何由此产生的 DNA 诊断试剂的独享权。Variagenics 公司则许诺诺华获得使用任何预测治疗效果的标记物的独占许可的权利，进而实现技术整合。该合作推动了格列卫在基因水平上治疗技术的发展，实现了专利的合作价值。

4. 专利保驾，技术升级，开拓专利战略价值

格列卫有着其他药物无法比拟的疗效方面的优势，仍然存在高特异性、单一靶向导致的耐药性问题。进而影响其治疗效率。20% ~ 30% 的用药患者已经出现原发或继发性耐药性。原发性耐药性的准确病因学机制还不明确，但多重耐药蛋白质 1 的过度表达及人体有机阳离子转运体 1（hOCT1）的低表达都与格列卫治疗效果不佳有关。继发性耐药性与病情向急变期发展相关，主要原因在于 BCR - ABL 融合蛋白中 ABL 激酶域中的点突变。格列卫与 ABL 激酶域的 ATP 结合位点相互作用，形成无活性封闭构象，阻止向酶的活性形式的构象转化。这种进入并结合的刚性结构要求，意味着单一氨基酸取代即可破坏格列卫与活性位点的结合，药物由此产生耐药性。ABL 激酶域的 T315I 突变导致伊马替尼产生最强耐药性与不良预后，尤其是末期疾病的不良预后紧密相关。其他已证实的继发性耐药机制包括 BCR - ABL 的过度表达及基因扩增。

格列卫耐药性机制的发现，推动制药企业研发新的伊马替尼类似物百时

美施贵宝率先抓住机遇，于 2004 年获得最佳备选小分子药物 BCR－ABL 多靶点激酶抑制剂 BMS－354825，其能抑制 BCR－ABL、SRC 激酶家族、c－Kit 等多种激酶，对伊马替尼耐药或不能耐受的 CML 患者的安全性和有效性在 I 期临床试验中得到充分证实。在 I 期临床试验的同年，FDA 批准了其作为格列卫治疗失败的费城染色体阳性的 CML 的二线用药，用于既往治疗（包括伊马替尼）耐药或不耐受的费城染色体阳性的慢性髓性白血病（Ph＋CML），其他疗法无效或不能耐受的 Ph 染色体阳性的急性淋巴细胞白血病（ALL），并于 2010 年取得一线药物资格，2012 年在国内上市（BMS－354825 注册商品名为 Dasatinib（Sprycel），中文译名"达沙替尼"）。与伊马替尼相比，达沙替尼对多种蛋白的识别能力及更高的亲和性，能与活性和非活性形式的 BCR－ABL 结合，显示出优于伊马替尼的作用。达沙替尼具备对抗几乎所有耐伊马替尼的 BCR－ABL 突变基因的体外活性，但对 T315I 突变的疾病无效。

面对日趋激烈的药物市场竞争，诺华对伊马替尼进行结构修饰，开发出第 2 代 BCR－ABL 抑制剂——达希纳（Tasigna®，通用名：尼洛替尼），2007 年获批上市作为二线药物，用于既往治疗（包括伊马替尼）耐药或不耐受的费城染色体阳性的慢性髓性白血病（Ph＋CML）慢性期或加速期成人患者，2010 年成为一线药物。尼洛替尼对 BCR－ABL 的无活性形式亲和性更好，比其母体化合物疗效更强，是伊马替尼的 10～30 倍，能有效抑制除 T315I 外的伊马替尼耐药性 BCR－ABL 突变。2003 年起，诺华提交了化合物的基础专利 US7169791B2，并在 2006～2012 年陆续布局了化合物的盐、晶型、组合物及其适应症等专利（US7956053B2、US7569566B2、US8163904B2、US8293756B2、US8389537B2、US8415363B2、US8501760B2）。

但是尼洛替尼仍对 T315I 基因突变白血病细胞无效。诺华对格列卫类似物开发的同时提早布局了大量相关专利，使得尼洛替尼仅比达沙替尼晚上市一年，并且与达沙替尼同年获批成为一线药物。尼洛替尼作为伊马替尼的二代产品，更容易被患者所接受和认可，并且也具备较优的成本效益，由此赋予尼洛替尼更多的竞争优势，成功限制了达沙替尼在一线药物的使用范围。

实际上，除了达沙替尼之外，受到打压的第 2 代药物还包括辉瑞在研的 bosutinib，其也是 SRC/BCR－ABL 多靶点激酶抑制剂，能与 BCR－ABL 的中间形式结合。该药物可用于既往接受过治疗的 CML 患者。但是 bosutinib 对新确诊患者的疗效并不令人满意。此外，由 Ariad 制药公司研发的 SRC/pan - BCR - ABL 多靶点激酶抑制剂 ponatinib 于 2013 年获得 FDA 的批准，获批适应症包括慢粒、急性淋巴细胞白血病。其非小细胞肺癌适应症已进入 Ⅲ 期临床研究，主要作用于 FLT3 和 BCR - ABL，也对 VEGF、PDGF 等有抑制作用，可用于克服 T315I 耐药突变。其他具有抗 T315I 突变 ABL 激酶活性的激酶抑制剂仍在早期研发阶段，包括 danusertib 和 AT - 9283。除了激酶抑制剂，由 Teva 制药公司研发的来自常绿树种三尖杉（Cephalotaxus harringtonia）的细胞毒生物碱高三尖杉酯碱（omacetaxine mepesuccinate）可用于难治型 CML 的治疗。

　　第 2 代药物想要维持其市场地位都需要在伊马替尼专利到期之前稳固其一线、二线药物的地位，因为即将到来的格列卫仿制药可能会使 CML 一线药物市场格局发生巨变。格列卫具备较好的长期使用安全性和有效性数据，其仿制药将会比达沙替尼和尼洛替尼占有更多的市场份额。我国格列卫的仿制药同样面临相同的境遇，原研格列卫仍然占据绝对的市场优势，与此同时，正大天晴和江苏豪森推出的仿制药的市场份额也在不断上升。国内也开展了对第 2 代药物的仿制，由于达沙替尼的化合物专利在国内未获授权，仅有一水合物晶型专利，正大天晴由此开发了达沙替尼的无水物，成为首家获批临床批件并完成了达沙替尼的人体生物等效性研究的仿制企业，并于 2013 年成功拿下国内首仿权。南京卡文迪许生物工程技术有限公司（以下得称"卡文迪许"）研发了达沙替尼的两种晶型，并申请专利 CN101891738 进行保护，但 2014 年才申报生产批件，仿制进度远远落后于正大天晴。

　　我国也自主研发了相应的 Me - better 药物（见图 2 - 2 - 8），包括江苏豪森的氟马替尼，而哈尔滨誉衡药业研发的同类产品美迪替尼和广药集团的帕纳替尼类似物 HQP1351 也具有临床前景。此外，四川大学研发的多靶点酪氨酸激酶抑制剂 SKLB1028 目前正在申报临床研究。尽管还未进入临床，但该药已经以 2000 万元的高价转让给石药集团。正是由于这类化合物均是针对多靶点开发的酪氨酸激酶抑制剂，尤其是对 FLT3 和 BCR - ABL 的双重作用，有望用于非小细胞肺癌和多种血液系统恶性肿瘤，解决激酶类药物治疗白血病的耐药问题，颇具市场前景。

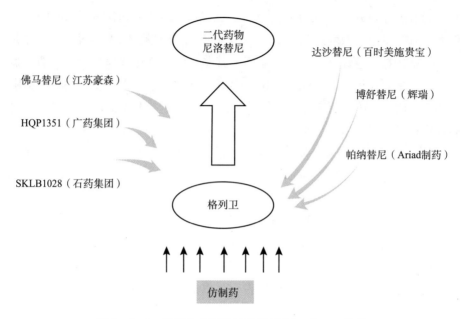

图 2 - 2 - 8　我国自主研发的格列卫 Me - better 药物

2006 年 3 月，诺华签署了 5 亿美元的 CML 候选药物合作交易。获得了 SGX 公司用于耐药 CML 治疗的 BCR - ABL 抑制剂的共同研发权和商业化运作权，进一步巩固了其竞争优势。SGX 公司获得了 2500 万美元的预付款，以及购买股票和高达 4.9 亿美元的里程碑付款和特许权使用费，外加至少 2 年的研究经费。SGX 公司保留在美国的共同商业化权。2007 年 9 月，双方修订协议，SGX 公司由此获得了 SGX - 393 的研发权和商业化权。诺华同时也承担了选择候选化合物以备将来研究其他化合物临床研究的责任。

作为首个靶向抗肿瘤药物，格列卫的研发是 CML 治疗的真正转折点，也激发了抗肿瘤药物领域的更广泛研究。随着更多有效药物进入市场，耐受性和成本收益因素愈发推动着一线药物的选择，面对市场上的激烈竞争，格列卫继续保持稳定的市场占有率，不仅在于良好的医疗价值为其赢得了广泛的认可，也与诺华前瞻性的专利布局以及积极寻求第 2 代产品进而牢牢占据技术优势密不可分。诺华围绕格列卫提前布局包括第 2 代产品在内的外围专利，既助力格列卫长期维护市场，又在打击竞争对手方面也具备了极高的战略价值。

第 3 节　罗氏 Her2 抗体药专利价值分析

与传统化学药相比，生物药兴起较晚。全球最早进入生物医药领域的当属美国，而且美国专利制度相对发达，研究生物药高价值专利的产生过程必然要从美国生物医药产业入手。

1973 年，美国的 Herbert Boyer 和 Stanley Cohen 对于重组脱氧核糖核酸（DNA）的研究有了突破性进展。1976 年，Boyer 博士和风险投资家 Robert Swanson 建立了基因泰克，标志着生物医药产业作为一项新兴产业开始崛起，从而掀起了美国生物医药产业发展的浪潮。1980 年，Boyer 和 Cohen 获得了基因克隆专利，从而成为现代生物医药产业的重要起点。

经过数十年的发展，美国生物医药产业不断发展壮大，生物医药产业得到美国政府和风险投资者的高度重视，逐渐成为美国新的经济增长点。2015 年，美国生物医药产业的市场规模已达万亿美元级别，仅企业并购即达 2350 亿美元[1]。即使在整体经济形势走低的情况下，美国生物医药产业的研发投资依然不降反增。

总体来看，美国生物制药产业的发展是生物技术和风险投资的有机结合，拥有生物技术的顶尖科学家和有长远战略眼光的风险投资家，进而推进美国生物制药产业的蓬勃发展。基因泰克、安进和生物基因公司等的成功发展，都离不开二者的合作，科学家有世界领先的生物技术，风险投资家有大量的资金和管理的经验，对生物制药产业投资的成功为风险投资家带来巨额的收益[2]，而专利则在维护生物制药产业巨额收益方面发挥着重要的作用。

以基因泰克为例，在公司发展初期，除风险资本外，还通过将专利技术授权给其他企业以获得大量资金。再将获得的资金大部分投入生物技术的研发，并不断接受风险资本的投资，形成"投资—投入研发—再投资"的良性循环。仅 1976 ~ 1978 年，公司市值从 40 万美元增加到 1100 万美元。1980 年基因泰克在纳斯达克上市，上市 1 小时，股价从 35 美元迅速上升至 88 美元。并以 12% 的股份筹集了 3600 万美元，继续投入新产品的开发中。由于将大量的资金用于研发，尽管销售收入不断增加，但总体看依然亏损。1990 年，

---

[1]　中国资金管理网 . 2015 年美国医药行业并购大盘点［EB/OL］.（2015 – 11 – 16）［2016 – 10 – 30］. http：//www. treasurer. org. cn/node/123260.

[2]　张佳睿 . 美国生物医药产业发展的经验及启示［J］. 商业研究，2015（12）：24 – 28.

罗氏以21亿美元（60%的股份）并购基因泰克，为基因泰克注入大量资金，加速了技术的研发，并借助罗氏的医药经销网络迅速扩大了市场份额，不断推出新产品。并购促进了基因泰克的高速发展。基因泰克在原有的技术基础上更专注于对新技术和新产品的研发，罗氏则发挥了财务和销售的优势。目前，基因泰克在肿瘤、免疫、组织生长和修复领域占据了重要地位。其肿瘤治疗药物，特别是在靶向治疗抗体药物的研发方面取得巨大成就。仅阿瓦斯汀（Avastin）、赫赛汀（曲妥珠单抗，Heceptin，通用名为 trastuzumab）、美罗华（利妥昔单抗，通用名为 ituxan，rituximab）3个抗体药物的2014年销售额即已超过210亿美元❶。罗氏（基因泰克）围绕上述3个抗体药物所申请的专利数量均以百项计，其中不乏高价值专利，为其维护产品溢价保驾护航。本节以罗氏和基因泰克的 Her2 抗体药物为主，CD20 抗体药物为辅，分析罗氏运营系列抗体药物及其高价值专利的举措。

3.1　罗氏 Her2 抗体药物

人类表皮生长因子受体2（Her2）是细胞膜上 EGF 受体，当 EGF 受体与 Her2 结合后，会造成 Her2 的双聚体化，进而引发自体磷酸化而阻止细胞内信息传递，最后维持正常的细胞生长与分裂。当 Her2 过度表达，细胞会因过度刺激而导致不正常的快速生长，最终造成癌症发生，例如20%~30%的乳腺癌、胃癌过度表达 Her2。曲妥珠单抗与 Her2 结合后，阻断 EGF 与 Her2 结合进而延缓癌细胞生长。曲妥珠单抗作用靶点为 Her2，是基因泰克开发的第一个 Her2 单抗药物，1998年获 FDA 批准上市用于 Her2 阳性的晚期乳腺癌治疗，2010年获批用于 Her2 阳性的晚期胃癌治疗。

乳腺癌位居女性癌症发病率首位，曲妥珠单抗作为 Her2 阳性乳腺癌一线治疗药物从1999年的3.2亿美元上升到2014年的68.66亿美元❷。2002年获批进入中国，PDB 数据显示：样本医院销售额从2005年的1260万元上升到2012年的3.87亿元。

针对 Her2 靶点，罗氏又相继推出了帕妥珠单抗（Perjeta®，通用名为 pertuzumab）和 T - DM1（Kadcyla®，通用名为 trastuzumab - DM1），作为曲妥珠单抗的补充和升级换代产品，进一步巩固了罗氏在 Her2 抗体药物领域的

---

❶　张佳睿. 美国生物医药产业发展的经验及启示［J］. 商业研究，2015（12）：24 - 28.

❷　2014 全球畅销药 TOP10，总销售额达 830 亿［EB/OL］.（2015 - 03 - 16）［2016 - 10 - 30］. http：//www. bioon. com/trends/news/609880. shtml.

领先地位。2014 年 12 月，这一策略还被 MARIANNE 数据库评为一项综合的成功策略❶，而其每一步策略的实施都有相关高价值专利为其保驾护航。

3.2　罗氏 Her2 抗体药相关高价值专利的产生过程

3.2.1　Her2 抗体技术价值、法律价值与市场价值的构建

1. 技术价值的构建——把握趋势，提升性能，拓展应用

技术或产品是价值产生的根源，能够有效维护专利权人对技术或产品在一定时间和空间内的排他性权利的专利才是技术维度的高价值专利，任何产品都需要上游、中游、下游技术的支撑，尽可能围绕产品的上游、中游、下游技术链条各环节进行专利布局，便能够构建围绕整个技术链条的高技术价值专利组合。

赫赛汀作为第一个在乳腺癌中显示切实疗效的生物治疗药物，是人源化的 Her2 单克隆抗体，能显著抑制 Her2 蛋白高度表达的人类乳腺癌细胞的生长，对乳腺癌的治疗具有明显效果。1998 年被 FDA 首次批准用于治疗 Her2 阳性的晚期乳腺癌转移患者。赫赛汀作为最先获得临床成功的个性化癌症治疗药物之一，在乳腺癌、胃癌的临床治疗方面已经显现了卓越疗效，并逐步体现出巨大的商业价值。

赫赛汀在全球竞争最为激烈的抗肿瘤抗体药物领域的迅速崛起与其在乳腺癌、胃癌的临床治疗方面显现出的良好疗效以及可替代性程度低有很大关系，赫赛汀与格列卫开发过程的相似之处在于，赫赛汀的发现也是基于新发现的抗肿瘤药靶筛选获得，因而两者都属于靶向治疗药物，从而确保了它们特异性地针对以所述靶点为标志的肿瘤发挥作用；不同之处在于，第一，格列卫针对的靶点是一种激酶，而赫赛汀针对的是 Her2，其超量表达或突变时往往诱导 Her2 同二聚化或 Her2 与家族其他成员间异二聚化的产生，进而激活下游的 RAS – MAPK、靶向 mTOR 的 AKT 信号通路，导致细胞的异常增殖和存活；第二，格列卫是一种小分子化学合成药物，赫赛汀是大分子抗体药物，理论上存在其他效果更好或与赫赛汀效果互补的 Her2 单抗药物，这也为赫赛汀的升级抗体药物埋下伏笔。Her2 基因于 1985 年被首次克隆，在 1988 年基因泰克就提交了赫赛汀的前身鼠源单抗 4D5（WO8906692）的专利申请，

---

❶　2014 全球畅销药 TOP10，总销售额达 830 亿［EB/OL］.（2015 – 03 – 16）［2016 – 10 – 30］. http：//www. bioon. com/trends/news/609880. shtml.

研发人员经过初步实验就已经预计到 4D5 可能具有巨大的技术和商业前景，因此对其进行了人源化改构并于 1991 年申请了赫赛汀的结构核心专利（WO9222653）。之后，罗氏和基因泰克将研发的重点集中在更高效的 Her2 抗体和更广的、更精准的应用范围上。图 2-3-1 展示了罗氏围绕 Her2 抗体众多技术点展开的专利布局情况。

1992~1995 年，完成赫赛汀作为单药治疗 Her2 阳性的转移性乳腺癌的 I 期、II 期临床实验，1998 年，美国 FDA 批准赫赛汀与化疗药联合应用一线治疗 Her2 阳性的转移性乳腺癌。2005 年，发表赫赛汀用于早期乳腺癌辅助治疗的临床数据，2009 年，发表赫赛汀治疗 Her2 阳性胃癌的临床数据。2010 年，赫赛汀获欧盟批准成为首个治疗胃癌的 Her2 靶向抗癌药，同年获美国 FDA 批准联合化疗药物治疗 Her2 阳性转移性胃癌和胃食管交界癌。赫赛汀作为靶向 Her2 的抗体药物，经历了从单药到联合用药、从治疗转移性乳腺癌到早期乳腺癌、胃癌、卵巢癌、前列腺癌、肺癌等多个适应症的拓展，预示着其他 Her2 单抗有治疗这些疾病的可能性。因此，围绕赫赛汀的适应症和其他药物用途的专利布局便扩展到 Her2 单抗的适应症和其他药物用途上，进而显著提升其技术价值。

由于对抗体作用的认识进一步加深，整个抗体药物技术的不断进步和升级，除对包括赫赛汀在内的 Her2 单抗的适应症和联合药物用途进行拓展之外，对赫赛汀或其他 Her2 单抗的成药性和药物疗效进行改进和提升也很有必要。罗氏和基因泰克对赫赛汀进行了糖基化改造、细胞毒性物质偶联、制剂改进等方向上进行了研究，提升了药物的治疗效果和应用的便利性，同时罗氏和基因泰克还积极寻找赫赛汀的替代或补充药物——治疗效果更好或可互补的 Her2 抗体。最终，在 2012 年和 2013 年，罗氏分别推出赫赛汀的补充药物帕妥珠单抗（WO2009099829）和携带了细胞毒性物质的升级药物 T-DM1（WO0100244）。

T-DM1 是赫赛汀偶联细胞毒性物质 DM1 后形成的抗体偶联药物，偶联毒素药物在癌细胞外定位，将更有利于杀伤癌细胞，进而提高癌症的治疗，其实际临床效果正在接受市场检验。

帕妥珠单抗是赫赛汀的姊妹单抗，与赫赛汀具有不同的抗原结合表位，可以结合 Her2 结构域 II，经过 Fc 区糖基化改造、Asn386 和/或 Asn391 脱酰胺化改造、糖化变体改造等技术改造，较赫赛汀能够更有效地抑制 Her 二聚化，并诱发更强的 ADCC 效应。

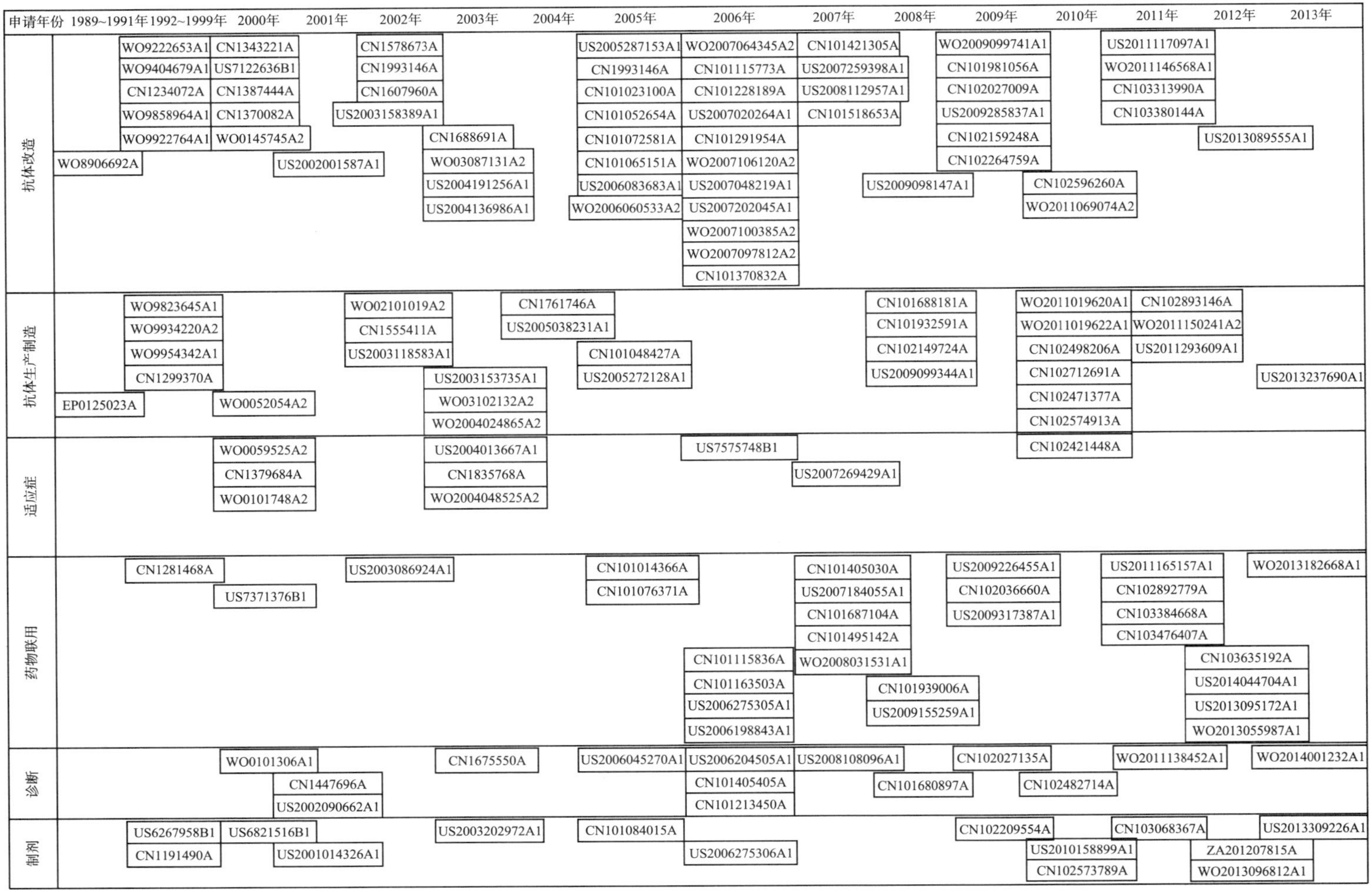

申请年份　1989~1991年　1992~1999年　2000年　2001年　2002年　2003年　2004年　2005年　2006年　2007年　2008年　2009年　2010年　2011年　2012年　2013年

图 2 - 3 - 1　罗氏 Her2 抗体相关专利分布

帕妥珠单抗、T‑DM1 均是从技术改进角度提升药物性能，延伸和维护罗氏在 Her2 抗体药物领域的竞争力和市场份额，围绕有效维护市场利益的任何技术改进点展开的专利布局，都将提升专利的技术价值，并最终成为具有较高的技术价值的高价值专利。

2. 法律价值的挖掘——合理布局，延展保护

合理布局包括围绕产品各技术改进点展开专利布局，高效保护其对应的技术创新点，并通过具有法律价值专利的构建，获得对某技术点的全面、高效和延长的专利保护。

（1）务求授权范围全面、稳定

专利保护范围过于具体，虽然能够保护技术改进创新点，但是容易从技术上规避，从而使得专利形同虚设。权利要求限定的技术特征越多，特征描写越具体，保护范围就越小。保护范围全面（或者说覆盖面宽），除能够保护目标技术创新点不容易被破坏之外，还能够保护相似或相近的技术点，增加技术跟随者进行技术规避的难度，从而有效保护权利人的权利。

罗氏在布局专利时十分重视尽可能争取全面的保护范围。以基因泰克最早申请保护 Her2 单抗的专利 WO8906692A1 为例，其权利要求 1 ~ 5 如下：

"1. A monoclonal antibody specifically binding the extracellular domain of the Her2 receptor.

2. A monoclonal antibody as in claim 1. which is capable of inhibiting the Her2 receptor function.

3. A monoclonal antibody as in claim 1 which is capable of inhibiting serum activation of Her2 receptor function.

4. A monoclonal antibody as in claim 1 which is a murine monoclonal antibody.

5. A monoclonal antibody as in claim 1 which is a murine – human hybrid antibody."

独立权利要求 1 请求保护的技术方案是特异性结合 Her2 胞外区的单克隆抗体，保护的范围十分宽泛，其说明书则记载了包括赫赛汀的前身 4D5 鼠源单抗在内的多个能够特异性结合 Her2 胞外区的单克隆抗体。从属权利要求 2 ~ 5 进一步的限定，或从功能角度进行限定（权利要求 2 和 3），或从抗体来源角度进行限定（权利要求 4 和 5）。逐步缩小保护范围，一是希望获得更大的保护范围，二是逐渐递缩的权利要求也为后续审查提供了修改的空间。不

同于具体参数范围限定的技术方案，或逐渐缩小具体参数的专利申请，附加技术特征仍然相对宽泛，不同的从属权利要求是利用不同角度或不同层面的附加技术特征再限定技术方案，且都未直接公开最希望保护的具体单抗——赫赛汀。

虽然该专利请求保护的范围较为宽泛，但也不是盲目地请求保护最大的保护范围，如 Her2 抗体或 Her2 单抗。因为在该专利申请之前，Cetus 公司在 1985 年的时候已经公开了一种能够结合人乳腺癌细胞表面 210kDa 蛋白的鼠源单克隆抗体（WO8503523），而该 210kDa 的蛋白便是后来我们所熟知的 Her2。为了避免已经公开的 Her2 鼠源单抗影响其新颖性，又希望获得尽可能大的保护范围，罗氏的战略布局，并有层次地提出保护主题的策略值得借鉴。

用于提出直接保护赫赛汀的专利申请 WO9222653A1 再次用相似的策略进行更加宽泛的权利布局，该专利涉及对鼠源 Her2 单抗 4D5 进行人源化改造的技术方案，包括最终应用于临床的赫赛汀的具体序列，但是其请求保护的独立权利要求 1 的技术方案是对人源化抗体的制备方法进行限定，从属权利要求保护范围逐渐递缩，还包括限定 humab 4D5－8 的序列，经过多次延续申请，该专利获得了制备人源化抗体的方法以及赫赛汀等技术方案在内的保护范围（US5821337、US6054297、US6407213 等），既能够有效保护赫赛汀，还能够通过概括性的方法限定，将保护范围扩大到人源化抗体的制备方法，限制竞争对手对赫赛汀及相关单抗的规避性设计，以高效全面地保护其抗体产品和技术。

除了围绕某一技术创新点进行概括式的专利申请外，罗氏还通过对同一技术创新点从不同角度进行专利布局的方式以进一步稳固其对该技术方案的有效控制。以 CN1237076C 中的权利要求为例：

1. 包含了一个 Fc 区的亲本多肽的变体，所述变体在人的效应细胞存在的条件下更有效地介导抗体依赖性细胞介导的细胞毒作用，或者以比所述亲本多肽更强的亲和力结合 Fcγ 受体 RⅢ（FcγRⅢ），并且所述变体包括 Fc 区的下述任何一或多个氨基酸位点上的氯基酸取代，所述位点为第 256、290、298、312、326、330、333、334、360、378 或 430 位氨基酸的位置，其中 Fc 区中氨基酸残基的编号为如 Kabat 所述的 EU 标号……

13. 包括带有改变了的 Fcγ 受体（FcγR）结合亲和力的 Fc 区变体的多肽，所述多肽包括在 Fc 区的下述任何一或多个氨基酸位点上的氨基酸修饰，所述位点为 238、239、248、249、252、254、255、256、258、265、267、268、269、270、272、276、278、280、283、285、286、289、290、292、293、294、295、296、298、301、303、305、307、309、312、315、324、326、327、329、330、331、334、335、337、338、340、360、373、376、378、382、388、389、398、414、416、419、430、434、435、437、438 或 439，其中 Fc 区残基的编号为如 Kabat 所述的 EU 标号。

CN1237076C 的发明内容体现在对抗体 Fc 区的一些特定位点进行突变，获得较未突变原始抗体提高的 FcγRⅢ受体亲和力或 ADCC 效应。该专利的权利要求保护了 Fc 区特定位点突变之后 FcγRⅢ受体亲和力或 ADCC 效应提高的抗体变体，还保护了 Fc 区特定位点突变之后 FcγRⅢ受体亲和力或 ADCC 效应改变的那部分抗体变体。即同时在一件专利中要求保护对 Fc 区特定位点进行突变之后，FcγRⅢ受体亲和力或 ADCC 效应提高或者降低的所有抗体变体。从两个相反的方向对 Fc 区特定位点进行突变的抗体变体进行限定，不仅限制了他人对 FcγRⅢ受体亲和力或 ADCC 效应增强的抗体改造，而且还限制他人对 FcγRⅢ受体亲和力或 ADCC 效应降低的抗体改造，其本质是期望限制他人对其要求的特定位点的任何突变改造，保护范围更加宽泛。

更加典型的多方向保护的例子是 WO9858964A1 和 WO9922764A1 申请。罗氏更早的抗体改造并不仅限于对抗体上的氨基酸残基类型进行改造，还包括对抗体的糖链进行修饰。WO9858964A1 和 WO9922764A1 即以 IDEC - C2B8 抗体（即 Rituximab）为基础，对其 N 连接寡糖进行修饰，利用哺乳动物 β - 1，4 - 半乳糖基转移酶将 C2B8 的 CH2 结构域中 Asn297 位 N - 连接寡糖链修饰成 G2（有两个半乳糖残基末端）构象糖链。即在 G0（没有半乳糖残基末端）或 G1（只有一个半乳糖残基末端）的糖链构象基础上增加糖链的半乳糖残基末端（见图 2 - 3 - 2）。

经过该糖基化修饰的 C2B8 抗体较未修饰抗体的 CDC 效应提高至少 1.5 倍。经半乳糖基化修饰之后的抗体是 CDC 效应更强的抗体，是申请人最希望直接保护的抗体类型。但是为了获得限制他人对抗体的半乳糖基化修饰的效果，当时的申请人（基因泰克）提出了上述两件专利申请，两件申请说明书内容相似，分别请求保护 Asn297 位具有 G2 构象和不具有 G1、G0 或 G - 1 构象的抗体。即分别请求保护具有半乳糖基化修饰之前糖侧链构象的抗体和经半乳糖基化修饰之后构象的抗体。并获得欧洲地区专利 EP0994903B1 和

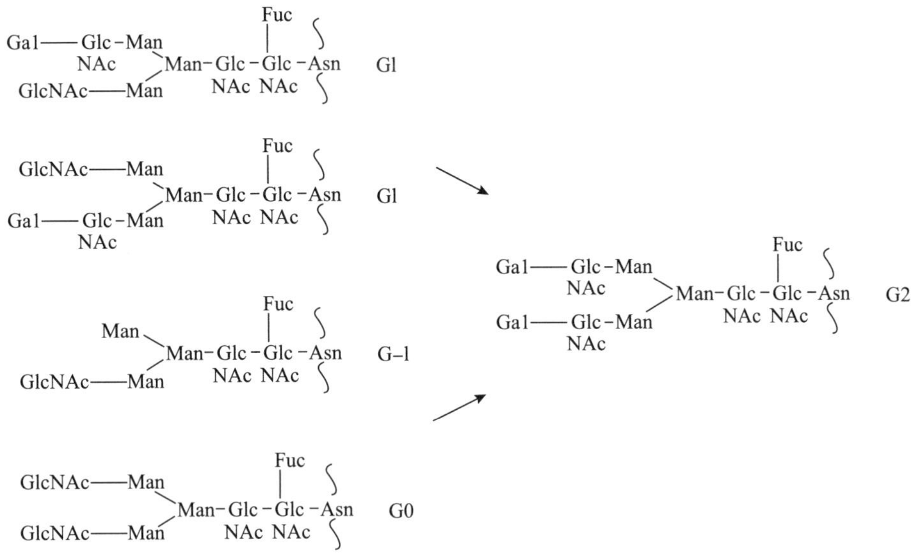

图 2 – 3 – 2　**WO9858964A1 和 WO9922764A1 的半乳糖修饰方式**

EP1028751B1。尽管最终未能完全按照专利申请提交时的权利要求范围给予授权，但是授权专利权利要求依然从不同的角度对其技术方案进行了保护，总体保护范围较单独提交的任何一件专利的保护范围都要宽泛。具体权利要求 1 分别为：

"1. A substantially homogeneous glycoprotein preparation wherein substantially all of the glycoprotein molecules of the preparation exist as a G2 glycofom comprising an immunoglobulin CH2 domain said CH2 domain having at least one N – linked oligosaccharide, wherein the amount of by – products originated from undesired glycoforms does not exceed 10o by weight.

1. A composition comprising glycoprotein wherein at least one glycoprotein is a glycoprotein having at least one immunoglobulin heavy chain CH2 domain containing N – linked G – 2 oligosaccharide and the amount of glycoprotein having an N – linked G1, G0, or G – 1 oligosaccharide in the CH2 domain does not exceed 10% by weight. "

上述示例分析了在尽力扩大专利权保护范围的前提下，战略性地开展专利撰写、答复与布局策略，创新主体希望获得稳定又较宽泛的保护范围，需要清晰了解现有技术，并在专利确权、无效和诉讼过程中合理利用相关专利申请制度和证据才能实现专利保护范围的最大化和最合理化。

（2）抽象到具体，模糊到清晰

大而合理的保护范围是专利高法律价值的一个重要方面，而延长专利保护期对于产品的有效保护也同样重要。罗氏在其抗体药物的专利申请中通过由抽象到具体，由模糊到清晰的递进专利申请策略，不断延长专利对抗体药物的实质保护期限。对帕妥珠单抗的专利申请为例解析该策略（见表 2-3-1）。

表 2-3-1　保护 pertuzumab 单抗的节点性专利及技术布局方式

同族专利公开号	提出时间	申请年	名称	公开形式	保护主题	保护形式
WO0100245 CN100340575C	1999	2000	2C4	杂交瘤细胞株、通式 CDR 公开的抗体	人源化抗体	通式 CDR 限定的单抗
WO2006007398 CN101014366A	2004	2005	Pertuzumab	抗体轻重链氨基酸序列公开的抗体	用于铂耐受性癌症治疗方法	—
WO2009099829 CN101981056A	2008	2009	Pertuzumab 及其酸性变体的组合物	Pertuzumab 及其酸性变体	Her2 抗体及其酸性变体的组合物	Pertuzumab 及其酸性变体的组合物

围绕帕妥珠单抗的专利申请先后经历了杂交瘤、CDR 限定的抗体、具体轻重链序列限定的抗体以及修饰的抗体等多个节点的布局。最早涉及对帕妥珠单抗的前身展开保护的专利是 WO0100245（申请年为 2000 年，优先权年为 1999 年），其专利申请说明书记载了帕妥珠单抗的鼠源单抗前身 2C4，同时也记载了几组 Her2 单抗的 CDR 序列，权利要求请求保护的范围是能够阻断 2C4 单抗与 ErbB2（Her2）结合的人源化抗体及其治疗癌症的方法，范围很宽泛，并且相对模糊，请求保护的权利要求并不能明确具体的抗体药物。即便其请求保护的宽泛技术方案未获授权，其授权权利要求保护范围依然抽象，如 CN100340575C 保护了一组抗体轻重链 CDR 序列和几个抗体框架区氨基酸取代位点限定的 Her2 抗体，并且轻链的 CDR 序列还使用通式的形式限定，从而起到保护未来将要上市的具体产品（帕妥珠单抗）的作用。但基因泰克的申请并不仅限于此，在 2004 年，基因泰克又提出 WO2006007398 为代表的同族专利申请（有多个专利同族），首次提及 pertuzumab 这个名称，并公开 pertuzumab 单抗的轻重链全长氨基酸序列，而请求保护的主题主要是乳腺癌等癌症的适应症、一些与如赫赛汀等其他药物联用的用途以及包括 pertuzumab 单抗在内的抗体制剂。到了 2008 年（优先权），基因泰克进一步提出以 WO2009099829（2009 年申请）为代表的同族专利，进一步公开 pertuzumab 的全长序列以及其酸性变体的组合物，在 CN101981056 的授权专利中予以保护以具体轻重链氨基酸序列所限定的抗体及其酸性变体的组合物。

上述 3 组专利是对 pertuzumab 单抗进行实质性保护的专利，公开形式由模糊到清晰，保护范围由抽象到具体，能够有效保护 pertuzumab 单抗本身，同时将其市场独占期延伸至 2029 年。以 pertuzumab 为有效成分的 Perjeta 于 2012 年正式批准上市，延长的 9 年时间对维护一个重磅药物销售额的重要性是不言而喻的。延长的实质性专利保护期是专利高法律价值的有效体现，在罗氏推出 2C4 单抗之际便已经展开必要的专利布局，随着研发的不断深入，布局更加详尽精准的专利申请进而构建高法律价值专利的策略值得学习借鉴。

（3）藏叶于林，掩藏最佳方案

专利制度主张"公开换保护"，即技术方案获得专利权的保护的前提是将技术方案公之于众，而创新主体希望将产品或技术的拥有权尽可能地掌握在自己手中。如何有效保护创新成果是每个创新主体都在思考的问题。除了谋求大而稳定的保护范围外，延长专利技术市场独占期将最佳技术方案与大量可替代方案加以保护，合理掩藏最佳技术方案的保护策略值得借鉴。

曲妥珠单抗是经鼠源单抗 4D5 人源化改造而来，专利申请 WO9222653 公开了从 huMAb4D5 – 1 至 huMAb4D5 – 8 这 8 种人源化单抗的具体序列，并描述了多种人源化单抗所具有的良好属性，权利要求书中也提出对至少 4 个抗体轻重链序列进行专利保护。因此，合理地掩藏了抗体药物的正确序列。

对 Her2 抗体适应症相关专利进行分析发现，用于防治乳腺癌的专利申请最多，占全部重点专利申请的 33%；其次为子宫癌和前列腺癌，分别占全部重点专利申请的 13%；胃癌和肺癌分别占全部重点专利申请的 10%；其他适应症则相对较少，结肠癌占全部重点专利申请的 8%，以及胰腺癌、卵巢癌和直肠癌分别占全部重点专利申请的 5%。另外，罗氏同样在广谱性抗肿瘤应用领域布局了大量的专利申请，如 WO2008119493、WO2011069104、WO2008148546、WO2007100385 和 US20060275305 等，从而形成了广谱性抗肿瘤应用专利保护网，基因泰克拥有赫赛汀产品等多项专利权，为后续适应症的拓展打下了坚实的基础。

从申请时间上可以看出，在对赫赛汀的前期应用研究中，申请保护的关注点放在乳腺癌和胃癌上，在 1998 年，基因泰克率先针对上述两个适应症提出了相关的应用申请。乳腺癌制药用途的重要专利申请 WO0115730、WO0069460 和 WO0044225 等的申请日为 1999 年前后，而赫赛汀在 1998 年就获批上市。可见，上述用途专利的申请有效地将乳腺癌制药用途的保护时间延长了将近 20 年，将赫赛汀胃癌应用的保护延长至 2019 年前后。

基因泰克之所以在研究初期将适应症的关注重点放在乳腺癌上，是因为在 1998 年之前，本领域中已经有将赫赛汀应用到乳腺癌治疗的技术启示。尽管涉及赫赛汀乳腺癌制药用途的专利申请 WO0115730 优先权为 1999 年，晚于上述现有技术，但在这种情况下，基因泰克通过采用以效果最佳的技术方案，包括对初始剂量、继续给药剂量、给药目标血清浓度等多个技术特征进行限定，有效地从权利范围内排除了现有技术的策略，使得该项专利申请在包括我国在内的多个国家或地区获得授权。

而后在 1999 年又对多种适应症进行了爆炸式申请，除乳腺癌和胃癌以外，还在胰腺癌、前列腺癌、子宫癌、肺癌、结肠癌、卵巢癌和直肠癌等多个适应症领域同时提出了专利申请。这种申请方式无疑可以对同场竞技者和技术跟随者起到屏蔽和迷惑效果。

在抗体药物领域，任何一种具体药物适应症用途的研发和获批，都需要经过漫长的实验室测试和临床试验过程，所投入的巨大资金成本、人力成本和时间成本都可能随着研发失败而打水漂，所以企业对于抗体药物适应症研发的启动都是较为谨慎的。基因泰克这一爆炸式申请的做法，除了可以在多适应症方面同时抢占先机以实现"卡位"目的以外，还有效地隐藏了该抗体药物适应症的研发重点，获得了"藏叶于林"的效果。

除罗氏外，其他公司也经常采用类似方式。被罗氏收购的 Glycart 公司，在被罗氏收购之前曾经提出过一系列关于靶向 CD20 的抗体药物专利，其中 CN1902231A 和 CN101291954A 记载了较多抗体变体的可选择项，这两件申请及其各自的分案申请的授权权利要求限定了至少两条抗体轻链的氨基酸序列和至少数十条抗体重链的氨基酸序列，两者可以至少组合成数十个可供选择的抗体。即使在后提出的联合用药专利 CN101827611A 的授权权利要求依然限定了至少 17 个不同的抗体变体。竞争对手同样不会预计到其中的哪一种抗体轻重链组合会成为未来的 CD20 抗体药物——Gazyva。在未获得罗氏具体使用的抗体或未公开其药物使用的最佳抗体序列之前，要确定哪一组序列所限定的抗体效果最佳，或哪一个抗体最适合应用于临床，至少需要将这些专利所公开的序列均进行相关的试验验证才能够确定，其仿制过程的工作量和花费是巨大的。这种利用"变体群掩藏核心抗体"的做法一方面至少让其竞争者不那么容易从专利申请所记载的内容中较快地确定最佳的抗体及其序列并快速实施仿制和改进。另一方面，限定较多的抗体变体还可将其他效果较好（或可能效果较好）的抗体序列均保护在专利之中，加大竞争者通过简单的位点突变规避侵权风险的难度，加强罗氏对专利保护的力度。即便申请人在提出专利申请时也并不十分明确哪个序列的抗体最适于药用，也可以利用这样的方式将一组有前景的抗体序列通过专利申请保护起来，以抢占领先的时机。

可见，上述在专利申请中提出较多技术方案及其并列技术方案的方式是一种符合专利法的掩藏自身最核心技术或产品的方式。通过这种方式可以延迟自身最核心技术或产品被他人确认的时间，也是对自身最核心技术或产品可能的改进方式的有力保护，可以尽可能地保持自身技术或产品的优势。

3. 市场价值构建——续市场份额，待续写辉煌

一旦专利药品有了较高的技术价值，同时有较高法律价值的专利维护，药品的市场价值就可能得到维护，药品专利的市场价值也就会随之提高。罗氏最早的抗体药物赫赛汀已成为"重磅炸弹"级的药品，年销售额连续维持在 60 亿美元以上。帕妥珠单抗于 2012 年被批准上市，其 2014 年销售额达10.04 亿美元，较 2013 年销售额 3.57 亿美元增长了 6.47 亿美元❶，市场销售规模迅速增长。曲妥珠单抗同样于 2012 年批准上市，年销售额同样达到数亿瑞士法郎，2015 年上半年销售额增长 65%❷。现阶段罗氏的 3 个 Her2 抗体药物仍牢牢占据全球 Her2 抗体药物的市场份额。药品整体专利权的有效性阻隔了竞争对手进入相同市场领域，维护了专利药品的高市场占有率和较高市场定价。专利药品的市场销售情况最能体现专利药品及专利的市场价值。除此之外，专利的许可交易情况、专利技术的预期销售规模和政策适应性也会对专利的市场价值有所贡献。

3.2.2　基于应用的专利价值形式的体现

1. 整合价值——技术整合，为我所用

技术价值、法律价值和市场价值是专利的基础价值，专利的高基础价值在专利的管理和运用过程中基于其目的则会在其他方面体现出更高层次的价

---

❶ 谁是最大的赢家？2014 年销售增长最多 TOP50 产品剖析［EB/OL］.（2015 - 03 - 17）［2016 - 10 - 30］. http：//news. bioon. com/article/6667051. html.

❷ 罗氏公司 2015 年上半年销售形势良好［EB/OL］.（2015 - 08 - 16）［2016 - 10 - 30］. http：//article. yeeyan. org/view/251964/465125.

值。大型跨国公司一般都是资本运作高手，它们不会随意并购和整合一些无价值的资产。在寻觅优质资产的过程中，由于专利信息的公开性，任何人都可以通过专利信息的挖掘和分析，找到适合自己或能够满足自身需求的专利和技术，因此，专利成为发现优质资产的抓手，并在随后的专利和技术的整合中体现出提升的整合价值。以罗氏为例，专利在该公司多个抗体药物的研发过程中都体现出较高的整合价值（见图2-3-3，详见文前彩插第4页）。

虽然经过多年努力推出数个新的抗体药物，但基因泰克并未停止研发，在1997~1998年美罗华和赫赛汀相继上市的同时，基因泰克便进行着更新换代的CD20和Her2抗体药物的研发，期望推出效果更好的抗体药物，以应对美罗华和赫赛汀专利到期后，满足自身继续占据市场领先地位的需要。

基因泰克的改进性研发是从多个角度展开的，具体包括从降低抗体药物免疫原性入手，寻找更适合的人源化抗体药物；从增强抗体药物本身的杀伤活性入手，寻找抗体药物活性更强的改造变体和抗体药物偶联物；从抗体药物性和使用的便利性入手，寻找更稳定的抗体药物制剂等。

（1）改造抗体药物的推出

1998年，罗氏便进行着抗体的糖基化改造的相关研究（WO9858964A1和WO9922764A1），具体涉及抗体重链Fc区297位Asn上的N连接寡糖进行修饰，利用哺乳动物$\beta-1, 4-$半乳糖基转移酶将C2B8的CH2结构域中Asn297位N-连接寡糖链修饰成G2（有两个半乳糖残基末端）糖链构象。即在G0（没有半乳糖残基末端）或G1（只有一个半乳糖残基末端）的糖链构象基础上增加糖链的半乳糖残基末端（见图2-3-2）。经过该糖基化修饰的C2B8抗体较未修饰抗体的CDC效应提高至少1.5倍。

1999年，罗氏还提出了抗体Fc区氨基酸取代性改造的相关专利WO9951642，研究涉及通过抗体的Fc区个别氨基酸残基的替代，提高抗体CDC（补体依赖性细胞毒性）活性，增强抗体的细胞杀伤活性。并在随后的数年中不断申请提高抗体细胞杀伤活性的相关专利。

在罗氏进行抗体糖基化和Fc区改造以提高抗体药物的细胞杀伤活性研究的同时，瑞士的一家生物技术公司也在进行着相似的研究。瑞士Glycart公司（Glycart Biotechnology）研究糖基化的抗体药物，以提高抗体药物的ADCC活性。2002年，Glycart公司提出抗体依赖性细胞毒性（ADCC）增大的抗体糖基化变体的专利申请（WO03011878），该申请进入数十个国家或地区，在部分国家或地区获得授权。该申请以美罗华等罗氏的单抗药物为基础，利用编

码 β-（1，4）-N-乙酰基氨基葡糖转移酶Ⅲ（GnTIII）的宿主细胞制备抗体，使得抗体 Fc 区带有等分杂合寡糖或半乳糖基化复合体寡糖，进而提高抗体药物的 ADCC 活性。相关技术被称作"GlycoMAb"，是一种平台性技术，能够应用于生产所有需要提高抗体 ADCC 活性的抗体药物，而不仅局限于某一种具体的抗体药物。

Glycart 公司除进行美罗华的改造外，还提出了新的人源化 CD20 单抗 GA101 的专利申请，GA101 属于Ⅱ型 CD20 抗体，经 Glycart 公司自有的糖基化修饰技术进行修饰，与利妥昔单抗存在较大差异。据推测，很可能是罗氏在研究过程中对全球相似领域的专利进行实时分析研究，发现瑞士 Glycart 公司也在以美罗华为对象进行着与自己在研项目相近的改进研究，并且认为 Glycart 公司的研究正是自己所需要的。随后罗氏开始对 Glycart 公司展开收购，于 2005 年将 Glycart 公司成功收购，并将其技术和产品（Gazyva）在美罗华专利临近届满之前（2013 年）成功推向市场。

（2）抗体药物偶联物的制备

抗体药物偶联物（ADC）是一类利用化学方法将抗体和细胞毒素连接起来的偶联药物，其利用了抗体药物的靶向性，也利用了细胞毒素的高毒性，使细胞毒素在靶向区域内局部发挥细胞杀伤作用，从理论角度来看具有良好的应用前景。

ADC 药物兴起于 20 世纪 90 年代，但成功应用的例子并不多，难于获得成功的原因很多，包括：抗体与化学药的组合选择、偶联工艺、偶联物稳定性、偶联后化药的活性、化学药的选择性释放、原料药的工艺和质控等。而 2011 年在美国和欧洲上市的 Adcetris© 则获得了巨大成功，并推动了全球 ADC 类药物的研发热潮。

罗氏在赫赛汀批准上市（1998 年）之后，仍然继续对其药物进行改进和升级准备，提出赫赛汀的姊妹单抗——帕妥珠单抗，同时也关注到 ADC 药物，并与拥有强细胞毒素和抗体药物偶联技术的伊缪诺金（Immunogen）合作，共同开发 ADC 药物。罗氏利用伊缪诺金的强细胞毒素 DM1 作为毒素，与自身的赫赛汀进行连接，设计出 ADC 药物 T-DM1。设计 T-DM1 的初始目的在于靶向对赫赛汀无反应或反应不良的 Her2 过表达肿瘤，主要利用的是赫赛汀与 Her2 抗原特异性结合后被细胞内吞并转移到溶酶体内的能力，即使赫赛汀靶向 Her2 本身不能带来抑制肿瘤的效果，其将偶联物"带领"到靶细胞并在溶酶体内释放的能力仍然是值得关注的。基因泰克在 2000 年提出有关 T–DM1 的专利申请 WO0100244（优先权日在 1999 年），指定国包括美国、欧洲、日本和中国等 13 个国家和地区。

2013 年 2 月，美国 FDA 批准 Kadcyla 作为 Her2 阳性的晚期（转移性）乳腺癌患者的新治疗药物上市。Kadcyla（临床研究期间被称为 T–DM1）是利用 ADC 技术将单克隆抗体赫赛汀连接到细胞毒极强的药物 mertansine（DM1）上，通过生物药和化学药联合作用将癌细胞杀死，并且其毒副作用明显低于一般化学药。该药品 2013 年第一季度在美国的销售额便达到了8700 万美元，相信罗氏也会寄希望于 Kadcyla 弥补赫赛汀核心专利到期对罗氏造成的损失。

（3）新抗体药物制剂的形成

对于延长药品的生命周期，业界通常的做法包括改进质量、拓展新的适应症、改造核心结构、改变剂型等。针对赫赛汀的核心结构进行的改造，譬如通过突变部分氨基酸位点或改变表面糖基化修饰，提高赫赛汀活性或治疗效果是有可能的，由于改造后的抗体结构发生了变化，有可能需要重新进行临床试验和上市申请。虽然该进程可能由于在先结构已经获批而有所加速，但仍需承担临床实验结果的不确定性风险和耗费巨大的时间成本。因此，改变已有赫赛汀产品的某些特征（譬如剂型）就成为较为"安全"的选择。

目前 FDA 批准的抗体药物以静脉注射剂为主。早在美罗华、赫赛汀批准上市之前，罗氏便进行了抗体药物制剂的研究并提出专利申请，当时选择了抗体药物冻干制剂，利用非还原糖、组氨酸等成分与人源化抗体一同冻干，在制剂使用时，用溶液重悬抗体药物。当时的制剂在一定程度上起到保护抗体，便于储运的作用，但是冻干重悬后的抗体存在易降解、易聚集、脱酰胺化等问题。2005 年，罗氏进一步提出组氨酸–醋酸盐缓冲液制剂（WO2006044908），能够在上述问题取得一定程度的改善。但是此制剂仍主要是用于静脉注射，制剂中药物浓度低。

2007 年之后，皮下或肌肉注射逐渐成为抗体药物的主要给药方式之一，为顺应这种趋势，罗氏也开始了赫赛汀注射剂型的研发。然而，制备抗体药物的皮下注射剂并非易事，仍需要面临可能发生的蛋白聚集、氧化、异构化、脱酰胺等问题。此时，已有 Halozyme 公司于 2004 年提出关于 sHASEGP 的可溶性透明质酸酶与药物活性成分组成联合制剂，用于皮下给药的相关专利（WO2004078140），该专利相关的技术被称为 rHuPH20 技术。很快罗氏就选择了与擅长药物制剂的 Halozyme 公司合作，2006 年 12 月，Halozyme 公司授予了罗氏重组人透明质酸酶（rHuPH20）技术的独家特许权，以开发并商业化罗氏的目标化合物。rHuPH20 技术在皮下递送药物时能够瞬时且可逆地降解皮下细胞间的透明质酸屏障，经批准的重组透明质酸酶的治疗用途包括作为佐剂的使用、提高皮下液体施用的其他药物的吸收和分散、皮下尿路造影术中作为助剂改善放射造影剂的再吸收等。

2010 年，罗氏申请了赫赛汀、帕妥珠单抗、T－DM1 等 Her2 抗体药物的皮下注射剂的相关专利（WO2011012637），其同样是在美国、欧洲、日本和中国等 14 个国家或地区申请了全球性专利。该项专利在申请初始就划定较小或者说较为合理的保护范围，对抗体种类、浓度、缓冲剂、稳定剂都作出了明确限定，并给出了确凿的实验结果对组合物的效果进行了验证，目的就是加快审查进程并确保能够获得授权。

同时，Ⅲ期临床研究结果也显示，赫赛汀的皮下注射剂型与静脉注射型具有相一致的疗效和安全性。基于该关键性的结果，欧盟委员会（EC）于 2013 年 9 月批准了皮下注射剂型赫赛汀（Herceptin SC）用于 Her2 阳性乳腺癌的治疗。该皮下注射剂型赫赛汀注定在临床应用上大放光芒，其作为一种固定剂量（600mg/mL）的即用型液体配方，每 3 周给药一次，不再需要根据患者体重计算给药剂量，极大地简化了护理程序。可以看出，舍得在研发上"烧大钱"以及在选择合作伙伴上的"独具慧眼"是罗氏取得丰厚回报的原因之一。并且，对于重点研发领域，罗氏并不急于申请专利，在与 Halozyma 签订合作协议之后 4 年，研发和前期临床实验基本完成，确保与其他竞争者拉开距离之后，罗氏才申请了相关专利，并合理利用缩小保护范围的策略来确保获得授权。

上述 3 个示例展示了罗氏在研发的过程中发现他人正在进行的技术研发，并及时将有利于自身发展的技术通过并购、合作、许可的方式整合起来，为己所用。在此过程中，罗氏坚持自主研发，这样能够随时了解技术进展，了解某一技术或产品存在哪些优势、哪些缺陷，需要从哪些方面或角度来改进缺陷，了解自身在哪方面存在不足，知道需要从哪些方向寻找补充性的技术。在自主研发的同时，罗氏很可能是通过专利文献的检索和分析，随时关注全球同步出现了哪些新的技术和动态。因为了解最新的技术动态的一个非常及时和有效的方式便是通过他人公布的专利信息来了解最新出现的技术，并判断哪些技术能够有助于自身技术和产品的加速研发，哪些专利可能阻碍自身发展，及时通过并购、合作和许可等方式将他人技术整合进来，形成自己的研发和产品优势。值得关注的一点是，罗氏整合的上述技术都是通用性的技术，在一个抗体药物上能够应用的技术转而也可以应用于其他抗体药物，其整合实质上是抗体药物领域相关的平台性技术，在其申请的专利中也同样体现了将整合的平台性技术应用于不同的抗体药物。通过将他人专利技术与自身技术和产品相结合，整合新的升级换代的药物使得自身优势增加，这一过程也同时体现了专利的整合价值。

第4节　连花清瘟专利价值分析

4.1　非典药方——连花清瘟

2003 年春，非典疫情暴发，SARS 肆虐全球，中国境内成为疫情的重灾区，死亡人数不断增加，全国进入警戒状态。面对突如其来的新型流行病毒，一时间，我国医药工作者措手不及，应对乏力。境内并没有针对此症状的特效药物，如抗病毒药物更昔洛韦，虽体外试验显示对抑制 SARS－冠状病毒有效，但临床应用却未见疗效，反而会引起严重的白细胞减少；另一种抗病毒药物利巴韦林虽然临床报告对 SARS 有一定疗效，但使用剂量大，副作用明显，容易导致肝肾损伤，引起溶血性贫血等严重并发症❶。而中药复方在防治流感病毒方面一直有着得天独厚的优势，结合中医治疗"瘟病"的理论，筛选出合适的中药组方似乎是一条快速发掘防治 SARS 的有效药物的可行途径。为此，国家食品药品监督管理局制定了特殊政策，开辟了防治 SARS 药物的"快速审批通道"。

突如其来的灾难催生了大量抗 SARS 技术的涌现，也成就了一批高价值专利。专利是反映某技术研发的力度与研发方向的风向标，2003 年申请的有关 SARS 的专利申请，在某种程度上反映了抗 SARS 技术的发展状况。本节对 2003 年申请的与 SARS 相关的中国专利申请进行统计，SARS 相关中国专利申请共有 267 件，其中，163 件申请因驳回、视为撤回等原因并未进入授权程序，占所有申请的 61%；被授权的 104 件专利中，截至 2015 年 12 月 31 日，其中 65 件（占比 24%）已经不再缴纳专利年费，权利终止；仅剩下 39 件（占比 15%）仍维持权利有效，而 39 件专利中的 11 件存在相应的产品，即

---

❶　朱舜亚，等. 三种中药处方对 SARS 相关冠状病毒体外抑制作用的初步研究［J］. 生物技术通讯，2003，14（5）：390－392.

受专利保护的药物产品仅对应所有专利申请的 4.1%（见图 2 - 4 - 1）。

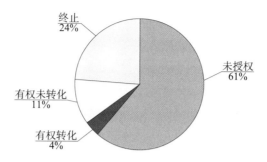

图 2 - 4 - 1　2003 年申请的 SARS 相关专利状态

专利权人均会衡量为维持年费所付出的专利成本以及专利给权利人所带来的收益。随着保护年限的增加，专利年费也随之增加，如果专利带给权利人的收益远不及专利的维持成本，换言之，需付年费的专利并未给权利人带来预期的价值，则专利权人不会再对专利权的维持付出任何成本，也就不会再为其付出年费。在 39 件维持有效的专利中，查询到 11 件专利具有对应的产品，其中有 3 件涉及中药组方，分别为康缘药业的"金振口服液"（ZL03132387）、宁夏启元药业有限公司的"金莲清热胶囊"（ZL03142686），以及以岭药业的"连花清瘟胶囊（颗粒）"（ZL03143211）（见表 2 - 4 - 1）。

表 2 - 4 - 1　2003 年申请 SARS 相关转化专利列表

专利号	发明名称	专利权人	类型	涉及的药品
ZL03125188.9	乌司他丁用于治疗严重急性呼吸综合征的用途及其药物组合物	广东天普生化医药股份有限公司	医药用途	天普洛安
ZL03128724.7	注射用双黄连在制备用于治疗严重急性呼吸道综合症的药物中的应用	哈药集团中药二厂	医药用途	双黄连
ZL03132387.1	一种中药组合物在制备抗SARS病毒的药物中的应用	江苏康缘药业股份有限公司	中药组方	金振口服液
ZL03136127.7	七叶皂苷及其盐在制备治疗肺部急性炎症的药物中的应用	山东绿叶制药有限公司	医药用途	欧开
ZL03137142.6	阿比朵尔在制备预防和治疗SARS病毒药物中的用途	石药集团中奇制药技术（石家庄）有限公司	医药用途	阿比多尔片

续表

专利号	发明名称	专利权人	类型	涉及的药品
ZL03142686.7	金莲清热胶囊	宁夏启元药业有限公司	中药组方	金莲清热颗粒/胶囊
ZL03143211.5	一种抗病毒中药组合物及制备方法	河北以岭医药研究院有限公司	中药组方	连花清瘟
ZL03147293.1	可满足灭活疫苗生产的SARS病毒规模化制备及灭活的方法	北京科兴生物制品有限公司	灭活疫苗	国内第一个SARS疫苗
ZL03151481.2	来氟米特在制备抗SARS病毒药物上的应用	欣凯医药化工中间体（上海）有限公司	医药用途	爱若华
ZL200310114341.3	一种SARS病毒的灭活及纯化方法以及制备含有所述灭活病毒疫苗的方法及所述疫苗	北京科兴生物制品有限公司	疫苗	国内第一个SARS疫苗
ZL200380110541.X	抗冠状病毒剂	东亚合成株式会社	化合物	银系抗菌剂NOVARON

其中，作为高价值专利的代表，专利药物连花清瘟作为SARS期间国家食品药品监督管理局快速审批通道批准的中药复方药物，自上市以来，连花清瘟成为累计销售额超15亿元的中药保护品种，"连花清瘟治疗流行性感冒研究"项目荣获中华人民共和国国务院颁布的"2011年度国家科技进步二等奖"。2015年12月，连花清瘟通过了美国FDA的Ⅱ期临床批复，这是我国第一个进入FDA临床研究的治疗流行性感冒的中药复方。

连花清瘟胶囊（或颗粒），是以连翘、金银花、板蓝根、大黄、广藿香、绵马贯众、红景、薄荷脑、麻黄、炒杏仁、鱼腥草、甘草、石膏为原料药的中药复方，该中药复方以清瘟解毒、宣肺泄热为原则，适当配伍芳香辟秽、益气扶正，重在清解内热，畅化气机，调整人体正常功能，提高抗病毒能力。连花清瘟散具有强大的广谱抗病毒作用，不仅能有效抑制H1N1、H3N2、H5N1、H9N2等流感病毒，对副流感病毒Ⅰ型、呼吸道合胞病毒、腺病毒等也有显著的抑制作用[1]。2015年连花清瘟胶囊登上了中国非处方药品畅销中

---

[1] 戴永海，等."连花清瘟散"：防治禽流感的名方［C］.中国畜牧医学会中兽医学分会2013年学术年会，2013：68-70.

成药榜单，获得感冒咳嗽类非处方药第二名。2009年国内9家医院开展的与国际接轨的连花清瘟胶囊治疗甲型流感的循证医学研究表明：连花清瘟在退热、缓解鼻塞、流涕、咳嗽、肌肉酸痛等症状缓解方面优于达菲，且治疗费用低廉。此循证医学研究为其在美国FDA注册提供了有力的临床证据❶。

汉代张仲景的古方"麻杏石甘汤"，其主要原料药为麻黄、生石膏、杏仁、炙甘草（《伤寒论》），该药物用于治疗发热性传染病，至今已有两千多年的历史。其中，麻黄宣肺平喘，兼散表邪；生石膏清泄肺胃，兼透热生津为君药。二者相合，温寒相制。杏仁味苦，善降利肺气儿平咳喘为臣药。炙甘草益气和中，蜜炙后润肺止咳，兼能调和诸药为佐药，与麻黄相配，使宣散肺邪而无耗气之忧；与石膏相合，清热生津而无伤中之弊，全方四味，但配伍严谨，为清肺平喘之良剂。

清代名医吴鞠通的"银翘散"，用于治疗瘟疫病已有两百多年历史。由清热解毒与解表药组成。方药：连翘、银花、桔梗、薄荷、竹叶、甘草、荆芥穗、淡豆豉、牛蒡子。银花、连翘清热解毒，辛凉透表为主要；薄荷、荆芥穗、淡豆豉发散表邪，透热外用为辅药；桔梗、牛蒡子宣泄肺气，清利咽喉为佐药；芦根、竹叶、甘草清热生津，且甘草又能调和诸药，共为使药。

清代瘟病名医杨栗山先生所创立的"升降散"，方药：僵蚕、蝉衣、姜黄、大黄《伤寒瘟疫条辩》。白僵蚕清热解郁，散风除湿，化痰散结，解毒定惊为君药；蝉蜕宣肺开窍以清肺热为臣药，姜黄行气散结，破瘀逐血，消肿止痛为佐药；大黄攻下热结，泻火解毒，推陈致新，安和五脏为使药。

连花清瘟来源于中医治疗传染病（瘟病）的3个经典名方"麻杏石甘汤""银翘散"以及"升降散"。综合三方研制而成，集散外邪、清内火和驱瘟疫邪毒三大治疗作用于一身（见图2-4-2）。

2003年初，"非典"肆虐，以岭医药集团迅速组织研究队伍，从中医古方中寻求理论支持，汲取了中医药治疗"瘟病"的3个经典名方"麻杏石甘汤""银翘散"和"升降散"之精华，以"银翘散"和"麻杏石甘汤"化裁，配伍通肺逐秽之大黄，扶正清肺化瘀之红景天等药物组成连花青瘟胶囊❷。

---

❶　[EB/OL]．[2016-10-30]．http：//news.bioon.com/article/6676937.html.
❷　连花青瘟胶囊［Z］．应用技术类成果，2006.

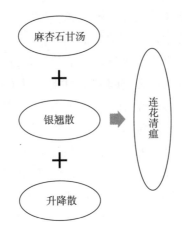

图 2 - 4 - 2　连花清瘟配方来源

2003 年 4 月 21 日，河北省中医药管理局和河北省中医药学会组织了专家论证会❶，CFDA 针对 SARS 启动快速审批通道❷，2003 年 6 月 30 日连花清瘟胶囊获批临床研究❸，主要用于 SARS 早期发热病人，连花清瘟在多个中心进行了临床试验。

2004 年 5 月 9 日，连花清瘟胶囊获得国家新药证书和生产批件，正式上市。自上市以来，累计销售额超过 15 亿元，成为抗感冒领域的高价值品种。

4.2　连花清瘟高价值专利产生过程

随着非典之殇的平息，连花清瘟这一源于"非典"新专利药物将何去何从？作为这样一个"有故事"的专利新药，是否只能作为普通抗流感药物，难逃参与清热解毒感冒药激烈的市场竞争的命运？任何一个专利药物的开发均非易事，均是科研工作者艰辛付出的成果，如何充分利用专利这一手段，提升药物的价值，并使之成为高价值专利是企业需要考虑的问题。因此，连花清瘟高价值专利产生过程具有一定的借鉴意义。

4.2.1　连花清瘟技术价值、法律价值与市场价值的构建

图 2 - 4 - 3 总结了连花清瘟发展历程相关的关键节点，2003 年 6 月 30

❶　连花青瘟胶囊隆重上市 ［N］. 中国中医药报，2004 - 06 - 30.
❷　尹薇. 两种治疗 SARS 的中药进入临床研究 ［N］. 中国医药报，2003 - 07 - 03.
❸　曹文庄. 防治 SARS 药物快速审批工作介绍 ［C］. 抗击"非典"与医药发展专题研讨会，2003.

日，连花清瘟经国家食品药品监督管理局快速审批通道，获批临床研究，2003 年 7 月 1 日，以岭药业快速响应，通过专利代理机构，申请了发明名称为"一种抗病毒中药组合物及其制备方法"的发明专利（CN03143211），该专利申请的权利要求覆盖了抗病毒中药组合物复方和制备方法，并通过规范的撰写，获得了具有保护层次的中药组合物和制备方法权利要求。

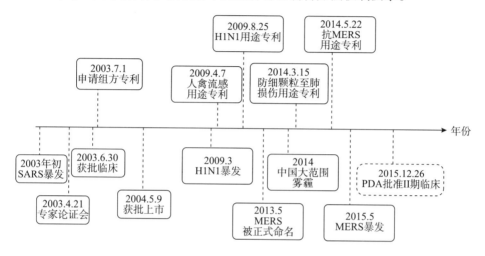

图 2 - 4 - 3　2003 ~ 2015 年连花清瘟大事件

1. 技术价值的构建——紧随社会热点

自 2003 年诞生以来，连花清瘟因其抗 SARS 病毒的不凡出身，被大众和媒体广泛关注。不一样的开端意味着连花清瘟的高价值专利之路不同寻常。

2009 年年初甲型 H1N1 流感席卷中华大地，"非典"时期的人心惶惶似乎有卷土重来之势，全国上下进入警备状态。《黄帝内经》中曾记载"五疫之至，皆相染易，无问大小，症状相似"，连花清瘟具有卫气同治、表里双解；先证用药，截断病势；整体调节，多靶治疗的特点。连花清瘟对如流感病毒甲 3、副流感病毒 I 型、呼吸道合胞病毒、腺病毒 3 型和 7 型、单纯疱疹病毒 1 型和 2 型均显示出一定的抑制作用。连花清瘟的广谱抗病毒作用给予以岭药业足够的技术启示，即将其试用于抗 H1N1 流感病毒。在疫情暴发之初，企业迅速启动研发相应措施，发现连花青瘟对于 H1N1 流感病毒具有极佳疗效。研究结果表明连花清瘟抗 H1N1 流感病毒的临床效果优于明星药物达菲，但治疗费用却仅为达菲的 1/8。连花清瘟入选卫生部印发的《甲型 H1N1 流感诊疗方案》。以岭药业应势利导，借势布局，于 2009 年 4 月 7 日申请了连花清瘟相关药物抗人禽流感的医药用途专利（CN200910082162），后又于 2009 年 8 月 25 日申请了连花清瘟抗 H1N1 流感病毒的医药用途专利（CN200910075211）。

无独有偶，中东呼吸综合征（MERS）是一种新型冠状病毒导致的呼吸道疾病，死亡率为 38%，该病毒于 2012 年在沙特首先被发现，2013 年 5 月 23 日，世界卫生组织将这种新型冠状病毒感染疾病命名为"中东呼吸综合征"。针对这种新型冠状病毒，以岭药业迅速开展了相关研究，于 2014 年 5 月 22 日提出了连花清瘟抗 MERS 医药用途的专利（CN201410217365）。2015 年 5 月，MERS 在韩国大规模暴发，同年 6 月连花清瘟颗粒（胶囊）被列入《中东呼吸综合征病例诊疗方案（2015 年版）》。以岭药业敏锐的社会热点洞察力，使其在 MERS 大规模暴发前一年已经进行了专利技术的开发并完成了相应的专利布局，既为产品被列入中东呼吸综合征病例诊疗方案制造了声势，也保证了专利技术的自由实施，更扩大了连花清瘟原有的市场范围，打破了禁锢自身的销售格局。仅 2015 年上半年，连花清瘟已经实现了销售额 2.69 亿元。

以岭药业紧随社会热点，发掘专利技术价值的尝试屡试不爽。2013 年，"雾霾"成为年度关键词。这一年的 1 月，4 次雾霾过程笼罩 30 个省区市，在北京仅有 5 天不是雾霾天。2014 年起，我国北方城市冬季暴发大面积的雾霾。高密度人口的经济及社会活动导致大量细颗粒物（PM2.5）的形成，一旦排放超过大气循环能力和承载度，细颗粒物浓度将持续积聚，此时，如果受静稳天气等影响，极易出现大范围的雾霾。与较粗的大气颗粒物相比，PM2.5 细颗粒物粒径小，比表面积大，活性强，易附带有毒有害物质（例如，重金属、微生物等），且在大气中的停留时间长、输送距离远，因而对人体健康和大气环境质量的影响很大。PM2.5 细颗粒物能够引起肺部血管通透性的改变、肺细胞损伤，能加重氧化应激损伤。以岭药业再次抓住这一社会热点，于 2014 年 3 月 15 日申请了发明名称为"一种中药组合物在制备治疗细颗粒造成肺损伤药物中的应用"的发明专利（CN201410094890），请求保护连花清瘟在制备对治疗细颗粒（PM2.5）所造成的肺损伤的药物中的用途，从而将紧随社会热点之路继续下去。

对于一个因突发流行病而诞生的自主知识产权药物，在连花清瘟上市以后，以岭药业抓住每一次社会效应巨大的突发事件或状况，快速响应，甚至在流行病大范围暴发前即开始构建自己的专利布局，不断地提升连花清瘟的技术价值，不断延长该品种专利的生命周期，完成了高技术价值专利的培育。紧随社会热点，连花清瘟应时应景地将高价值专利故事不断地讲下去。

2. 法律价值的构建——形成有效壁垒

（1）大规模储备有效专利

自 2003 年以来，以岭药业围绕连花清瘟产品申请了多达 49 项发明专利（截至 2015 年 12 月 31 日公开专利的检索）。在 49 件专利中，有 2% 涉及中药组方，8% 涉及制备方法的改进，11% 涉及中药活性成分的检测，79% 均涉及医药用途。在这 79% 的用途专利中，多件涉及社会热点，如 H1N1、MERS、PM2.5 等，其中 2008 年申请了 19 项专利，这 19 项申请大部分涉及连花清瘟的医药用途，2012 ~ 2014 年，以岭药业围绕该品种不断进行制备技术的更新和更多适应症的拓展，申请依然以每年 7 件的数量增加，不断完善构建专利组合（见图 2 - 4 - 4）。由此可以看出，自 2008 年起，以岭药业已经具有了进行专利挖掘与布局的意识，并紧随社会热点，积极地扩展药物的应用范围、储备高技术价值专利。如图 2 - 4 - 5 所示，在这 49 件专利中，有42% 处于专利权有效状态，10% 权利处于无效状态，还有 48% 尚处于审查中或刚刚公开，其法律状态未决。以岭药业围绕连花清瘟的核心专利，有目的、有节奏地构建"糖衣式"专利布局，不断储备有效专利，不断从时间和技术分布上优化专利组合，巩固专利组合的法律价值。严密的专利保护网保证了连花清瘟的市场独占性，为市场价值的体现保驾护航；此外，也为衍生产品的产生与市场的延伸奠定了基础。

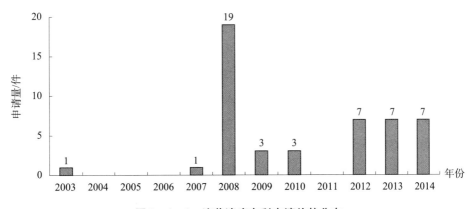

图 2 - 4 - 4　连花清瘟专利申请趋势分布

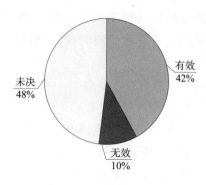

图 2 - 4 - 5　连花清瘟专利申请法律状态

在研究中发现，以岭药业早在 2007 年即成立专职专利服务部，负责日常专利的挖掘、撰写与布局，正是有这样一支经验丰富的知识产权团队，使得连花清瘟审结案件的授权率达到了近 80%。对于复审案件，以岭药企聘用专业的专利代理机构，复审成功率极高。正是因为这一系列的举措，以岭药业围绕连花清瘟储备了大量的有效专利。

（2）用途专利提高侵权判定性

由图 2 - 4 - 6 的数据可知，在连花清瘟专利布局中，作为具有广谱抗病毒作用的中药复方，制药用途外围专利的布局显得尤为重要。连花清瘟以制药用途为主题的专利申请共计 38 项，占连花清瘟专利申请总数的 79.2%。可以看出制药用途型专利受到了以岭药业的青睐。对于一个来之不易的中药处方，拥有者会力求扩大该药物的适应症从而扩大药物应用的市场，此外，从专利角度来看，由于技术特征相对较少，举证相对容易，制药用途专利相比于制备方法、检测方法等专利其侵权可判定性也相对较高。

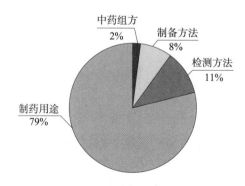

图 2 - 4 - 6　连花清瘟专利申请技术类型分布

（3）多主题构建专利丛林

据研究显示，国外畅销原研化学药的背后平均每个药品拥有 7.44 件专利，最多的达到了 42 件专利。而连花清瘟仅制药用途这一主题即申请了 38 件专利。2003~2014 年，企业围绕连花清瘟共计申请了 49 件相关专利。这些专利组合在时间维度上延长了专利的有效期，同时在法律层面上提高了实施连花清瘟药物专利技术的壁垒。2003 年以岭药业申请了连花清瘟的组方专利，围绕该核心基础专利，企业从制备工艺、检测方法的角度构建了必要的支撑专利，并在医药用途主题着重进行了外围专利的扩展。

在制备工艺主题中，连花清瘟活性成分的制备过程结合了诸如无极陶瓷膜分离技术（CN200910077955）、连续超声逆流提取技术（CN201210450660）以及薄荷脑胶体磨包合技术（CN201310508483）等中药领域先进的平台技术，从干燥、提取、分离等环节以及成分优化的角度对制备工艺的优势技术进行了专利挖掘与布局，为基础专利的技术支撑打开了排他性的法律保护伞。

在检测方法主题中，连花清瘟主要活性成分连翘酯苷 A 和绿原酸以及其他活性成分的含量范围共同决定着连花清瘟药效的发挥。检测方法专利由单次检测单个成分到单次检测多个成分（CN201210450660.0、CN201310343004.5 以及 CN201310111979.5）的方向发展。

关于连花清瘟胶囊全程快速定量检测体系的构建。基于超高效液相色谱技术，对连花清瘟胶囊中涉及含量测定项的 8 味药材进行了 HPLC 和 UPLC 的对比研究，并对近 4 年内生产采购的样本进行了分析测定，建立了 UPLC 测定原药材的质量控制标准；对生产关键工序点超声逆流醇提液和陶瓷膜超滤后的水提液进行了中间体多成分快速质量监控及指纹图谱分析；建立了 UPLC 快速检测连花清瘟胶囊中多成分含量测定标准，形成了连花清瘟胶囊"原药材—中间体—成品"快速动态定量监控体系，更加有效地控制连花清瘟胶囊的药品质量❶。检测方法相关支撑专利的构建，虽然某种程度上有利于彰显技术的主导性，但其更重要的价值在于，主导性的活性成分检测方法专利有可能成为该药物质量控制的权威标准。标准是围绕产品所布局的专利技术实现其价值增值的最高体现形式。专利标准化的过程意味着连花清瘟这一专利技术难以被其他对手规避与替代，其法律价值可以被前所未有地增强。

针对制药用途，以岭药业从病因、病理、病症、部位等角度进行布局，

---

❶ 连花清瘟胶囊生产工艺优化研究［Z］. 应用技术类成果，2014.

从病原体、抗病机理、患病部位、患病症状等多个角度布局了医药用途。其中依据病原体布局的专利涉及百日咳、水痘、人禽流感、H1N1、带状疱疹、乙型流感、H3N2、中东新型冠状病毒、耐药菌等多种病原体；而按照抗病机理则布局了破坏细菌生物膜、扩张支气管，而以患病部位又涉及呼吸系统和非呼吸系统的布局，沿呼吸系统自外而内布局了口腔、咽部、鼻窦、扁桃体、上呼吸道、支气管、肺部多个部位的疾病制药用途专利。而非呼吸系统则涉及了手足口病、急性肾炎、病毒性心肌炎、肺源性心脏病、流行性腮腺炎、化脓性胸膜炎、角膜炎等。同时，对连花清瘟的组方进行改进后，其对金黄色葡萄球菌、肺炎球菌、流感杆菌以及伤寒、副伤寒甲、副伤寒乙三联菌致发热有较好的解热作用，并具有一定的止咳化痰作用，从而成为具有广谱抗病毒、抗菌作用的药物（见图2-4-7，详见文前彩插第5页）。

3. 市场价值构建——提升、拓展市场价值

（1）瞄准突发事件，提升市场价值

自上市以来，连花清瘟累计销售额超过15亿元，据可获得数据显示❶，2008年该药物实现销售额1亿元，2009年随着H1N1疾病的暴发，2009年连花清瘟的销售额达5.06亿元，如图2-4-8所示，自2011年起，连花清瘟一直瞄准突发的社会事件构建产品的市场价值，销售额持续上升，实现了2011年2.88亿元、2012年3.00亿元、2013年4.92亿元、2014年5.33亿元的高销售额预期。2015年上半年已经实现销售额2.69亿元，成为抗感冒领域的高价值品种。

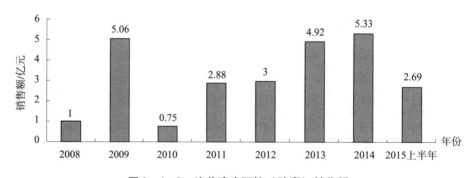

图2-4-8　连花清瘟颗粒（胶囊）销售额

---

❶　2010年以岭药业招股说明书、2011~2014年以岭药业年报、2015年以岭药业半年报［EB/OL］．［2016-10-30］．http：//www.yiling.cn/tzz/dqbg/list_18_2.html.

（2）利用品牌效应，拓展市场价值

数年来，连花清瘟以其构建自主知识产权的良好口碑赢得了公众和媒体舆论的关注，也赢得了行业对于企业研发实力的认可，树立了良好的创新型企业的形象。

① 改进组方，储备创新品种

"连花"这一知名品牌，作为以岭创新打造的名片，为企业搭建了创新发展之路。以岭药业在连花清瘟处方的基础上进行了改变，分别针对急性支气管炎、慢性支气管炎以及支气管哮喘申请了连花系列中的连花急支片（CN200810089447）、连花慢支片（CN200810089446）以及连花定喘片（CN200810089448）。其中，连花急支片和连花定喘片已经进入了Ⅱ期临床，而连花定喘片更是入围 2016 年我国重大新药创制名单。围绕这 3 个改进组方，以岭药业也开始了海外布局，分别以这 3 个药物的中国专利申请为优先权申请了 PCT 申请。

② 扩展领域，开拓饮料市场

以岭药业寻求将"连花"系列产品推向饮料领域，先后申请了外观设计专利连花清菲植物饮料（CN201430083909）、清桑茶（CN201430306522）、清霏茶（CN201530203302），分别取"清肺""清嗓"等谐音，2014 年中国出现大面积的雾霾，雾霾对人的呼吸道，特别是肺具有伤害性，在这一面以岭药业推出连花系列饮料，无疑是顺应大环境发展的一次尝试，让"连花"这一品牌助推以岭药业产品的开拓与创新。

4.2.2　基于应用的专利价值形式的体现

1. 彰显价值——自我专利意识初形成

2003 年 7 月 1 日，以岭药业快速响应申请了发明名称为"一种抗病毒中药组合物及其制备方法"的发明专利（CN03143211），该专利申请的权利要求覆盖了抗病毒中药组合物复方和制备方法，通过规范的撰写，获得了具有保护层次的中药组合物和制备方法权利要求。2007 年，以岭药业将连花清瘟制备过程中的"清膏真空干燥"工艺申请了专利，成为企业围绕连花清瘟构建的第 2 件专利申请，且由案件的联系地址"河北以岭医药研究院有限公司专利室"推知，该公司至少在 2007 年已经成立了专利部门。由 2003～2007年以岭药业围绕连花清瘟的专利申请来看，企业对于专利运作的关注点仍处于"保证自我经营"和"技术自我识别"的阶段，即保证他人不会实施同我一样的技术与工艺，以及对于技术和其改进权利的彰显，这是企业自我专利意识的初步形成。

2. 防御价值——布局防御意识初体现

对于一个具有广谱抗病毒作用的中药处方，本领域技术人员很容易想到将该药物尝试用于其他由病毒引起的各种疾病，为了避免在适应症扩充过程中因他人抢先申请专利而对药品的推广构成限制，企业需要保证自我技术的自由实施，在已经拥有了中药处方核心专利和核心制备工艺的基础上，各种制药用途专利可能成为限制药品扩大应用的障碍。将大量容易联想到的疾病或病症的制药用途防御性地公开是保证技术自由实施的重要手段，而在公开过程中又能获得权利的独占则是上策。专利制度作为同时满足公开与获得权利保护的途径，无疑是最佳手段。2008年，以岭药业围绕连花清瘟共申请了19件专利，这19件专利均为用途权利要求，涉及连花清瘟针对多种病毒感染相关疾病的医药用途。经研究发现，在这些专利申请中，有多件申请的发明人中出现了该公司专利室负责人的名字，这至少说明该公司的知识产权专员参与了公司主要产品的专利技术开发过程中，并对专利技术做出了实质贡献。在这19件申请中，授权率达到78.9%，授权率显著高于中药领域的平均水平，以岭药业通过制药用途专利的扩展以公开的方式扫除了潜在的可能妨碍自身自由实施的障碍。这标志着企业对于专利手段利用有了新的认识，专利挖掘与布局的意识深入企业产品运作之中。高达78.9%的授权率与该公司知识产权专员的智慧贡献密切相关，也必然与研发部门在立项前的专利检索、专利分析以及专利撰写过程中的精雕细琢密不可分。

3. 战略价值——产业升级意识全贯穿

专利的挖掘、布局以及运用的最终目的应当是服务于产业的发展，就连花清瘟而言，自2011年起，以岭药业的专利申请和布局回归理性，针对热点适应症和升级性支撑技术进行了布局，以期服务于产品适应症的扩展和技术的更新换代。此外，还寻求组方的改进和其他领域的拓展。不论是中药组方的改进，还是饮料市场的开拓，以岭药业一直以知识产权保驾护航，专利在布局当中服务于产业升级，也服务于品牌拓展，让专利在产品开拓市场的过程中体现其战略价值。

第 5 节　知母皂苷 B Ⅱ 专利价值分析

5.1　植物药知母皂苷 B Ⅱ

从 1805 年罂粟中分离得到吗啡开始，众多的天然植物药已成为取得巨大经济效益和社会效益的重量级药物，如金鸡纳碱、奎宁、咖啡因、尼古丁、可待因、阿托品、长春碱、洛伐他汀、青蒿素、紫杉醇等。这些成功的案例使得天然药物成为发现治疗重大疾病的药物或重要先导化合物的主要源泉之一[1]。天然植物中分离的先导化合物为新药目标化合物提供了结构母核，从天然结构出发，经结构修饰、类似物的合成及构效相关性研究，设计新药目标化合物，成为国际研究天然活性成分的主要思路和方法。

2015 年因为青蒿素的系列研究成果，屠呦呦获得诺贝尔奖，是对我国中药研究工作的极大肯定，对天然植物药开发者的莫大鼓舞。

据全国资源普查统计，我国的中药资源种类有 12807 种（含种以下单位），其中，药用植物有 383 科、2309 属、11146 种。在全国药材交流会上，中药材种类一般在 800~1000 种，常用药材 500~600 种，不常用药材约 100 种，还有少部分为冷僻药材[2]。丰富的天然中草药资源为研究天然植物药提供了金矿，然而如何发掘金矿中的金子，则需要一双慧眼和持之以恒的努力，幸运的是，传统中医理论博大精深，中医使用中草药有着悠久历史，积累了丰富的临床经验，理论和实践的经验好比航行中的灯塔，为发掘金矿指明了前进的方向，正如青蒿素的研究过程中，通过在研究之初查阅大量古代医书和民间药方，走访老中医后，青蒿从数以万计的中药材中脱颖而出，确定为进一步的研究对象，为最终的成功选择了正确的方向。近年来，随着我国分离提纯、鉴定、化学合成、转基因表达等相关技术领域研究水平的提高，弥补了我们原有的短板，使得天然植物药的研究有了更快的发展，对常用中药活性成分的认识越来越深入，在此基础上，以天然植物药作为新药研发对象，对于我国而言有着得天独厚的优势。

知母是我国传统中药中的常用品种之一，具有滋阴润燥、清热下火等作用。知母皂苷是一系列来源于知母的、具有多种药理活性的甾体皂苷类天然

---

[1] 史清文，等. 天然药物化学研究与新药开发 [J]. 中草药，2010，41（10）：1583 – 1589.
[2] 李文清. 我国中药资源开发利用现状及进展 [J]. 四川畜牧兽医，2013，10：35 – 37.

化合物，已鉴定的化合物有 40 多种，具有多种药理活性，包括抗癌、抗痴呆、抗抑郁、抗病原微生物、降血糖、治疗心脑血管疾病等。知母皂苷 BⅡ是知母皂苷的主要有效成分之一，其在中药知母中含量最高，结构为（25S）－26－O－β－D－葡萄吡喃糖基－22－羟基－5β－呋甾－3β、26－二醇－3－O－β－D－葡萄吡喃糖基（1→2）－β－D－半乳吡喃糖苷，如结构式 1 所示。

结构式 1

1991 年，日本学者南云清二等人首次阐明了知母皂苷 BⅡ 的化学结构。1996 年，国内军事医学科学院放射与辐射医学研究所的马百平等人从知母中提取并分离得到了知母皂苷 BⅡ 。知母皂苷 BⅡ具有广泛的药理作用，如降血糖、抑制血小板聚集、清除自由基活性、抗老年痴呆活性、防治脑卒中等。

知母皂苷 BⅡ 的化学结构最先由日本学者确认并于 1991 年公开，因此国内外并无知母皂苷 BⅡ化合物的相关专利。对于知母皂苷 BⅡ药用价值的进一步开发主要掌握在我国的研究机构和企业手中，以中国专利申请为例，目前已经公开的专利申请共 26 件，国内申请人的申请占据了其中的 24 件，仅有 2 件国外申请均来自英国的植物药物公共有限公司，申请号分别为CN201080012547.3、CN201180041282.4，且前一件申请已经视撤，后一件申请授权的范围内仅包括异菝葜皂苷元的用途，涉及知母皂苷 BⅡ 的用途未获得授权。此外，未进入中国的专利申请仅有 5 件，且仍有 2 件为我国香港地区申请人提出的申请。

对国内外已公开的知母皂苷 BⅡ相关专利申请的申请人进行分析，结果如图 2－5－1 所示。从图中可以看出，中国人民解放军军事医学科学院放射与辐射医学研究所（以下简称"军科院二所"）和中国人民解放军第二军医大学是主要申请人，其余申请人的申请量只有 1～2 件。

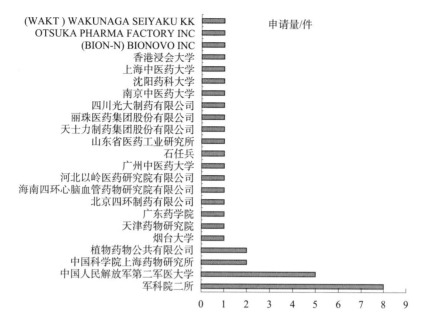

图 2 - 5 - 1 知母皂苷国内外申请人及申请量分布

军科院二所的相关专利主要申请于 1997～2011 年，除 1 件仍处于实质审查阶段外，其余专利申请均已获得授权，并处于专利权维持状态，发明类型涉及制药用途、制备方法、联合用药，对知母皂苷 BⅡ 的研究较为持续和深入，提出的专利申请量和拥有的专利权数量也最多，同时其拥有的专利为该研究所带来了高达 6000 万元的专利许可费用，获得了可观的经济回报，是国内天然植物药高价值专利的成功典范。

如果说屠呦呦及其团队的青蒿素技术与专利失之交臂，是当时历史环境造成的遗憾，那么军科院二所的知母皂苷 BⅡ 技术则出生在一个幸运的年代，1993 年，我国专利法才将药品和用化学方法获得的物质作为专利保护客体，1996 年，军科院二所便分离得到知母皂苷 BⅡ，并于 1997 年提出相关专利申请。当然，仅凭幸运是远远不够的，最终丰厚的回报与扎实持久的研究、较强的专利保护意识、合理的专利布局、有效的专利运营手段同样密不可分。

下面将以该研究所的知母皂苷 BⅡ 相关专利为例，阐述包括技术价值、法律价值和经济价值在内的基础价值的构建过程，以及基于应用目的的专利价值实现过程。

5.2 知母皂苷 BⅡ 相关高价值专利的产生过程

5.2.1 知母皂苷 BⅡ 技术价值、法律价值与市场价值的构建

5.2.1.1 技术价值的构建

1. 跟踪借鉴，发掘技术价值

从 20 世纪 90 年代初开始，我国开始逐渐重视老年性痴呆疾病，1992～1994 年，我国部分地区陆续公布了对老年性痴呆进行流行病学调查的结果，以广州为例，老年性痴呆的患病率为 1.47%，其中低龄组（60～74 岁）患病率为 1.15%，高龄组则为 2.10%[1]，与此同时，欧美国家的患病率已高达 4%～5%[2]。有学者指出，随着社会的进步，人类寿命的延长，老龄化人口比例的提高，患病人数将大大增加，老年性痴呆已成为一个亟待解决的医学和社会问题。

1996 年以前，国内对于老年性痴呆的中药治疗还处于起步阶段，已有的药物有清开灵注射液、黄连解毒汤、益智灵等中药方剂，广金钱草、人参、葛根等单味中药对防治老年性痴呆有一定的效果[3]，而已经成熟的治疗药物主要是成分确定的合成化合物或天然化合物，包括胆碱酯酶抑制剂（如四氢氨基吖啶、石杉碱甲）、血管扩张剂（如麦角溴烟酯）、钙通道阻滞剂（如尼莫地平）和神经生长因子等。

对于老年性痴呆症的治疗靶点，最初人们一直认为阿尔茨海默症（AD）患者中枢胆碱能系统的病变主要在 M 受体系统，自 20 世纪 80 年代后期以来，由于放射自显影、正电子断层扫描（PET）以及放射配体结合试验技术的不断进步，越来越多的研究表明，AD 患者脑组织至多只有 5% 的 M2 受体亚型位点轻度下降，与之相反，AD 患者的脑组织（无论活检还是尸检）N 受体较正常人减少约 50%，N 受体在 AD 中的作用日益引起人们的重视[4]。

军科院二所正是在这样的背景下，关注到这一社会发展趋势，将目光投向了老年性痴呆药物的研发，同时，作为高新技术和药物的研究机构，没有

---

[1] 薛冠华，等. 广东省老年痴呆流行病学研究 [J]. 实用医学杂志，1997，13 (6)：371–372.

[2] 张华荣，等. 海南省老年前期与老年期痴呆流行病学调查研究 [J]. 海南医学，1996，3：207–208，211.

[3] 陈楷，等. 中药治疗老年期痴呆初步研究进展 [J]. 中国中西医结合杂志，1995，15 (2).

[4] 邓云. 知母及其有效成分改善脑功能药理作用研究进展 [J]. 中国药理学通报，2008，24 (5)：576–579.

简单地重复对复方药、单味药进行研究，而是依托其在药物化学领域的技术优势，以成分已知、结构确定的天然植物药作为研发目标，同时通过跟踪当时最新的理论研究成果，选取了更有效的胆碱能 N 受体作为筛选治疗老年性痴呆天然植物药的靶点，提高了筛选的效率和准确性。

2. 中西合璧，创造中药特有价值

除靶点外，中医对痴呆症的认知和临床经验以及已有的研究成果也是天然植物药开发过程中可以利用的有效信息。中医认为肾气衰退是衰老的重要成因，对早期脑功能衰退的老年虚症患者辩证以气阴两虚者居多，其辨证施治主要为填精补髓、滋阴养血、补肾健脾等，而知母则是具有滋阴润燥作用的常用中药之一，很多抗衰老方剂中均包含知母，如三一肾气丸等，从理论上讲，知母符合中医对老年性痴呆症的治则。1993 年，上海第二医科大学的胡雅儿等报道了知母水煎剂能够明显提高衰老动物中高亲和力胆碱 M 受体数量，但不影响其结合力，对低亲和力受体的数量和亲和力无明显影响❶，随后在 1994 年的专利申请中（CN93112451.4，公开日 1994 年 12 月 7 日）请求保护知母皂苷元作为制备 β 肾上腺素和 M 胆碱受体双向调节药的用途。已知胆碱 M 受体密度的降低与脑的衰老相关，因此，通过上述报道可以获得知母中可能存在用于老年性痴呆防治的有效成分的提示。

在已有的理论和实践基础上，军科院二所于 1996 年发表文章称，从知母中分离得到并鉴定了四种呋甾皂苷，其中两种为新化合物，分别命名为知母皂苷 C 和知母皂苷 E，另两种为已知化合物，其中化合物Ⅲ与南云清二报道的化合物结构一致，即知母皂苷 BⅡ，同时实验表明这 4 种化合物均具有清除羟自由基的作用，其中化合物Ⅲ（知母皂苷 BⅡ）对羟自由基的清除率最高，在 5mg/ml 的浓度下清除率为 57%。文章还提及研究者正在进一步研究知母皂苷Ⅱ对脑血管活性的作用。

分离得到的化合物中初步验证效果最好的知母皂苷 BⅡ并不是新的化合物，且最早被非专利文献所公开，该化合物的自由实施并不会受制于化合物核心专利，然而其药用价值的二次开发，则可能成为获得自主知识产权的技术开发的价值方向。

1997 年 9 月 26 日，军科院二所提出了中国专利申请（CN97119680.X），该申请涉及 4 种知母皂苷（其中包括知母皂苷 BⅡ）对脑基底动脉扩张、大

---

❶ 胡雅儿，等. 老年大鼠脑 M 受体亚型的变化及知母的调整作用 [J]. 中药药理与临床，1993（1）：15 – 18.

鼠主动脉扩张、大鼠脑血流量的药理作用。实验结果表明，化合物Ⅲ（知母皂苷BⅡ）对脑血管性痴呆有一定的治疗作用；同时能有效增加细胞系N受体的数量，对大鼠海马神经细胞培养有促进作用。该化合物对羟自由基清除率的实验结果与发明人1996年发表的非专利文献一致，即化合物Ⅲ的自由基清除率最高，达56.7%。基于上述实验，该申请的权利要求中提出了包括知母皂苷BⅡ在内的多个甾体皂苷在制备用于防治老年性痴呆的药物中的用途，这一专利于2003年获得授权。

通过上述分析可知，军科院二所在筛选对象上，注重发挥我国传统中医药优势和自身药物化学领域优势，选择天然植物药作为筛选对象，同时注重借鉴国内外已有理论和实践研究成果，选择与中医治则相符、已有成果显示与针对疾病有一定相关性的中草药作为研究对象，在确定知母作为研究对象后，进一步分离其有效成分得到纯化合物，以纯化合物作为药物筛选对象，并非简单地以提取物或总皂苷作为研究对象，表明其在药物化学研究上具有一定技术优势；在筛选方法上，跟踪国内外最新研究成果，选取更有效的胆碱能N受体作为靶点，而非M受体，使筛选过程更为高效、筛选结果也更为有效；在效果验证上，针对两种主要的老年性痴呆病种类，即脑血管性老年痴呆和阿尔茨海默症分别进行验证，使验证结果全面、可靠。最终筛选到了对老年性痴呆疾病具有良好治疗效果的天然植物药。

3. 多轮创新，提升专利技术价值

随着近年来我国脑卒中发病率的不断升高，脑卒中患者数量已非常庞大。中国人民解放军第二军医大学于2003年提出中国专利申请（CN03116824.8），请求保护知母总皂苷在制备防治脑卒中药物或食品中的应用并获得了授权，其制备的知母总皂苷中含有知母皂苷BⅡ。军科院二所很快洞察到作为知母总皂苷中活性成分之一的知母皂苷BⅡ很可能具有防治脑卒中的作用，并对其假设进行科学的验证。在专利CN03116824.8公开不足一年半后，即2005年3月25日提出了专利申请以保护知母皂苷BⅡ在制备用于防治脑卒中的药物或产品中的用途（CN200510059466.X），且该申请的优先权日为2004年4月29日，距离中国人民解放军第二军医大学的专利申请公开日仅有半年，军科院二所通过对专利信息的获取，及时跟踪知母皂苷BⅡ相关技术的研究进展，经过实验证实，知母皂苷BⅡ可明显改善局灶性脑缺血大鼠神经症状、缩小脑梗塞范围、减轻脑水肿程度、明显改善模型动物的血液流变性、减轻脑缺血所致炎性损伤等，证明了单体化合物知母皂苷BⅡ具有防治脑卒中的活性，最终也获得了授权。

知母皂苷 BⅡ应用于脑卒中的治疗具有广阔的市场前景，具有较高的技术价值和经济价值。然而这样一项高价值的专利技术，其获得的过程相比于一般药物开发过程却是低成本的，凭借对最新技术成果的追踪和自身对知母皂苷 BⅡ相关技术的掌握，军科院二所以几乎"直线式"的方式完成了又一次创新，提升了该药物的专利价值。

5.2.1.2　法律价值的构建

1. 横纵拓展，多角度编织专利护网

为了进一步挖掘知母皂苷 BⅡ的药用价值，军科院二所在上述技术的基础上，将知母皂苷 BⅡ的应用在广度和深度上继续向前推进了一步。首先，在广度上，脑卒中属于常见的血栓性疾病之一，其他很多血栓性疾病，如冠心病、心绞痛、心肌梗塞、肺栓塞等，在国内外都是多发疾病，患病人口庞大，相关药物市场前景广阔，同时这些血栓性疾病在成因、治疗等方面存在一定的共性，因此军科院二所的再次创新将知母皂苷 BⅡ的应用聚焦到了各种血栓性疾病的治疗上。其次，在深度上，治疗效果是影响药物价值的重要因素，改善疗效是药物领域二次创新、提高技术价值的重要方式，通过将具有相同、相似药效的药物配合使用，即联合用药是改进药效的常见途径之一。Jianying ZHANG 等报道了单体化合物知母皂苷 Ia、BI、BⅡ、BⅢ 和 AⅢ 具有显著的抗人血小板聚集及延长凝血时间的活性。军科院二所联合两家制药企业经过研究实验发现，知母皂苷 BⅡ和知母皂苷 AⅢ 在一定的配比范围内具有协同增效作用，并就该技术于 2008 年 8 月 28 日提出了中国专利申请（CN200810146414. X）并于 2012 年获得授权（CN101658525B），应该说这次创新是在跟踪、发展自身技术的基础上完成的又一次技术创新，再次在横向上扩展了知母皂苷 BⅡ的应用范围。

正是由于认识到了知母皂苷 BⅡ本身在多个领域具有较高的药用价值，军科院二所又分别于 2005 年和 2008 年提出了知母皂苷 BⅡ的分离制备方法（CN200510059467.4）和合成方法（CN200880130152.6）的专利申请，均已获得专利权。分离提取和化学合成是天然植物药的两种主要生产方式，改善的提取方法和合成方法可以降低生产成本，为药物的实际应用提供保障。在更具优势的替代技术出现以前，掌握原料药生产方法对于控制药物的生产和应用具有重要的价值。

此外，2011 年军科院二所又就知母、知母粗提物或知母皂苷 BⅡ在制备用于预防或治疗电磁辐射损伤药物或产品中的用途提出了专利申请（CN201110114599.8），继续扩大知母皂苷 B II 的应用范围。

综上所述，军科院二所在多年的知母皂苷 B II 研究中，注重跟踪社会热点和技术进展，借鉴已有理论和实践成果，及时挖掘最新专利信息，使研发过程目标更明确、成功率更高、周期更短、成本也更低。在已有研究成果的基础上，通过不断扩展应用领域和技术角度，实现多轮创新，为高价值专利组合奠定了技术基础。

以探索不同医药用途为横向，充分挖掘知母皂苷 B II 的应用价值，以改善疗效、改善提取方法、确定合成方法为纵向，延展技术深度，扩张保护角度，横纵联合，实现了自身专利价值组合的构建，形成了专利保护网。

2. 多国申请，全世界布局专利技术

与传统中药不同的是，作为天然植物药的知母皂苷 B II 属于纯化合物，结构明确、药理作用确切，其适应症——老年性痴呆、脑卒中等血栓性疾病在全球范围内都呈多发态势，因而知母皂苷 B II 在国外也有广阔的市场前景。

军科院二所为维护其技术创新成果的海外权益，在国内提出的 6 件申请中，有 5 件同时向其他国家提出了专利申请保护。其中申请号为 CN97119680.X 的中国专利申请涉及甾体皂苷化合物在老年性痴呆药物中的应用，并非 PCT 申请，申请人以该申请为优先权提交了 PCT 申请（WO1998CN00204），并在欧洲、美国、日本、韩国、加拿大 5 个国家和地区获得授权；申请号为 CN200510059466.X 和 CN200510059467.4（申请日均为 2005 年 3 月 25 日）的两件申请同样为非 PCT 申请，后于 2005 年 4 月 21 日分别以上述两件专利申请为优先权，提交了 PCT 申请（申请号分别为 WO2005CN00553、WO2005CN00554），前者在欧洲、美国、日本、韩国、俄罗斯、加拿大、新加坡、中国香港、乌克兰 9 个国家和地区获得授权，后者则在欧洲、美国、日本、俄罗斯、加拿大、新加坡、中国香港、乌克兰、波兰 9 个国家和地区获得授权。

此外，以知母皂苷 B II 合成的专利申请（CN200880130152.6）为 PCT 申请（PCT/CN2008/000889），进入了美国、欧洲、日本、韩国、加拿大、英国等国家和地区。

如之前所述，申请号为 CN200810146414.X 的中国专利申请为军科院二所、北京四环制药有限公司和海南四环心脑血管药物研究院有限公司的共同申请，该申请请求保护的是用于预防或治疗血栓性疾病的、包含特定比例知母皂苷 AⅢ 和知母皂苷 BⅡ 的药物组合物。为了充分维护该技术在海外的知识产权，军科院二所又就相同的技术提出了 PCT 申请（WO2009CN01009 20090907），并进入了欧洲、美国、日本、韩国、日本等主要国家和地区，其中进入美国的申请人为军科院二所和各发明人，其他国家的申请人则仅为军科院二所。

总体来讲，军科院二所拥有的知母皂苷 BⅡ 相关技术数量虽然不多，但都及时通过专利申请的方式将其权利固定化，同时将保护范围延向海外，在全球主要国家和地区同时进行了申请保护，总体授权率较高、授权范围较大。

除申请地域的广度外，专利的维持状况也是影响其法律价值的决定性因素，一旦授权专利不予以维持，则会进入公知公用领域，对专利权人来讲，该专利的法律价值几乎为零。军科院二所拥有的 5 件知母皂苷 BⅡ 相关的中国专利（包括与其他申请人共有的 1 件专利）目前均为专利权维持状态，其中，申请号为 CN97119680. X 的专利申请日为 1997 年 9 月 26 日，专利权已维持了逾 18 年。此外，其拥有的海外专利也都予以了很好的维持，保障了其法律价值的实现。

药物领域专利的发明类型一般包括化合物、合成方法、用途、剂型、联合用药、检测方法等，对于中药材提取的天然植物药，还涉及提取方法或提取方法限定的提取物类发明。由于知母皂苷 BⅡ 的化合物结构已于 1991 年被非专利文献公开，因此不存在化合物专利，对 26 件知母皂苷 BⅡ 相关的、进入中国的专利申请进行分析，其发明类型分布如图 2 - 5 - 2 所示。

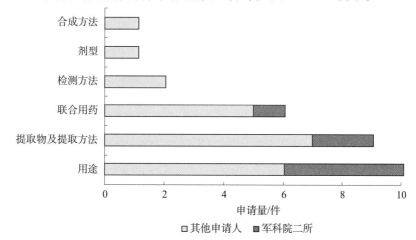

图 2 - 5 - 2 知母皂苷 BⅡ 相关国内专利申请类型分布

知母皂苷 BⅡ具体专利如表 2-5-1 所示。

表 2-5-1　知母皂苷 BⅡ具体专利技术汇总

发明类型	用途	提取物及提取方法	联合用药	检测方法	剂型	化合物合成方法
相关专利	CN1212966A *	CN1370537A	CN101204503A	CN102749407A	CN1628790A	CN102076704A *
	CN1370537A	CN1679866A	CN101658525A *	CN104614475A	—	—
	CN1451384A	CN1693310A *	CN101543504A	—	—	—
	CN1682873A	CN101229316A	CN101744978A	—	—	—
	CN1692908A *	CN101658525A *	CN101757073A	—	—	—
	CN101214253A	CN103191289A	CN103948625A	—	—	—
	CN101658525A *	CN103349724A	—	—	—	—
	CN102355902A	CN103479856A	—	—	—	—
	CN102764365A *	CN105031178A	—	—	—	—
	CN103189056A	—	—	—	—	—

注：＊标记的为军科院二所申请，含共同申请。

通过图 2-5-2 和表 2-5-1 不难看出，军科院二所的专利申请，其发明的主题类型与本领域的整体分布趋势较为一致，以用途类发明为主，其次是提取物及提取方法，联合用药类也有 1 件，同时其申请的知母皂苷 BⅡ合成方法的专利是唯一一件合成方法类申请，表明其在药物化学领域具有领先的技术优势。

通常而言，用途类权利要求不容易规避，一旦发生侵权，也非常容易举证，军科院二所拥有的用途类专利或专利申请共 4 件，分别涉及老年痴呆、脑卒中、血栓性疾病、电磁辐射损伤四类疾病；提取物及提取方法类权利要求通常由于提取步骤较多、参数较多而具有较小的保护范围，同时侵权举证相对较难，因而实际能够起到的保护效果非常有限，而军科院二所的此类专利中，权利要求授权范围则相对较宽，尤其是 CN1693310A，授权的权利要求 1 中，知母皂苷 BⅡ的制备方法步骤少，提取溶剂和分离方法涉及多种并列技术方案，且没有限定具体的操作参数，因而不容易规避。

综上所述，军科院二所对于其掌握的知母皂苷 BⅡ相关技术，从空间、时间、保护主题类型等方面进行了合理的专利布局，尽可能构建全方位的保护，实现了法律价值的大幅提升。

3. 运用制度，寻求长期宽范围保护

专利申请的撰写和申请策略影响着专利申请的授权前景、保护力度、维护成本等，进而影响专利的实际法律价值。从军科院二所的专利申请文件中可以看出，其专利申请撰写主要存在以下特点：用语规范、全面交代背景技术、权利要求书层次清楚、独立权利要求保护范围大、实验数据完备。此外，通过对其专利申请文件和申请过程的进一步分析，发现该申请人还灵活地运用专利制度，进一步提高了专利的法律价值。

（1）借力优先权，合理延长保护时间

药物领域的专利申请，通常在细胞实验动物水平确认有效后提出，而这一阶段尚处于药效确认的初级阶段，是否针对人体有效、毒副作用是否处于可接受的水平等方面都还存在相当大的不确定性，并且药品上市前还要经过漫长的审批环节，因而往往专利申请的提出距离真正药品的上市间隔很远，药品上市时，专利保护期已过去数年，相当于浪费了专利的实际保护期限。

《专利法》第29条规定，申请人自发明或者实用新型在中国第一次提出专利申请之日起12个月内，又向国务院专利行政部门就相同主题提出专利申请的，可以享有优先权。同时，根据《专利法实施细则》第11条的规定，《专利法》第42条规定的专利保护期限自申请日起计算，而非自优先权日计算。某种程度上讲，利用优先权制度可以将专利实际保护期限合理延长12个月。

军科院二所的中国专利申请CN200510059466.X和CN200510059467.4分别要求了本国优先权200410037347.X、200410037346.5，两件申请的申请日均为2005年3月25日，优先权日均为2004年4月29日。通过优先权策略的使用，使得两件专利申请的专利保护期限起算日推后了近11个月的时间，而并不影响其优先权日占有的先申请的权利，这对于药品等产品上市较慢的领域是非常有价值的。

（2）运用分案申请，扩展保护范围

《专利法实施细则》第42条规定，一件专利申请包括两项以上发明、实用新型或者外观设计的，申请人可以在本细则第54条第1款规定的期限届满前，向国务院专利行政部门提出分案申请；但是，专利申请已经被驳回、撤回或者视为撤回的，不能提出分案申请。

分案申请制度既可用于克服权利要求不具备单一性的缺陷，同时又可以弥补原申请授权范围不恰当等遗憾。以军科院二所1997年提出的申请号为

CN97119680. X 的专利申请为例，该申请于 2003 年 12 月 17 日授权（CN1131237C），授权独立权利要求 1 保护通式 I 化合物及其立体异构体（包括知母皂苷 B II）在制备用于防治老年性痴呆药物中的用途，其余 14 项权利要求均为权利要求 1 的从属权利要求，该申请说明书中的实验数据证实了知母皂苷 B II 对于老年性痴呆的治疗作用。在收到上述申请授权及办理登记手续通知书后，申请人于 2003 年 10 月 23 日，就该案提出了分案申请，分案申请申请号为 CN200310102512.0，请求保护一系列甾体皂苷化合物，将原权利要求中已被现有技术公开的化合物删除，仅保留新化合物从而获得授权。

在原申请未能保护化合物的情况下，申请人恰当地利用了分案申请策略，使原案中记载的新化合物得以专利保护。由于分案申请中用马库什表示的系列化合物与知母皂苷 B II 具有相近的结构，这就为竞争者研发知母皂苷 B II 结构相近药物设置了障碍，从而提高了原案专利的实际价值。

（3）把握申请时机

在全方位保护一节中曾提到，军科院二所向海外提出专利申请的方式，包括直接提出 PCT 申请，或者先提出中国专利申请，再以中国专利申请为优先权提出 PCT 申请，此外还与北京四环制药有限公司和海南四环心脑血管药物研究院有限公司共同申请了一件中国专利（CN200810146414. X，申请日2008 年 8 月 28 日），之后军科院二所就该技术向海外单独进行专利申请，此时海外申请的申请人与国内申请的申请人不同，如果要求国内申请的优先权，则需要国内申请的所有申请人同意将优先权转让。上述国内申请的公开日为2010 年 3 月 3 日，军科院二所选择在国内申请日后、公开日之前的期间内提出了 PCT 申请，这样国内申请既不构成现有技术，而且只要该 PCT 申请不进入中国，则在先申请也不构成该 PCT 申请的抵触申请，即使不要求国内申请的优先权，该国内在先申请也不会影响在后海外申请的授权前景，即通过选择恰当的海外申请时机避开了申请人不同的问题，以寻求最有利的保护。

5.2.1.3　市场价值的构建

1. 把握趋势，让专利保证市场价值

影响专利经济价值的主要因素包括市场规模、市场占有率、竞争对手、政策适应性等。对于药物领域，疾病的种类不同，患病人数不同，市场规模也就不同，也就是说疾病的种类在一定程度上决定了相应药物的市场规模。

20 世纪 90 年代初开始，我国对老年性痴呆开始逐渐重视，发表的相关研究日益增多，但国内对于治疗该病的药物，普遍依赖于传统中药典籍中的相关记载，以组方药居多，对特定药效成分及其机理进行深入研究的寥寥无几，缺少疗效确切的国产药物。

新药的研发周期长，最短也要数年，这就要求在选择新药研发项目时具有一定的前瞻性。如果具备上市条件时，已有的药品种类能够满足治疗需求并且市场格局已经形成，则一般情况下很难打破原有格局，瓜分到较大的市场份额。

作为科研机构，要想把握市场动向，提高预见能力，离不开信息、情报的收集与分析。当时我国多地对老年性痴呆的流行病学调查数据表明，该病患病率在 1% ~ 2%，其患病人口总数已不容小觑，而与此同时，欧美国家报道的患病率已高达 4% ~ 5%，相关治疗药物在这些国家已经引起了广泛的关注，例如军事医学科学院情报研究所于 1993 年出版的《知识产权与国内外新药研究开发》一书中就报道了国外有关早老性老年痴呆治疗药物的研究开发动态。并且随着我国人民生活水平和医疗水平的提高，人口寿命日益延长，同时我国的人口结构决定了老龄化人口比例在未来一段时间内会迅速升高，这些因素必然导致老年性痴呆患病人数的大幅增加。军科院二所正是注意到了这一社会发展趋势，敏锐地洞察到了由此带来的机遇，在我国刚开始重视老年性痴呆疾病之初，便开始了对该疾病的研究，并于 1997 年 9 月提出了相关专利申请（CN97119680. X），请求保护包括知母皂苷 B II 在内的一系列甾体皂苷类化合物在制备用于防治老年性痴呆的药物中的用途。

后来的事实也进一步证明，老年性痴呆药物是一类市场前景非常广阔的药物，据国家统计局公布数据显示，截至 2014 年底，我国 60 岁以上老人已达到 2.12 亿，80 岁以上的高龄人口已接近 2400 万，估计全国共有各类痴呆症患者约 500 万人。相应的，治疗老年性痴呆药物的市场规模也在逐渐增大，根据 Research and Market 的分析报告，2008 年全球老年性痴呆药物市场已达到 54 亿美元，且近几年来一直保持迅速增长的势头。根据智研咨询 2013 年的预测，2019 年全球主要市场规模将增长到 133 亿美元。然而，老年性痴呆，尤其是阿尔茨海默症目前仍被视为"不治之症"，已有药物虽然能够延缓病情的发展，但实际疗效往往差强人意，对改进效果的新药仍存在迫切的需求。在这样的环境下，军科院二所运用知母皂苷 B II 治疗老年性痴呆的技术有望满足这一市场需求。

2. 顺应政策，让专利助力市场拓展

政策适应性也是影响专利技术经济价值的重要因素。近年来我国一直对传统中医药行业给予大力扶植，在 2016 年 2 月 14 日刚刚结束的国务院常务会议上，国务院总理李克强主持部署了推动医药产业创新升级，确定进一步促进中医药发展措施，包括加强原研药等研发创新，加快心脑血管疾病等多发病重大药物产业化，支持已获得专利的国产原研药开展国际注册认证。军科院二所的知母皂苷 BⅡ 既属于原研药，又拥有自主知识产权，同时其适应症老年性痴呆、血栓性疾病均属于多发疾病，完全符合当前我国医药产业扶植政策。

军科院二所通过对社会发展趋势的科学预测，选择了市场规模、经济效益前景良好的疾病种类作为研发对象，针对老年性痴呆这一疾病开展了具有前瞻性的研究工作，为确立专利的较高经济价值奠定了基础，同时该专利技术能够与我国目前的产业政策很好地吻合，又进一步提高了其经济价值。

5.2.2 基于应用的专利价值形式的体现

5.2.2.1 合作价值——以合作促专利，以专利促合作

1. 以合作促专利，助力专利技术成熟落地

排他性是专利的基本属性，通过享有专利权，可以遏制竞争对手，提高产品的市场竞争优势，保障专利权人获取溢价的权利，专利价值的最终实现离不开产品的上市。由于药品涉及人身健康安全的特殊性，其上市要经过大量的研究实验和层层严格的审批，这使得药品开发具有高风险、高收益的特点，一旦临床试验失败，前期的投入将付诸东流。因此，药品专利价值的实现很大程度上取决于其是否能够落地，即是否能够通过审批，最终转化为产品上市。

技术成熟、实验数据充分是通过药品监管部门审批的两个必要条件，而专利申请人往往在刚刚发现可能的药用前景时即提出专利申请，以抢占先机，此时的实验往往只是满足了专利申请公开充分的基本要求，技术成熟度还很低，距离真正产品上市还有很长的路要走，这就需要专利申请人后续继续进行大量的研究工作。

军科院二所 1997 年申请的专利（CN97119680.X）要求保护包括知母皂苷 BⅡ 在内的多个甾体皂苷在制备用于防治老年性痴呆药物中的用途，该申请说明书中仅记载了 4 个药理实验，实验级别包括动物（鼠）级和细胞级实验，使相应化合物的药效得到初步确认。随后的十余年期间，军科院二所一方面拓宽知母皂苷 BⅡ 的应用领域，充分挖掘其药用价值，另一方面对知母皂苷 BⅡ 在老年性痴呆治疗中的应用做了更为深入的研究，以推动这一技术

的不断成熟。

军科院二所有关知母皂苷 B II 的文章产出和专利产出分布于 1996～2013 年，时间跨度较宽，其主要成果如图 2 - 5 - 3 所示（详见文前彩插第 6 页）。从该图可以看出，其将知母皂苷 B II 的用途作为了研究重点，并且对其检测、制备方法、结构修饰等均有涉及，另外还对类似化合物进行了研究。

药物的研究需要投入大量的时间和经费，寻求合作可以分担投入成本、加快研究进程，同时，无论是人员、设备，还是研究思路上，一方单位都难免有所欠缺、片面，合作研究有助于双方在人员、设备上取长补短、拓宽研究思路，利用双方的优势可以加快研究速度、提高研究水平。军科院二所在完成知母皂苷后续研究的过程中即与其他机构进行了广泛的合作。例如，涉及知母皂苷 B II 鉴别和含量测定方法的研究是与中国药品生物制品检定所（现名为中国食品药品检定研究院）合作完成的，中国药品生物制品检定所在药品鉴定、检测领域具有较强的技术优势，同时其作为国家食品药品监督管理局直属单位，是法定的国家药品生物制品质量最高检验和仲裁机构，具有一定的技术权威性，这为知母皂苷 B II 的研究以及药品上市、质量监管提供了基本保障。同样，在知母皂苷 B II 对痴呆相关疾病治疗效果的研究方面，军科院二所还与北京中医药大学药理教研室、安徽理工大学医学院、安徽医科大学的重要遗传病基因资源利用重点实验室等合作；在知母皂苷 B II 对缺血性疾病治疗效果的研究方面，与北京中医药大学中药学院、安徽理工大学医学院合作，对知母皂苷 B II 的药效进行反复确认，对其药理作用进行了多角度的深入研究。此外，军科院二所还与河南中医学院共同合作研究，从知母中分离、鉴定出了两种新的呋甾皂苷，与中国人民解放军总医院中药房合作研究了知母皂苷 B II 的糖基化结构修饰。这些研究无疑都对促进技术成熟、积累药品申报所需的实验数据起到了重要的作用。

除与科研机构、医院等非营利性机构合作外，军科院二所还与企业进行了合作。深圳益生堂生物企业有限公司是一家从事生物芯片产品研究及应用的企业，2003 年，军科院二所与该公司合作，研究了心血管相关基因芯片的制备，并利用该基因芯片研究发现知母皂苷有调控血管内皮细胞功能的作用。军科院二所作为药物研究单位，生物芯片相关技术是其弱项，通过与深圳益生堂生物企业有限公司进行跨领域的合作弥补了其自身的短板，对知母皂苷治疗心血管疾病的药理作用又有了更进一步的认识，促进了技术的成熟。

通过在不同领域选择不同的合作对象，军科院二所借助他人的优势，弥补了自身的短板，推动了技术的成熟，为专利技术的转化应用提供了坚实的基础。

2. 以专利促合作，寻找最佳合作伙伴

近年来，脑卒中已成为我国的多发病，患病人口庞大，相关药物市场是制药企业争相追逐的重点，涉及脑卒中药物的专利自然也是各大制药企业关注的重点。

军科院二所2005年提出的申请号为CN200510059466.X的专利申请，请求保护知母皂苷BⅡ在制备用于防治脑卒中的药物或产品中的用途，权利要求仅限定了这一用途，并未限定其他多余特征，保护范围宽泛。北京四环制药有限公司和海南四环心脑血管药物研究院有限公司很快关注到了该专利技术的市场前景，但要使用该技术，就需要通过专利权转让、专利许可等方式获得该专利的实施权，为此需要付出高昂的转让费或许可费，即使对该技术进行改进，只要涉及防治脑卒中方面的用途，均落入该申请的保护范围，因而申请号为CN200510059466.X的专利成为第三人应用知母皂苷BⅡ治疗脑卒中所不可规避的屏障。

北京四环制药有限公司和海南四环心脑血管药物研究院有限公司选择了合作的方式跨越这道屏障，经过与军科院二所的技术合作，完成了对知母皂苷BⅡ联合用药的改进研究。2008年，以军科院二所、北京四环制药有限公司和海南四环心脑血管药物研究院有限公司作为共同申请人提出了申请号为CN200810146414.X的中国专利申请，要求保护用于预防或治疗血栓性疾病（包括脑卒中）的、包含特定比例知母皂苷AⅢ和知母皂苷BⅡ的药物组合物，该专利是以CN200510059466.X为基础专利的改进型专利。

专利通过公开的方式可以彰显专利权人对相应技术的持有情况，成为第三方寻找合作伙伴的途径，同时专利权人也可以通过这种途径找到正在关注同样领域的合作伙伴。尤其对于军科院二所等研究机构，不直接面向市场，优势仅在于掌握先进的研究成果，对于市场、生产、销售等专利落地环节缺乏经验和相应的条件，所拥有的专利要实现转化必然要通过许可、转让等方式交由生产型企业去实现，相比专利授权后的许可、转让，这种在技术研发阶段即引入合作企业，可以使得项目的选择更加符合市场需求，使得产品设计更加符合企业的情况，从而使专利的转化过程更为顺畅。通过合作，借助于合作方的研发、生产、销售，乃至产品注册，将有助于加快药品研发、生产、上市步伐。

第三方出于对专利价值的认可，同时也为规避专利往往会主动寻求与专利权人的合作，这正是专利合作价值的体现，也是实现专利价值转化的重要途径。

5.2.2.2　运营价值——专利技术打包，适时转化

2015 年 9 月，军科院二所将拥有的全部 5 件中国专利（不包括与第三方的共同申请）及其海外同族全部以独占许可的方式许可给了北京四环医药开发有限责任公司的控股子公司北京华素制药股份有限公司（以下简称"华素制药"）。

作为此次许可交易的标的，军科院二所将其拥有的涉及知母皂苷 B II 防治老年性痴呆的用途及新的甾体皂苷、分离制备方法、防治脑卒中的新用途、合成方法 5 个系列的专利，包括 28 件国内外专利（其中中国专利 5 件）以独占许可的方式将使用权转让给华素制药，同时双方就抗老年性痴呆的知母皂苷 B II 胶囊剂、治疗缺血性脑卒中的知母皂苷 B II 注射剂、以知母为主的小复方保健品 3 个产品，联合申报了各品种的临床研究批件、新药证书和保健食品证书。双方在参考评估公司给出的评估价格的基础上，协商确定该合同的交易价格为 6000 万元人民币。

如在本节第一部分介绍的，知母皂苷 B II 的化学结构是 1991 年由日本人南云清二首次阐明的，同时，国内也有上海第二医科大学于 1993 年最先发现知母提取物具有提高胆碱 M 受体数量的作用，而军科院二所于 1996 年才分离、鉴定出知母皂苷 B II，并确认其清除羟自由基的作用，于 1997 年申请了有关治疗老年性痴呆的用途专利。可见，军科院二所对知母皂苷 B II 的研究起步并不是最早的，那么是什么原因使得军科院二所在没有掌握知母皂苷 B II 化合物基础专利的情况下，仅凭用途专利和方法专利就获得了高达 6000 万元的许可费用呢？

1. 热门疾病药物的开发，奠定运营基础

正如在经济价值的体现一节所介绍的，军科院二所通过对社会发展趋势的科学预测，选择了市场规模大、经济效益前景良好的疾病种类作为研究对象，当其技术成熟时，正是市场急切需求的品种。疾病种类的明智选择为专利运营选择了正确的方向，为成功运营奠定了良好的基础。

2. 构建专利组合，保证技术实施的排他性

军科院二所通过对知母皂苷 B II 药用价值的研究，使其创新不断，同时对相关技术进行拓展研究，包括制备方法、测定方法、结构修饰等，使其技

术日益成熟，为专利创造了转化、落地的条件。经过多年的经营，其拥有的6件专利已经形成了一张保护网，虽然这张网中的专利数量并不多，但应用范围较广，并且彼此补充、支撑，形成了保护合力。首先，3件用途专利分别涉及老年性痴呆、脑卒中和血栓性疾病，均为目前我国乃至世界范围内患病人口数量最为庞大的疾病，且随着我国步入老龄化社会，患病人口还将长期呈现显著增长态势，也就是说，上述用途专利具有非常广的应用范围，也具有较高的应用价值。

两件提取方法专利包括了从知母中提取知母皂苷BⅡ的方法以及合成方法，对于竞争对手生产获得知母皂苷BⅡ这一原料药设置了障碍；其次，如前面提到过的，通过在申请号为CN97119680.X的专利申请的基础上提出分案申请，军科院二所获得了用马库什表示的系列甾体皂苷的化合物专利（CN1243768C），其结构与知母皂苷BⅡ相近，这就为竞争者研发知母皂苷BⅡ结构相近药物、寻求替代物设置了障碍。用途专利保护了任意方法获得的知母皂苷BⅡ在特定疾病治疗领域的用途，方法专利保护了原料药的特定生产方法，而原料药的生产对各用途领域来说都不可避免，化合物专利则从外围保障了知母皂苷BⅡ的不可替代性，从而提升了知母皂苷BⅡ本身相关专利的应用价值，上述专利从不同技术角度形成了相互支持。

除技术角度的布局外，军科院二所还对其专利进行了地域上的布局，除分案申请外，其余5件中国专利都同时在海外进行了专利布局，进入了主要国家和地区（具体情况见本节法律价值的挖掘部分）。老年性痴呆、心脑血管疾病在全球范围内都是老年性常见病，相关药物有着广泛的受众和良好的市场前景，为维护相关产品在海外市场受保护的权益，必然要求同时在相应的目标国申请专利。至于选择进入哪些国家或地区，需要考虑的因素包括其专利保护制度是否完善，是否可以通过PCT等途径方便地完成申请，产品受众多少，进入相应国家或地区的可能性大小等。军科院二所既选择进入了美国、欧洲、俄罗斯等人口基数大的国家和地区，又选择了日本、韩国、新加坡等与我国贸易来往密切的周边国家，以期在可能的目标国家或地区获得全面的保护。

可见，军科院二所经过多年的持续研究和对专利技术的持续经营，使持有的6件专利布局合理，形成了有效的保护网，构成了遏制竞争对手的有力武器，且其技术日益成熟、符合社会需求，使得专利的应用价值不断凸显。

与军科院二所形成对比的是，上海第二医科大学的研究虽然起步更早，在 1991 ~ 2001 年陆续有知母皂苷相关研究成果发表，并于 1993 年申请了中国专利（CN1033754C），遗憾的是，2001 年以后没有进一步的文章或专利产生，似乎对此领域的研究戛然而止，并且相关专利仅有一项，难以形成有效的防护网。

3. 主动触探市场，创造许可实现价值的机会

许可、转让是专利运营的重要内容，也是实现专利价值的重要方式。虽然军科院二所作为研究机构，不直接面向市场，并且其知母皂苷项目得到了国家自然科学基金的支持，但该所仍清醒地认识到，技术真正的价值在于转化为产品，专利的价值也在于为上市产品保驾护航、提高产品的竞争优势，因此其在取得专利权后，继续为产品上市进行了大量准备工作，包括根据我国中药、天然药物注册分类的申报技术要求，进行后续药效学、安全评价、药代特性、作用机理等研究工作，并在已基本完成新药临床前研究的情况下，完成了与华素制药的专利许可。

这次成功的专利许可既是对专利权人前期投入的经济回报，也是对其技术价值的充分肯定。合适的时机、合适的对象、互惠互利的规则是专利成功运营所必需的条件。

首先，在时机上，近几年来，国内对于老年性痴呆症日益重视，然而我国具有自主知识产权的相关药物还很少，随着该病发病率的不断增高，国内制药企业十分看好相关药物的市场前景，迫切需要尽快上市此类药物，然而药物的研发并不是一朝一夕之事；与此同时，军科院二所经过多年的扎实研究，使得相关技术已经较为成熟，对药物治疗效果进行了反复确认，知母皂苷 BⅡ胶囊剂已基本完成新药临床前的研究，使得许可受让方有理由相信该药品通过审批、成功上市的希望很大。常言道，机会属于有准备的人，军科院二所正是在机会来临之时，已经做好了充足的准备工作，自然会更容易推向市场。

其次，在许可对象方面，华素制药前身为军事医学科学院附属实验厂，虽然早在 1999 年 2 月便从军事医学科学院中分离出来，并于 1999 年底被北京中关村科技发展（控股）股份有限公司收购（原北京四环制药厂），但双方一直保持着密切的合作，军事医学科学院成了华素制药强大的科研后盾，同时华素制药也成为军事医学科学院研究成果转化的一个重要出口。同时华素制药目前拥有 19 种新药，包括国家一类新药 2 种，二类新药 5 种，其对新药生产、销售的丰富经验和完善的平台，将有助于专利技术市场价值的充分

实现，这也是给专利权人提供丰厚回报的必备条件。

最后，军科院二所通过将已有专利以打包的方式许可给受让方华素制药，使受让方的产品可以在地域上、技术上得以全面的保护，同时也最大程度上为竞争对手设置了障碍，有利于维持产品高收益。除专利产品外，军科院二所还在现有研究成果的基础上，积极丰富产品形式，选择门槛相对较低、审批更为容易、审批周期也更短的保健品作为拓展产品，进一步扩大了专利技术带来的市场价值。同时根据合同，双方联合申报了所涉及的 3 个产品的临床研究批件、新药证书和保健食品证书，由于生产细节、实验数据等技术资料主要掌握在技术开发方（军科院二所）手中，因而联合申报的过程实际是出让方为受让方提供技术支持的过程，同时，合同规定了转让经费支付的各个时间点是申报工作各阶段完成之后，例如知母皂苷 BII 胶囊在获得临床受理件后、获得临床研究批件后、I 期临床结束、II 期临床结束、III 期临床结束、完成生产工艺验证并申报生产、获得国家新药证书及生产批件后分别支付一定比例的经费，这样实现了双方风险共担。

从以上介绍可以看出，许可方通过一揽子专利打包、专利与产品打包、专利与技术打包的方式，使受让方从专利许可中尽可能获得更多收益，同时通过支付方式的约定双方共同承担药品审批过程中的风险，实现了双方互惠互利、公平合理。

在合适的时机，选择了合适的对象，遵守互惠互利的原则，双方的合作自然一拍即合。通过许可的运营方式，军科院二所实现了可观的经济效益，同时这也是对其研究成果的一种认可，体现了其在该领域的技术优势地位，而受让方华素制药则获得了相关产品独家开发的权利，一旦产品上市，将获得丰厚的经济回报。通过这一专利运营的过程，双方在合作中实现了共赢。

第6节 药品高价值专利的产生

在知识经济时代，专利已经成为一种强大的商业工具，是企业研发和市场之间的自然链接，是企业实现价值和盈利的重要增长点，是企业建构商业视野的关键环节。专利对于企业募集发展资金，扩大收益回流，形成竞争优势，强化市场地位发挥着巨大的作用。

医药领域是一个高投入、高风险、长周期、高回报的技术领域，同时也一个高度依赖专利所赋予的排他权的技术领域。药品关系到人身健康，其不同于普通商品，上市药品需先后经过严谨的科学试验验证和之后严格的行政审批，即使临床前效果良好的药物，也可能由于生物利用度、临床有效性、临床毒性、临床副作用等原因而失败，新药的研发具有较高的经济门槛和技术门槛，这使得涉及活性成分的核心专利具有极高的专利价值。美国著名经济学家曼斯菲尔德经过研究分析得出结论，如果没有专利保护，60%的药品发明无法研究成功，65%不会被利用❶。医药领域的专利保护有其自身的特点，与电子、通信领域动辄上百件的"专利丛林"战术不同，医药领域的专利保护在于核心专利的把控。

高价值的产生贯穿于专利一生，从专利开发到专利保护，再到专利运用，每一环节都可能孕育出高价值专利。在这些环节中，随着专利信息的利用，只有开展有效的挖掘布局，并充分利用专利制度，不断提升专利的价值，才能构建高价值专利。

高价值专利起源于专利技术价值构建，对于医药技术而言，关键在于疾病和药效，疾病的选择是高价值专利建立的基础，而在高价值构建过程中，不同的药物则体现了不同的构建方向，格列卫选择的目标是罕见病慢性粒细胞白血病，而连花清瘟选择的则是突发性流行病，赫赛汀抗体药物选取了发病率较高的乳腺癌，而知母皂苷 BⅡ则紧随社会发展趋势，瞄准了老年性痴呆这一病症。此外，不论是格列卫还是罗氏的 Her2 抗体药物，其技术价值的起点均较高，这两种药物均是基于开创性靶点的发现而开发出的药物制剂，前者针对 BRC – ABL 激酶，后者基于 Her2 受体，并分别成为第一个 BRC – ABL 激酶抑制剂和 Her2 人源化单克隆抗体。除此之外，格列卫在研发过程中采用了当时的新型技术计算机辅助药物设计（CADD），连花清瘟汲取三朝名医名方构建中药处方，知母皂苷 BⅡ寻求中西合璧，奠定了其专利药物的价值基础。

好的技术基础价值仅是成功的开始，格列卫、赫赛汀、连花清瘟、知母皂苷 BⅡ在已有适应症领域站稳脚后，无一例外地选择适时扩大适应症，以便获取额外的市场回报。随着适应症的增加和药物应用领域的拓展，专利技术价值在不断提升，专利所带来的价值总量也在不断地扩大。技术升级将是提升专利技术价值的又一有效手段，随着格列卫药物的广泛应用，抗药性问题越发凸显，其耐药机制促使其他制药企业开发了一系列的 Me – too/Me – better 药物，面对这种情况，诺华果断地通过对格列卫进行修饰开发出第二代

---

❶ 张清奎．医药专利保护典型案例评析［M］．北京：知识产权出版社，2012：4 – 5．

BCR–ABL 抑制剂——尼洛替尼，开启了新的专利保护战。罗氏为了保持赫赛汀来之不易的市场份额，也选择了产品的制剂升级，以及抗体藕联毒素等方式，通过升级产品续写赫赛汀的辉煌。

专利的技术价值是专利价值的基础，同时专利的法律价值则是专利价值的保障。精心打磨的专利申请文件是法律价值发挥的前提，在赫赛汀专利申请撰写之前，基因泰克对已经公开的现有技术进行了充分的调研，了解相关技术的申请现状，通过撰写技巧规避现有技术，同时通过适当的概括，多角度、多方向力求具有一定防御作用的宽范围的保护。同时分层次，逐级递减地限定权利要求的范围，为后续实质审查提供了修改空间。

不论是格列卫，还是连花清瘟，每一个成功上市的药品背后基本上都有一张严密的专利保护网，以阻止仿制药的竞争。这种专利保护网是技术、时间、地域三个维度的保护网，其以主导技术申请的基本专利为核心，各种应用改进型的外围专利纵横交叉形成对某一产品领域的保护网。专利网的威力是巨大的，它扩大了对本企业产品和市场的保护范围，使竞争对手在这一领域丧失活动余地，从而可避免竞争对手在同一产品及类似产品中对自己的直接威胁。专利网的构建，一方面阻止了仿制者在基本化合物保护期期满后的抢先仿制，起到了专利壁垒的作用；另一方面，药物组合物和药物制剂专利的存在，实质上使该药品基本化合物专利获得了延伸保护。

对高价值专利的代表——格列卫以及罗氏 Her2 抗体专利组合研发过程以及专利布局的梳理发现：①最早申请的专利均是范围宽泛的通式结构的基本化合物专利和仅具有 CDR 限定的抗体专利；②在化合物或抗体药物即将进入Ⅰ期临床时，原研公司将化合物最终成药的优势晶型和抗体的全长序列以专利的形式公开出来，以避免Ⅰ期临床过程中因技术秘密泄露而带来的损失；③在基础专利提出后的若干年，不断地提出化合物晶型、化合物制剂、联合用药、用途专利等一系列的专利布局类型。从基本化合物专利到制剂专利的申请时间跨度可达十九年甚至二十九年。在这一过程中，由基本核心专利和外围从属专利所构成的药物专利保护网是随药物研究进展的先后顺序逐渐申请的，并最终形成完整的药物专利保护体系。

充分利用专利制度是让专利法律价值更大化的有效途径，格列卫充分利用美国孤儿药法案和儿科延期规则，将格列卫的核心专利的保护期延长了766 天，保证了专利价值的延续，提升了专利价值的总量。知母皂苷 BⅡ专利则充分利用了优先权、分案申请等制度，扩展了权利保护范围，延长了专利保护期限。

专利市场价值的发挥与技术价值的提升以及法律价值的保障密切相关。连花清瘟和 Her2 抗体药物分别依靠适应症的拓展和产品升级保证了持续的高市场价值，具有良好的市场规模和市场占有率。知母皂苷 B II 专利的成功运营则有赖于顺应政策和符合市场发展趋势，药物适应症的扩展符合强大的市场需求，专利权人所构建的有机专利组合保障了运营专利的市场独占，在其主动触探市场的过程中创造许可机会，实现了专利的高价值。依赖于战略性的市场思路拓展了连花清瘟的市场价值，以岭药业充分利用"连花"这一品牌，积极改进药物组方，储备创新品种，同时将"连花"作为以岭开拓创新的名片，拓展了领域，开拓了饮料市场。

高价值专利的产生路线就是权利人如何构建专利技术价值、法律价值、市场价值，并在此过程中不断提升技术价值、法律价值和市场价值的过程。在这一过程中，专利的构建者、运用者、运营者发挥了决定性的作用，其工作体现了专利撰写、专利保护、专利组合等方面的策略。

第 *3* 章

高价值专利的产生方法

现如今，药物品种的老化已经无法满足日益变化的疾病发展需要，企业亟须品种创新来延续市场份额及扩展新的市场。谁获得了热点技术的研发成功，谁就控制了未来市场的话语权。然而，同样是药物品种的开发，专利运用与经营能力的差异会使最终产品的价值有所不同，高价值专利的保驾护航将有利于创新药品拥有更高的溢价空间。随着药物研发进程，专利从孵育、产生到优化、升级，相应的专利价值则实现了从无到有、从有到优、从优再到升级，最后实现高价值专利。

第1节 药物研发与专利产生

1.1 新药研发与专利价值产生进程

不论是小分子化学药物还是天然提取物，不论是生物药还是传统中药，创新药物的研发过程大致都涉及立项、药物发现、临床前、临床以及上市等阶段（见图3-1-1，见文前彩插第7页）。在药物研发周期中，市场需求是驱动药物研发的原动力，脱离市场需求的研发项目很难获得商业上的成功。专利信息作为技术信息、市场信息以及法律信息的综合产物，收集、分析和利用专利信息将有利于了解预研项目的技术背景、市场前景以及法律风险等信息。如在药物发现过程中，对在研项目的技术发展趋势、技术生命周期、侵权风险、创新性、竞争对手、技术路线、目标区域等进行分析对于项目的研发风险把控、研发方向的调整、技术二次开发的方向决策起到重要的作用。

在大型跨国医药公司中，每一个研发项目立项时，知识产权管理部门往往会派遣至少一名知识产权专员或专利律师进驻项目组，作为项目组的成员之一，从项目立项一直到最终的产品上市，知识产权专员全程进行知识产权检索分析、专利申请与保护以及专利资产的整合。知识产权专员或专利律师可以很好地了解研发项目各个方面的进展，根据项目节点及时准确地对项目的研发成果进行合理专业的专利挖掘与布局，选择适当时机以专利为武器对市场进入者发起驱逐性诉讼，维护自身市场的优势局面。此外，除了决策哪些成果可以申请专利、何时申请、申请何种类型，需要拥有哪些外部专利外，知识产权专员或专利律师还参与公司所拥有专利的价值开发，例如通过分析确定哪些自有专利是其他企业所必需的，可以通过收取专利许可费实现专利的运营价值。在一些大型跨国制药企业内部，知识产权部门具有相当的话语权，部门负责人直接向 CEO 汇报工作，甚至部分公司的知识产权部门具有一票否决权。

1. 立项阶段——专利孵育

新药研发的最终目的是将产品推向应用，为公众提供优质有效的药品，提升健康和医疗水平，同时在此过程中企业获得一定的市场回报和社会影响力，并借此为企业或研发单位提供可持续的资金支持。因此，项目研发在立项之初需立足市场需求。

在立项阶段，项目组需要对多种因素进行考量，如市场因素、技术因素、法律因素以及资金因素等。作为技术信息、市场信息以及法律信息综合产物的专利信息，是获得上述有效信息的重要途径之一。通过对专利信息的检索并结合一定的其他技术信息和市场信息，对相关技术主题进行分析，如专利申请趋势分析、技术生命周期分析、技术路线分析、技术地域分布、竞争对手分析等判断市场因素中的竞争局面和供求情况，技术因素中的疾病情况和靶点研究情况，以及法律因素中的法律法规、政策适用等情况。通过对多个因素的综合考虑、比较、分析，判断影响因素的主次、影响范围和时限，最终实现项目良好的市场预期。

2. 药物发现和临床前阶段——专利初现

图 3 - 1 - 1 显示药物的发现阶段包括活性成分筛选、先导药物发现以及先导药物优化 3 个阶段。然而，不同公司技术竞争地位并不相同，药物开发的起始点和路径也略有不同，并不是每种药物的研发均要经过上述药物发现的各个阶段。对于在竞争中居主导地位且具有雄厚财力的制药企业而言，以靶点为起始的药物研发途径是主流的新药研发途径。目前拥有雄厚资金实力的企业也寻求收购新药物靶点的研发项目或直接并购具有先进技术的公司，

削减研发成本，提高药品开发成功率；对于非主导型竞争性企业来说，针对已有靶点的药物及时开发新的母核化合物、衍生物、修饰物则是紧追技术前沿且节约研发成本的研发方式，这类企业的研发项目则可能更多集中于药物的先导确定和结构优化阶段。对于专注于仿创结合的研发机构而言，研发则通常以化合物优势晶型、异构体或简单结构改造得到的衍生物为研发目标，同时寻求药物的新剂型、新适应症的拓展；对于在竞争中处于弱势地位或研发实力不强的企业或研发机构，则可能会考虑紧随热点新药进行仿创，以满足一致性评价为目的，开发出可媲美原研药物的仿制药物且可具有一定创新高度。处于不同竞争地位的创新主体，即使基于不同的创新起点，也可能在药物研发过程中培育出高价值专利。

药物的筛选阶段不但会涉及药物筛选模型的确立，也涉及筛选方法的选择。在先导药物确定阶段，既需要对活性成分的主体进行确定，也需要研究活性成分的构效关系。在药物优化阶段，则涉及活性成分的衍生化修饰、异构化以及晶型开发等内容。在药物发现的每个具体阶段都离不开专利的检索分析，其中即包括自有技术的侵权风险分析，一旦发现存在侵权风险，及早评估风险的程度，并根据风险情况积极对侵权专利（或潜在侵权专利申请）进行专利性分析，必要时提交公共意见或进行专利无效宣告请求，扫清技术开发上的专利壁垒。此外也可通过购买、获得许可等形式获得专利，排除侵权风险。

确定并清除研发途径上的专利障碍是高价值专利构建的基础。在此基础上，企业或研发机构开始着手高价值专利的发掘，高价值专利的发掘点遍布药物发现的各个环节。基于不同的活性成分类型，专利发掘的模式也不尽相同。对于化合物药物而言，活性成分的核心在于结构母核的确认；对于生物药而言则是核心序列的确定；对于中药而言则是核心成分种类的确定。因此，包括化合物母核的马库什化合物、优选化合物、抗原决定簇限定的抗体、蛋白药物的氨基酸序列、中药的核心处方、含重要活性成分的提取部位等均是可供选择的专利挖掘点。此外，在药物发现过程中的任何技术创新点，都可成为高价值专利的构建基础，例如药物筛选模型、药物筛选方法，以及药物优化过程中开发出的优势晶型、衍生物、异构化物。高价值专利孕育于药物开发的每一个环节之中。

临床前是药物研发的重要阶段，临床前研究既涉及药物机理、药代动力学、药物治疗效果等药效试验阶段，又涉及药物剂型开发、配方筛选、确定工艺等阶段，每一个阶段均是让活性成分成药的必由之路。临床前这一时间点是许多科研机构、企业判断是否应当进行基础专利申请的重要时期。而对于临床前是否一定需要申请专利，构建核心专利，需要根据市场状况来判定。在此阶段，基于现有技术检索的侵权分析、竞争对手分析将发挥重要的作用。经过竞争对手分析后，研发主体可判断自身的技术优势地位，如果该技术竞争激烈，且有竞争对手进行相近的科学研究，则抢占先机申请专利则是明智之选。如果研发主体在竞争中处于明显优势地位，且在研发进度上领先竞争对手较多，则有必要斟酌是否在此时申请专利，必要时可以将核心专利的申请推迟到临床试验开展的前期。过早申请意味着专利的过早公开和到期，既暴露了研发的进度，也不利于之后的市场价值最大化。当研发主体在竞争中处于绝对优势地位时，也可将技术内容作为商业秘密保护起来，待跟进者的研发进度与该技术内容接近时，再申请专利保护，为竞争对手设置一定的障碍。

在临床前研发阶段，药效、制剂、工艺研发过程中的闪光点都可成为专利的技术挖掘点，其中包括药物机理、药代动力学、药物疗效、药物剂型、制剂配方、制剂工艺以及活性成分或制剂的有关物质、稳定性、改进型制备工艺。研发主体结合全球范围内技术的整体发展情况，适时地、有目的地选择技术挖掘点中的一个或多个寻求专利保护，力求获得可用于防御、进攻、运营、整合，甚至战略化的宽范围、长时间、广地域保护的高价值专利。

3. 临床和上市后——专利优化

临床阶段是药物研发的分水岭，尽管进入临床阶段的药物仍有80%会面临失败，但药物进入临床阶段，意味着技术成熟度的极大提升。当某一药物进入临床阶段时，实验用药物在分发、使用过程中会有大量的医务工作者、患者接触，尽管医药公司或研发机构会和临床实验中心等部门签署保密协议，但并不能完全排除药品技术信息被泄露的风险，也无法保证新药不会被公开或恶意抢先申请专利。这种情况一旦发生，研发主体之前的投入将付之东流，因此，进入临床实验前，应当是药物核心专利的最晚布局时间。

在药物进入临床阶段后，外界对于药物研发进度的关注也在提升，许多仿制药企业此时就可能开始着手药物仿制的工作，也可能寻求对原研主体核心专利的挑战或等待核心专利的到期。研发主体应当不断寻求技术更新或技术突破，确保技术领先地位，在适当情况下可以寻求与其他研发机构的合作。

在此阶段，也存在专利挖掘的创新点，如在临床过程中由用药方案、联合用药而衍生出的药物组合产品等。此外，若在此过程中发现了药物的毒性，则将进一步促使技术人员研发低毒、减毒的活性成分、联合用药组合物或制剂等。这些技术点中的创新部分均可成为后续申请专利的技术挖掘点。

当药物上市以后，初期申请的专利会陆续获得授权，围绕专利产品所构建的专利将发挥其排他价值功能。为了维护自身权益，研发主体还应当监控市场侵权行为，适时发起诉讼。在此过程中，研发主体仍应不断进行竞争对手分析，密切关注竞争对手的出现及其侵权行为，并采用已有的专利作为武器，发起专利攻击，遏制竞争对手的进入。与此同时也可积极地寻求专利运营，结合专利诉讼等手段，通过许可等方式实现专利价值。

4. 贯穿研发整体——专利升级

在药物的整个研发环节，随时可以进行二次立项，进行专利组合布局，步步为营，促进产品升级，全面提升专利的经济价值、技术价值和法律价值，达到专利价值升级的目的。研发主体的二次创新需持续关注行业发展和竞争对手情况，通过构建专利组合，防御对手的进入，开拓更为广阔的市场，力争专利为其战略规划服务。

专利组合是指为了发挥单件专利不能或很难发挥的效应，而将相互联系而又存在显著区别的多件专利进行有效组合而形成的一个专利集合体，其中包括核心专利、支撑专利和外围专利等。所谓核心专利是制造某个技术领域的某种产品必须使用的技术或产品所对应的专利，难以通过规避设计手法绕开，如化合物专利，特别是原始的马库什化合物通常属于药物领域的核心专利。支撑专利则为核心专利技术服务的技术支撑型专利，包括涉及优化的制备工艺，提升活性成分纯度、稳定性、制备效率的方法，质量控制的方法等方面的专利（或专利申请）。而外围专利则包括晶型、异构体、盐、配方、剂型、机理、适应症等对基础专利技术具有一定支撑作用的专利类型，外围专利是延长药物市场排他效力的有效延伸。

原研主体通过有目的的专利组合和专利布局，一方面可以巩固核心专利的排他地位，另一方面可以扩大专利技术的保护范畴，同时为技术提升和技术拓展奠定基础。此时，除了一如既往地进行侵权风险分析扫除自身药物开发的障碍外，还需要进行技术主题分析，通过技术主题分布、技术功效矩阵等手段寻找专利布局点，开发包括基础专利、支撑性专利和外围专利在内的自主创新专利，并积极地进行横向、纵向、外围三个维度的专利组合和专利布局，以期望延长药物的专利保护时间。除了自主创新专利外，研发主体也可通过外获的方式构建专利组合，如通过专利分析发现价值专利，作出购买专利、获得许可、合作开发、收购公司等决定。

图3-1-2（详见文前彩插第8页）为药物研发过程中的价值曲线，其上灰色实线、绿色实线和黄色虚线分别表示无专利保护的药物研发价值曲线（灰色实线）、有核心专利保护的药物研发价值曲线（绿色实线）以及有专利组合保护的药物研发价值曲线（黄色虚线）。蓝色实线和蓝色实线为仿制药的价值趋势。从立项、药物发现、临床前，到Ⅰ～Ⅲ期临床，药物研发一直处于资金投入阶段，此时研发主体投入大量的人力和物力，且在药品上市前后达到投入的极值。无专利保护的药品，随着药品上市，药品所带来的收益随时间不断上升，随着竞争者的不断进入以及药品更新换代的冲击，其增长速度不断放缓，并在某一时间达峰后下降（如灰色线所示）。然而对于存在核心专利保护的药物，在核心专利到期之前，药物的价值一直处于不断上升的阶段，且在专利到期后，随着仿制者的进入而出现下滑。具有专利组合的药物将推迟专利到期的时间，同时推迟仿制药瓜分市场的时间，使得专利价值增加。诚然，不论构建多么完美的专利或专利组合都不能扭转因技术更新换代而带来的药物品种价值下降，但是研发主体可以整合技术并促进产品的升级换代，通过二次创新开启新一轮的专利保护，从而有效延长产品的价值生命。

1.2　仿制药研发与专利价值产生进程

仿制药是指与原研药在剂量、安全性和效力、质量、作用以及适应症（intended use）上相同的一种仿制品。仿制药应当与原研药具有相同的活性成分、给药途径、剂型、规格和相同的治疗作用。仿制药的开发大致经历立项、处方工艺、质量研究、等效实验、生产上市等阶段（见图3-1-3）。在不同阶段，研发者同样可以有序地培育高价值专利。

1. 立项阶段——立足市场，排查风险

仿制药在立项阶段需要考虑的因素与创新药物立项阶段存在异同。首先，仿制药的立项也因市场需求而驱动，在此阶段，项目组需要考虑市场、技术和专利因素。某一药品的供求关系以及竞争情况是立项者首先需要考虑的问题，如果某药物的竞争十分激烈，且供应远过于需求，此时，是否继续该仿制药的开发则需要慎重考虑。其次，项目的技术难度也是立项者需要考虑的

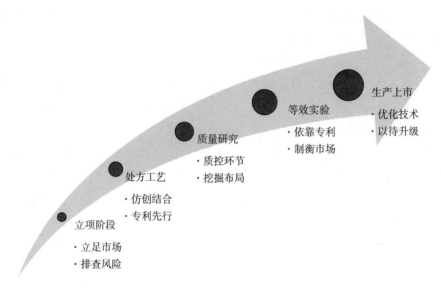

图 3 - 1 - 3 仿制药高价值专利的产生

问题，而在仿制药立项中最重要的考量因素即为专利因素，即该仿制药在研发、上市销售等过程中是否会侵犯他人的基础专利。因此，在立项之初需要对拟立项的仿制药项目进行侵权风险分析。对于存在侵权风险的项目，则需考虑是否能够规避，若不可规避，则需对基础专利的稳定性进行分析，必要时提出无效宣告请求扫清障碍或根据稳定性分析结果与专利权人进行谈判，寻求妥协。若专利权稳定性分析的结论是权利要求十分稳定，且无法规避，则此时可寻求获得对方的专利许可，抑或在专利到期后再将仿制药推向上市。

2. 处方工艺阶段——仿创结合，专利先行

在立项之后，仿制药会进入处方工艺筛选阶段，为了获得与原研药一致的效果或比原研药更好的效果，研发项目组需要考虑剂型、处方、工艺等因素的情况。剂型因素包括给药途径和具体剂型，处方因素需考虑活性成分晶型和具体的组方，工艺因素则包括活性成分或制剂的制备方法和工艺参数等信息。通常仿制药给药途径需和原研药物保持一致，为了获得与原研药一致的效果或更好的药效，研发项目组需要对处方进行筛选，对工艺参数进行选择，此时在多个环节可成为专利技术挖掘点。在技术挖掘过程中，仿创结合将进一步提升竞争实力，如某研发企业在仿制药研发过程中，通过将药物制备为特定的固体分散体使得口服药物的稳定性更优，并据此申请了 PCT 专利。原研制药企业通过检索发现了该制药企业的专利技术，主动找到该企业，

寻求基于专利的合作，即原研药核心化合物专利与该企业制剂专利的交叉许可，该企业通过仿创结合，积极构建了高价值的专利，并依靠该专利打开了原研药垄断的市场。

在处方工艺阶段，企业仍不能放松对侵权预警的重视，跟踪该药物或该技术的专利申请与授权情况，进行专利侵权预警分析，防患于未然。同时进行竞争对手的分析，除关注原研企业的技术、专利和市场动向外，还需关注市场新入者和潜在进入者，并积极制定对策。

3. 质量研究阶段——质控环节，挖掘布局

仿制药物的质量研究是药物研发的重要环节，在质量研究过程中需要考虑制剂的质量和所含有的杂质，而杂质包括溶剂、副产物、分解物等内容，制剂质量则包括药物含量、均一性以及货架稳定性等因素。在质量研究阶段，基于发现的杂质、副产物、分解物等成分的专利申请可以是多种形式，例如可以是去除杂质、副产物的制备工艺，可以是对杂质种类、含量进行控制的制剂，也可以是质量控制的方法等。上述任何一个因素在研究过程中的创新点，都可成为技术挖掘的客体。

4. 等效实验阶段——依靠专利，制衡市场

仿制药不需要像新药研发一样，进行 I ～ Ⅲ 期临床试验，但需要进行生物等效、临床等效和毒副作用的研究。在药效临床研究阶段需继续对专利技术的发展和专利侵权风险进行分析或预警，并适时提出自己的专利申请，保障自我实施的同时，使专利发挥制衡作用，以期药物在技术研发上地位的提升甚至逆转，以及市场的维持和扩张。

5. 生产上市阶段——优化技术，以待升级

在药物生产上市后，企业需要考虑市场份额和技术优化，通过竞争对手分析和市场份额分析，确定自身在市场中所处的地位，同时寻求对处方、工艺等因素的优化，并为技术的升级换代做准备。

因此，不论是创新药物还是仿制药物，专利在药物研发的各个阶段均发挥着重要作用，药物研发的每一个环节都需要具有高价值的专利保驾护航。医药高价值专利的产生方法与药物研发进程息息相关，并且与专利分析、挖掘、撰写、保护、布局密不可分，本章第 2 ~ 5 节将结合药物研发进程阐释医药领域高价值专利的产生方法。

第2节　专利价值的培育

在研发立项时，药物技术处于准备期，相应的专利也处于孵育阶段。虽然还未产生专利，但是通过对市场的考察和对技术现状的分析，研发主体已经初步评估了未来专利的经济价值和技术价值。可以说，立项阶段是专利经济价值的基础，也是体现未来技术优势的关键。

在此阶段，需要充分利用专利分析的手段寻找市场空白点以及技术突破口。专利分析就是通过检索等手段，对获得的专利信息进行科学加工、整理与分析，经过深度挖掘与缜密剖析，转化为具有较高技术与商业价值的可用信息。专利分析与企业进行技术创新、寻求专利保护以及进行战略布局密切相关，能够为包括专利挖掘与组合布局在内的专利相关活动提供基础的信息支持，从而做到"知己知彼，百战不殆"，具有重要的战略意义。因而企业应当重视专利分析在企业研发过程中的合理运用。专利分析能够帮助企业在立项过程中充分了解技术的发展情况、自由实施的空间以及潜在的竞争对手等信息。

在药物开发过程中，立项是企业决定其研发方向，开始一个新研究项目的起点。例如开发一个新的实体化合物或新的单克隆抗体药物等，在这个阶段，需要大量的产业技术信息作为支撑，而专利分析则可以提供立项所必需的专利情报，紧密跟踪有关领域的技术发展水平，指导企业或科研主体找准研发和攻关重点，及时调整研发和攻关方向，有效获取已有技术成果，缩短技术投入和产出时间，减少技术投入的风险，以保证研究经费的投入能够为企业获得最大回报的项目。也就是说，专利分析可以对技术领域的发展现状进行客观评价，从而为立项提供依据。在这个阶段，企业或科研主体在专利分析上应着重于以下五方面的内容：技术发展趋势分析、技术生命周期分析、技术路线分析、竞争对手分析、目标区域分析，实际操作中通常会将专利申请趋势分析与竞争对手、目标区域以及技术主题分析相结合。

2.1　立足市场确保经济价值

1. 技术发展趋势分析

在药物研发立项阶段，通常最先进行的分析就是技术发展趋势分析。在分析中，一般会选择企业所处的或所感兴趣的技术领域或技术类别（如治疗乳腺癌抗体、治疗白血病药物），通过技术发展趋势分析了解该行业的技术发展态势和发展动向，进而作为确定研发方向和研发重点的依据。

在技术发展趋势中，最基本的分析指标就是专利申请量。专利申请量属于专利数量指标，某一技术类别的专利数量可以用于衡量这一技术领域技术活动的水平；而某一企业历年申请的专利数量反映了其技术活动发生、发展的过程及研究能力变化趋势等。通过统计一段时间内某项技术相关专利的申请数量的变化，可以以申请量为指标绘制简单的技术发展趋势图。专利申请量趋势体现形式多样，包括排序表、条形图、柱状图、折线图等。一般的做法是：按年度统计，以时间为横轴，以专利申请量为纵轴，统计分析专利随时间变化的趋势（见图3－2－1）。这种基本的申请量年度变化图可以直观地反映专利申请量从无到有，从少到多的过程，其中也蕴含了技术领域从萌芽到增长以及成熟的过程，可以迅速确定该技术领域目前所处的阶段，从而对立项的技术背景做到"心中有数"。

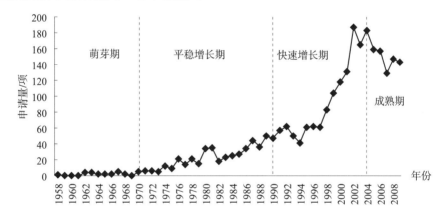

图3－2－1　某技术领域专利发展趋势

除此之外，还可以将不同技术领域分支的专利申请量指标组合作图，形成不同技术分支的并行发展趋势比较，从而获得更多的技术信息，甚至发现研究的空白点。图3－2－2显示了白血病药物在伊马替尼出现前的技术发展趋势。伊马替尼是治疗CML的特效药物，但是在伊马替尼之前，并没有针对这类疾病的特异性药物。通过检索获得所有白血病化疗药物以及CML特异性药物的申请量信息，从1979年开始以每五年为一个统计阶段绘制柱状图，可以明显发现，白血病药物从1979年开始申请量逐渐上升，尤其是1985年至1990年，专利申请出现快速增长趋势，反映出治疗白血病的化疗药物的研发获得了企业或科研主体的高度重视，年平均申请量达到 700 件以上，是 1984 年之前年平均申请量的 6 倍。然而长期以来，针对 CML 治疗药物的专利申请量始终在低点徘徊，这与白血病药物申请量快速增长的态势形成鲜明对比，换句话说，在格列卫刚问世时，CML 特异性药物属于快速发展的白血病药物治疗领域中的研究空白点。类似这样的信息对立项的评估具有重要借鉴意义，企业可以迅速关注到该技术分支，并结合其他分析手段确定是否可以作为研发的重点方向。

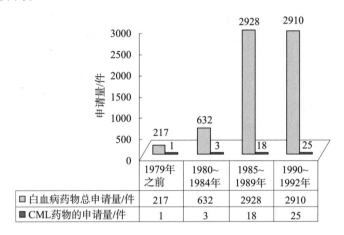

	1979年之前	1980~1984年	1985~1989年	1990~1992年
□ 白血病药物总申请量/件	217	632	2928	2910
■ CML药物的申请量/件	1	3	18	25

图 3 – 2 – 2　白血病药物总申请量与 CML 药物申请量分析

2. 竞争对手分析

通过竞争对手分析，可以了解相关技术领域的主要竞争对手。对竞争对手在某一技术领域拥有的全部专利进行分析，能够确定竞争对手所处的行业地位及其相对的技术性竞争优势、劣势，了解其核心技术、新产品研发动向、专利保护时效、主要研发人员等。总之，对主要申请人或重要竞争对手的申请总体状况进行分析，能够摸清某一技术领域的专利技术布局，探明未来技术的发展动向，从而清晰准确地解构技术现状。

在立项阶段对竞争对手分析的重点在于识别竞争对手，即对目标技术领域中申请人进行分类、排名，结合行业信息和自身需求确定值得分析的重要竞争对手，从而确定自身是否有能力参与该技术领域的竞争。

竞争对手分析首先要准确定细分技术领域，力求获得与自身技术领域相同，核心技术相似的目标企业，只有这些企业才可能真正形成未来的市场竞争。

确定竞争对手的一个重要依据是专利申请量。专利申请量较大且在多年内保持稳定、专利申请质量高（如授权率高）、同族申请量大等信息通常是重点竞争对手所具有的特征。这是因为专利申请很大程度上也是一种市场行为，深谙专利游戏规则的企业通常会对其核心产品申请基础专利以及围绕基础专利构建外围专利，形成严密的保护网。为了保障企业在全球重要目标市场的利益，一般会在多个国家或地区布局专利，形成庞大的专利族。此外，这些企业为了应对核心专利到期导致的专利悬崖，会不断补充和丰富已有产品的专利组合，以延长产品的独占期。从一个较长的时间段观察，这些公司也会持续不断地进行专利申请，从而实现很强的延续性和时间跨度。在识别竞争对手的过程中，除了专利申请量的角度外，还需要结合市场或行业的影响力来进行识别。真正重要的竞争对手通常还会具有以下特征：取得了市场成功或具有公认的市场地位，如握有"重磅炸弹"药物、年销售额排名靠前等，在抗体药物领域，罗氏公司无疑会成为任何新进入公司的关键竞争对手。

在综合考虑上述因素之后，从专利角度识别竞争对手的操作方法主要有下面两种：

（1）专利申请人排名和分类分析

对不同专利申请人的专利数量进行排名，是发现重要专利申请人的一个快捷方式，申请人专利数量可在一定程度上反映研究实力。此外，专利申请人的类型也是分析中的重要的考量因素，通常可以将申请人按照企业、研究机构（包括高等院校）以及个人等进行划分，并按照专利申请量的多少进行排序，并进行可视化（如制作表格或条形图）以便准确、全面地反映该领域重要申请人情况。

（2）多个专利申请人的变化趋势比较

将多个专利申请人在同一时间段的专利申请量进行对比，可以清晰反映不同专利申请人之间的差异，例如哪些专利申请人较早进入该领域，哪些专利申请人持续时间更长，哪些专利申请人增长幅度最大，哪些专利申请人具有突变点。根据这些信息可以发现专利申请人的不同时期的不同专利战略，同时，也可预判未来一段时间内可能的发展趋势。例如可将多个申请人的申请量按时间趋势进行气泡图或折线图的展示，如图 3－2－3 所示。

掌握了竞争对手的技术特点及实力，就可以根据具体的竞争对手制定相应的竞争策略。敌弱我强，则主动出击，夺取市场；敌强我弱，则避实击虚，另辟蹊径。当对手是龙头、开路先锋，我方围绕其动向，开发生产配套的上下游应用型产品，或为其服务，优势互补，强强联合，化敌为友。

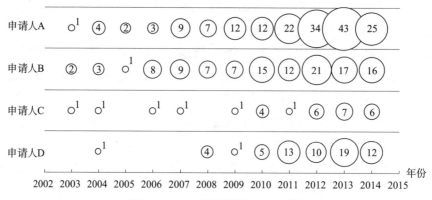

图 3 - 2 - 3　不同申请人的申请趋势

注：圈中数字表示申请量，单位为件。

3. 目标区域分析

专利权具有地域属性。专利申请人都有一定的所属国家和地区，每一项专利也会向不同的国家或地区进行申请并寻求专利保护，这些都体现了专利的空间信息。因此目标区域分析实际上属于一种空间分布分析，可用于识别竞争对手、分析其技术策略等，也可以反映一个国家或地区的技术研发实力、技术发展态势、重点发展技术领域、区域领先企业，还能够反映国际上对该区域或市场的关注程度、对该区域的专利圈地情况等。例如美国申请人在我国申请专利的数量，罗氏公司在我国获得授权的专利数量等。

一般而言，区域分析需要与其他统计维度相结合，即在选定第一特征项的基础上再选定第二特征项，对其进行专利数量的统计分析（见表 3 - 2 - 1）。

表 3 - 2 - 1　双要素区域分析主要类型

分析项目	第一因素	第二因素	分析功能
区域专利布局分析	公开号专利申请国	专利申请量	国家或地区专利布局情况
区域专利产出分析	优先权专利申请国	专利申请量	判断国家技术实力
区域技术领域分布及比重	优先权专利申请国	IPC、德温特手工代码等	各国家或地区技术优势、技术侧重
区域申请人分布	优先权专利申请国	申请人	国家或地区技术优势机构
区域发明人分布	优先权专利申请国	发明人	国家或地区技术领军人物
地区专利类型构成	申请人地址	专利类型	省市或地区技术基础比较
地区技术优势分布	申请人地址	IPC 分类号	省市或地区技术侧重和技术布局

　　在立项阶段了解一项技术的整体发展趋势时，常常需要了解某项技术的主要产出地以及专利技术的输入地情况，这就需要进行区域专利产出分析和区域专利产出分析。以全球美登素类偶联抗体药物（ADC）相关专利为例，首先通过检索获得该类型药物的全球专利 385 项，对这些专利的优先权和公开号中的国别信息进行统计后，获得了该技术的专利输出地（技术的产出国）以及专利输入地（技术的布局情况）。

　　图 3－2－4 和图 3－2－5 分别显示了此类药物申请量前六名的专利申请产出地和这些申请的输入地。原创于美国的申请占总申请量的 82% 以上，通

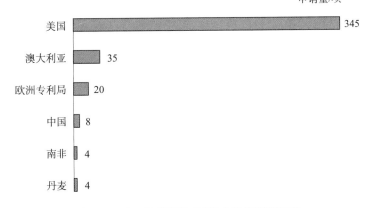

图 3－2－4　美登素类 ADC 全球专利产出地

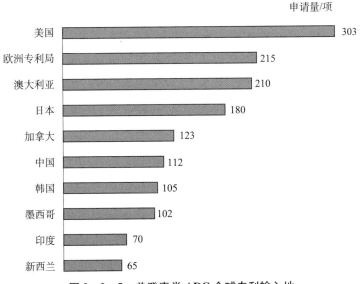

图 3－2－5　美登素类 ADC 全球专利输入地

过欧洲专利局、澳大利亚和中国进行申请的数量较少，其他国家或地区仅有极少量的申请提出，美国一家独大，格局十分清晰。目标市场则是这些原创专利进入的国家或地区，美国、欧洲、澳大利亚、日本的专利进入量最大，可见美登素类偶联抗体药物专利申请人十分重视在上述地域进行专利的布局。

2.2　综合考量寻求技术突破

1. 技术路线分析

作为研究技术演进的常用方法，通常在对技术发展趋势、技术生命周期、主要竞争对手、目标市场地等信息进行综合分析后进行技术路线分析。在全面掌握了技术领域的相关政策、市场需求和创新环境等信息，初步确定了技术的宏观状况、技术发展和布局热点的基础上，企业可以进一步将关键技术进行分解，对技术细节的发展变化进行更为细致的梳理。在技术发展路线的分析过程中，通常是从时间上找出技术的发展历史，并对技术演进过程中的重要专利进行筛选，结合专利权人、技术类型等因素，全面掌握对支撑技术发展的核心专利和外围专利的布局时间和特点。通过对技术发展路线的梳理，可以对基础技术和外围技术的专利分布情况追本溯源，更好地了解技术、专利和产业发展间的内在关联。相对于前三项分析，技术路线分析会深入技术内容本身，准确的技术路线分析是做出正确立项决策的关键因素之一。

对于药物领域而言，研究技术路线的重要意义在于了解技术演进状况，一方面对已有研发路径进行合理借鉴，另一方面也更加明确技术的当前研究热点和发展趋向，结合本企业拥有的技术能力更准确地选准切入点，合理投入研发精力和资本。

根据不同的应用目的和构建方法，可以将技术路线分为 4 类：行业路线、技术开发路线、产品开发路线、产品技术发展路线。对于立项阶段而言，在综合考虑分析目的和时间精力的基础上，企业可以选择后三项技术路线图。

在确定了技术路线的类型后，就需要找出重点专利，这也是技术路线分析的核心步骤。此时可以借助一些重点专利筛选、评估指标和方法等辅助措施确定重点专利，其中包括引证分析、同族数量分析、重要专利权人、法律状态、诉讼、复审和无效信息等。在确定重点专利后，还需要进行的一个重要步骤是数据标引。准确规范的数据标引，对于分析结论的获得及结果准确性具有至关重要的作用。所谓数据标引是根据不同的分析目标，在原始数据的信息记录中加入相应的标识，从而增加特征数据项来进行分析的过程，这一步骤通常需要花费较高的人力成本和时间成本，表3－2－2展示了一个典型的标引字段。随后，将重点专利按照时间顺序排列，再通过一定的可视化手段，如条形、绘画型、流程型、文本型、多层次型等表现形式，将重点技术发展以技术路线的形式展现出来，从而完成了技术路线分析。

表3－2－2 典型标引字段示例

常规标引字段	自定义标引字段
申请号（AP）	被引频次
公开号（PN）	同族数量
申请日/优先权日（AN/PR）	法律状态（有效、无效、诉讼等）
公开日（PD）	发明点
申请人（PA）	技术分支
申请人类型（公司、高校、个人等）	解决的技术问题
发明人（IN）	达到的技术效果
分类号（IC/UC/MC/CPC等）	
来源国/地区及输出国/地区	
标题/摘要	

2. 技术生命周期分析

技术生命周期是根据专利的统计数据绘制S曲线，帮助企业确定感兴趣的技术领域或技术分支所处的发展状态，进而作为是否进入该技术领域或分支的决策依据。技术生命周期分析所选取的数量指标除了专利申请（或专利授权）数量外，还包括了专利申请人数量。具体操作中，通常以申请人数量为横轴，以专利申请（专利授权）数量为纵轴，根据年份所对应的专利申请数量和申请人数量，标记下该年份的位置，并按照时间顺序将代表不同年份的散点逐一连接，从而形成了一个不规则的曲线。

专利技术在理论上可以分为萌芽期、成长期、成熟期和衰退期4个阶段。

在萌芽期时，由于技术还没有明确的市场针对性，企业投入意愿较低。专利申请数量和专利申请人数量均较少，集中度较高。从技术角度来看，大多数原理性、奠基性的基础专利往往会出现在这个时期。

进入成长期时，随着技术的发展以及对技术理解的深入，专利数量大幅上升，申请人数量也迅速增加，技术进入发展期，表现为大量的相关专利申请人和专利申请量的激增。

达到成熟期时，专利数量将持续增长，但申请人数量则相对保持稳定，而且专利申请多为改进型专利，由于技术的成熟，可能只有少数的申请人继续进行相关专利的技术研究。

在衰退期时，当技术老化后，申请主体开始慢慢退出市场，经过市场和技术的淘汰，专利申请数量和申请人数量都将逐渐下降，申请的专利多为在已知技术上的小幅度改进，进展不大，自此技术进入衰退。

如果在衰退期之后专利申请量和申请人数量又有所大幅增加，则说明技术生命周期进入了第二轮的循环，即企业又找到了新的技术空白点，向新的技术方向发展。

通常而言，如果一项技术已经处于衰退期，那么进入该领域的必要性并不高。当一项技术处于萌芽期时，虽然该领域可能在未来有广阔的市场前景，但是很难明确究竟多久能够产生回报，因此在确定是否进入该领域时需要谨慎，需要结合企业的自身情况判断是否有能力开拓全新的技术领域。

第3节　高价值专利的初现

在发现药物活性成分后，随着研发进展，逐渐出现核心工艺，此时，企业需要初步建立专利保护。此阶段是确保专利法律价值度的关键时期，涉及了申请文件的撰写、申请时机的选择、审查过程沟通等环节，需要运筹处理各项事务，确保获得稳定、合理、不可规避性强、依赖性弱以及侵权可判定性强的专利权。

3.1　精雕细琢、增强攻防属性

3.1.1　技术方案的确定

在确定专利申请的技术方案时，首先需要利用专利分析的手段进行现有技术检索，从而对发明构思进行筛选。具体而言，在这个阶段进行的现有技术检索，主要包括可专利性检索、侵权检索、技术地位评价和技术方案挖掘。

1. 可专利性检索

可专利性检索是指对收集到的发明构思所形成的技术方案是否具备新颖性、创造性进行检索，主要检索范围是全球范围的公开出版物（包括专利与非专利文献）在国内外公开使用以及以其他方式为公众所知的技术等，检索标准可以参照现行专利法专利审查指南对于新颖性、创造性的相关规定。如果技术方案相对于检索得到的现有技术均存在差异，还需要进一步衡量其是否满足专利的创造性要求，客观评估其真正有价值的发明点，并评估发明点相对于现有技术的技术进步和技术贡献，从而确定进行专利申请时权利要求的合理保护范围。经过可专利性检索之后，可以淘汰那些无法获得专利权的技术方案，从而筛选得到那些真正有价值的发明构思。

2. 侵权检索

一项技术即使最终获得专利权的保护，但其实施还往往会受到其他专利的限制，特别是对于改进型发明。因此在技术保护过程中筛选得到具有授权前景的发明构思之后，还需要对这些发明相关技术的实施是否会侵犯他人的权利以及被诉侵权时如何应对进行分析，做到未雨绸缪。侵权检索的目的可分为两种，一种是判断拟实施（或实施）的技术是否落入已授权专利的保护范围之内，主要用于判断新产品销售或新工艺使用前的侵权风险分析；另一种是被诉侵权时进行的证据检索，主要用于找出无效他人专利的证据，即对他人专利的稳定性检索。在侵权检索过程中，要注意明确专利文献的法律状态，即专利权有效性，特别是同族申请在不同国家或区域的法律状态。同时还要密切关注实施专利技术的国家或地区对于专利侵权的通用判定标准和相关法律法规。

在专利侵权检索中，首先需要明确分析的对象是由技术特征所组成的产品或方法与检索得到的待分析专利的权利要求。在检索前，需要将待实施或实施的方案技术特征加以细化，再根据提炼出的技术方案进行检索。上述技术方案应当包含产品的形状、结构和/或组成等必要特征，或包含方法的操作流程、技术改进等必要特征。在检索时尽可能扩大检索范围，适当地将各特征进行上位和功能性概括。基于专利侵权判定中涉及的"等同的实施方式"，在检索时，还应当考虑技术方案中的某些技术特征的等同特征。在检索得到密切相关的专利文献之后，采用"技术特征逐一比对"的方式，判断提炼得到的技术方案是否对相关专利构成了相同侵权或等同侵权。如果经比对确定技术方案具有很高的侵权风险，而该技术对企业具有很高的价值，除了可以考虑采用规避设计、专利许可或购买等方式避免侵权的发生外，还可以直接对潜在侵权专利的稳定性进行分析，即判断潜在侵权专利是否满足专利法及其实施细则对专利授权条件的要求，其中最主要的是发明或实用新型是否符合专利法规定的新颖性、创造性、实用性，即"三性"的授权条件，以便在面临专利侵权诉讼时做到胸中有数。

3. 技术地位评估

专利是技术方案高价值实现的一种重要方式，但并非所有的技术都需要以申请专利的方式加以保护。除了申请专利外，技术秘密也是一种有效的技术保护手段，特别是有些结构相对复杂，难以通过简单检测手段获知组分的产品，如成分复杂的中药复合物，或较为复杂的发酵或制备工艺本身或者工艺优选的最佳参数，对手通过反向工程的方式所获知具有很大难度，因此可以考虑采用技术秘密的形式加以保护。不过总体而言，企业的整体技术地位或者特定发明构思的技术优越性决定了企业所采取的保护策略，如果企业在技术上处于遥遥领先的地位，竞争对手很少，或者其他竞争对手在技术上难以望其项背，为了尽可能地提高技术的垄断期，可以更多地采用技术秘密的方式；如果企业的技术或者所筛选的发明构思在技术上并未明显领先竞争对手，而是面临激烈的竞争，此时企业需要考虑以专利申请的方式。因此在发明构思的筛选中，为了决定究竟采用何种保护形式，企业还需要对该技术所处的地位进行客观分析和评价。具体而言，可以综合采用定量和定性的专利分析方法，对该细分技术领域的申请趋势、技术生命周期、主要竞争对手、技术路线进行分析，特别是可以选取在本领域最重要的一个或多个重要竞争对手，将其作为固定要素参与分析，收集其相关信息，包括专利申请量、申请类型、目标市场、技术研发重点、研发团队和重要专利等内容，结合多方面信息对竞争对手进行深入分析。通过全面分析技术所处地位以及与竞争对手的技术优劣对比，确定所筛选发明构思的技术地位并决定是否通过专利申请的方式加以保护。

4. 技术方案挖掘

专利撰写人员应在技术研发项目启动之初参与到项目组内，并定期参加项目组的技术进展讨论和项目汇报，与技术人员充分沟通。一方面，随时了解技术研发背景，跟进技术研发进度；另一方面，及时在技术研发过程中发现有价值且可申请专利的技术点，确定需要被专利保护的技术方案的范围，及时启动专利撰写和申请程序。

在与项目研发的技术人员进行充分交流的过程中，专利撰写人员已经对技术方案是否属于专利可授权的客体进行了判断，排除了不可以被授予专利权的技术主题的申请。同时，专利撰写人员与技术人员在沟通过程中还可以为技术方案的完善和改进提出不同角度的建议，以利于技术方案的总结。

申请人或发明人在先提交的专利申请或发表的文章所披露的技术内容通

常是现有技术的一部分。某个申请人或发明人在一定的时间内所进行的技术研发是在一个特定的技术领域内，且具有一定的延续性。申请人或发明人在先提交的专利申请或发表的文章可能成为在后拟提交的专利申请最接近的现有技术❶，作为评价该专利申请新颖性或创造性的证据。专利撰写人员需要充分了解发明人在先提交的专利申请和发表的文章，熟悉已公开的技术内容。第一，要避免新提交专利申请被发明人曾经提交的专利申请或发表的文章公开。第二，要尽量避免发明人曾经公开的专利或非专利文献给出获得新提交专利申请的启示，尤其是需要注意已公开的会议论文、报告等内容。

除了解自己的专利和文章外，还需了解已上市的产品情况，做好即将上市而未申请专利的产品/技术的保密工作，避免在专利授权阶段因"使用公开或以其他方式为公众所知"而破坏专利申请的新颖性和创造性。

尽可能地了解与拟申请专利技术内容相关的技术信息，掌握相同或相关技术领域的技术发展情况。通过拟申请技术内容与本领域技术发展进程相比较，以明确拟申请技术内容在所属领域内所处的地位，并依据技术先进性程度权衡专利申请撰写内容各部分的结构和比例。

首先，汇总技术人员平日积累的技术研发背景资料，整理和确认与拟申请专利技术内容最相关的文献信息。

其次，通过文献检索和信息搜集，补充寻找与拟申请技术内容相关的文献信息。更合理的方式是技术研发人员在平日的技术研发过程中及时跟进相关技术领域的技术进展情况，并与专利撰写人员一同汇总所有的技术背景资料。预先判断最接近的现有技术，并基于最接近的现有技术所公开的内容判断拟申请技术内容相对于现有技术的贡献点，然后根据贡献点的大小权衡专利申请撰写时具体实施方式披露内容的多少。

最后，从所掌握的领域相关技术资料中整理拟申请技术内容所涉及的技术术语的解释，寻找拟申请专利技术内容中不同技术特征的可替代特征，为专利撰写做好准备。

3.1.2 申请文件的准备

1. 撰写主体

现阶段专利申请文件撰写的主体有多种，包括技术人员、专利代理人、研发主体的专利管理人员等。由于对专利申请的认识不同，不同的主体在专

---

❶ 中华人民共和国国家知识产权局. 专利审查指南 2010 [M]. 北京：知识产权出版社，172.

利撰写时各有优缺点。

技术人员直接参与技术研发的设计、执行、数据记录、汇总、结果评价等工作，对自身的技术和发明内容最熟悉，一般对相关领域的技术状况也最了解，但是技术人员在专利申请相关事务方面多有欠缺；专利代理人接触大量专利申请，对专利申请事务更为熟悉，但是对申请人的技术了解不足；专利管理人员负责研发主体的专利管理工作，由于接触专利申请数量较技术人员多，对专利申请相关事务以及研发主体的总体专利情况更为了解，同时，能够经常与技术人员进行沟通，了解技术研发进度，但是专利管理人员在专利申请流程及专利诉讼方面的经验通常会弱于专利代理人。比较而言，研发主体的专利管理人员更适于作为专利申请的撰写主体。特别是技术人员提交技术交底书后，由专利管理人员撰写专利申请文件，并交由专利代理人在各目标申请区域进行专利申请的具体流程事务是更为妥当的专利申请模式。这一申请模式也是很多大型跨国制药企业所采用的专利申请模式。在这一申请模式中，专利管理人员通过与技术人员的充分沟通，可以及时发现有价值的可申请专利的发明点。由技术人员提供详尽的技术交底书，专利管理人员可以以技术发展总体水平为背景，从自身研发主体利益出发，确定技术内容的公开程度和设置适当的权利要求，再由专利代理人从专利法的角度给予进一步的建议及专利事务的具体管理，此模式能够更好地发挥多方的优势，实现创造高价值专利的智力支持。

2. 文件构成

专利申请文件对于技术或产品的专利保护有着至关重要的作用，相对于非专利文献，专利申请文件具有特定的构成，专利法对其有最基本的要求。根据《专利法》第 26 条第 1 款的规定，一件发明专利申请应当有说明书（必要时应当有附图）及其摘要和权利要求书。生物医药领域涉及核苷酸或氨基酸序列时，在说明书中还包括说明书核苷酸或氨基酸序列表，作为说明书的一部分。

说明书和权利要求书是记载发明及确定其保护范围的法律文件。说明书及附图主要用于清楚、完整地描述发明，使所属技术领域的技术人员能够理解和实施该发明。

权利要求书应当以说明书为依据，清楚、简要地限定要求专利保护的范围。根据《专利法》第 59 条第 1 款的规定，发明专利权的保护范围以其权利要求的内容为准，说明书及附图可以用于解释权利要求的内容。

从专利法对专利申请文件的要求可以确定，权利要求书和说明书（必要时应当有附图）是专利申请文件最重要的组成部分。权利要求书记载了申请人要求保护的技术内容的范围，在专利申请阶段是对相应技术内容专利权的声索，在授权之后，权利要求书记载的则是专利权人受专利法保护的权利范围。说明书及其附图记载发明的产生背景、要解决的技术问题、发明内容及其能够获得的技术效果等信息，并且对权利要求书的保护范围提供必要的支撑，在后续权利要求范围解读阶段用于解释权利要求的保护范围。权利要求书与说明书及其附图共同维护专利权的稳定性和专利权利的保护范围。

3. 撰写要求

尽管专利法及其实施细则对专利申请文件的内容提出了一些要求，但是专利法所提出的要求是对专利撰写的最基本要求，显然并不是所有符合专利法撰写要求的专利都能够成为高价值专利。由于现阶段对专利技术或专利产品的保护更多的是通过专利组合的方式给予保护。为了获得更合理的保护范围，更长的综合专利保护时限，结合专利技术在技术领域中所处的不同位置，以及技术方案在技术/产品链条中的不同地位和作用，高价值专利对专利申请文件的撰写有着更高的要求。

（1）高价值专利的"三性"要求

除对可能影响自身技术实施的技术方案进行防御性专利申请和公开之外，专利申请人所提出的高价值专利申请都应以获得稳定的专利权为前提。要获得专利授权，就需要满足目标国家/地区专利法规的授权条件。以中国为例，专利获得授权的讼诉要求就是具备《专利法》第 22 条规定的专利"立性"和第 26 条要求的充分公开。

不同国家/区域组织的专利法关于"三性"条款规定的内在含义不完全相同，需要基于申请不同目标国家/区域的专利法规具体衡量。

（2）高价值专利说明书要求

我国《专利法实施细则》第 17 条对专利申请说明书的内容和形式给出了规范性要求，包括发明名称、背景技术、发明内容、附图说明（有附图时）、具体实施方式。并提出了说明书使科技术语清楚描述技术方案的要求。

以"葡萄糖酸钙锌口服溶液专利侵权案"为例，原告系澳诺（中国）制药有限公司（简称"澳诺公司"），被告系湖北午时药业股份有限公司（简称"午时公司"），原告、被告均系国内葡萄糖酸钙锌口服溶液药品的主要生产商，且均拥有较大的市场份额。

澳诺公司所拥有独占许可权的发明专利"一种防治钙质缺损的药物及其制备方法"（ZL95117811.3），将其药物活性成分描述为"葡萄糖酸钙""活性钙"等物质，其中的"活性钙"的含义并未给予明确的界定，可以理解为具有相同活性功能的一类钙剂。然而，由于其将"活性钙"与"葡萄糖酸钙"等具有明确成分含义的钙剂并列，并在答复审查员的审查意见时主动删除"葡萄糖酸钙"的并列技术方案，最终导致其无法主张含"葡萄糖酸钙"的产品对含"活性钙"的技术方案专利权构成侵权。如果专利权人在专利撰写时明确"活性钙"的含义包括"葡萄糖酸钙"等可能的活性钙成分，那么专利权人将主张对"葡萄糖酸钙"产品的专利权。当然，在禁止反悔原则下，申请人在答复审查意见时删除"葡萄糖酸钙"的技术方案也是其损失部分专利权的原因。

（3）高价值专利组合内的相互协同

《专利法》第26条第3款规定，说明书应当对发明作出清楚、完整的说明，以所属技术领域的技术人员能够实现为准。

一份完整的说明书应当包含下列各项内容：

① 帮助理解发明不可缺少的内容。例如，有关所属技术领域、背景技术状况的描述以及说明书有附图时的附图说明等。

② 确定发明具备新颖性、创造性和实用性所需的内容。例如，发明所要解决的技术问题，解决其技术问题采用的技术方案和发明的有益效果。

③ 实现发明所需的内容。例如，为解决发明的技术问题而采用的技术方案的具体实施方式。

对于克服了技术偏见的发明，说明书中还应当解释为什么该发明克服了技术偏见，新的技术方案与技术偏见之间的差别以及为克服技术偏见所采用的直接、唯一地得出的有关内容，均应当在说明书中描述❶。

尽管中国专利法和专利审查指南对说明书公开的内容进行了较为细致的要求，但是上述要求仍然是较为宽松的，只要本领域技术人员能够实施权利要求保护的技术方案即可，至于实施之后获得的效果并未要求一定是最佳的效果。当发明处于某领域相对早期的位置，对于后期开发和专利申请仍留有较大空间时，则不一定需要将所有可能的情况都一一罗列在申请文件中，更不需要将所有可能方案都采用实施例的方式予以披露。过度披露会影响在后

---

❶ 中华人民共和国国家知识产权局. 专利审查指南2010［M］. 北京：知识产权出版社，131-132.

更佳技术方案专利申请的新颖性和创造性而无法获得授权。

以罗氏的专利申请为例，2000 年基因泰克提出了抗 ErbB 抗体 – 类美登素偶联物在制备药物中的应用的专利申请 WO0100244A2，并于 2001 年 1 月 4 日公开，其申请文件具体公开了 Herceptin 抗体（抗 ErbB 抗体的下位概念）经 SPP 连接子与毒素 DM1（类美登素的下位概念）连接的具体实施方案，最终获得的授权范围为含有抗 ErbB 抗体 – 类美登素偶联物的组合物产品及其在制备用于治疗哺乳动物肿瘤的药物中的用途。由于该发明的贡献点并不在于具体使用何种连接子将 ErbB 抗体和类美登素进行偶联，因此只需公开能够实现 ErbB 抗体与类美登素进行偶联的某个具体实施方式即可，为了适当扩大其保护范围，利用说明书的宽泛记载还可以使用哪些连接子进行连接抗体与毒素，以支撑其权利要求概括的范围。该专利说明书中记载了抗体与类美登素的偶联物可以用包括琥珀酰亚胺 – 4 –（N – 马来酰亚胺甲基）环己烷 – 1 – 羧酸酯（SMCC）进行连接。

其后，基因泰克于 2002 年提出鉴定与涉及异常细胞增殖的疾病相关的多肽抗原的方法和用于治疗此种疾病的组合物专利申请 WO03020909A2，其权利要求要求保护的内容包括结合抗原的抗体与美登木素生物碱的偶联物及其治疗肿瘤的用途。由于该在后申请所请求保护的技术内容已经被在先申请 WO0100244A2 所公开，因此，在后申请中的该技术方案均不能够获得授权。

再后，2003 年伊缪诺金提出了用不可切割接头连接的美登素生物碱偶联物靶向特定细胞群的方法、偶联物的专利申请 WO2005037992A2，其发明核心是 Herceptin 与 DM1 通过不可切割接头连接，具体实施例中使用了 SMCC 连接子。由于在先申请 WO0100244A2 和 WO03020909A2 均公开了 ErbB 抗体与类美登素的偶联物可以用包括 SMCC 进行连接的有关内容，给出了使用 SMCC 连接的直接启示，因此，也可能影响在后申请 WO2005037992A2 涉及 Herceptin – SMCC – DM1 偶联物技术方案的授权前景。

（4）高价值专利权利要求的撰写要求

《专利法》第 26 条第 4 款规定：权利要求书应当以说明书为依据，清楚、简要地限定要求专利保护的范围。

权利要求书应当以说明书为依据，是指权利要求应当得到说明书的支持。权利要求书中的每一项权利要求所要求保护的技术方案应当是所属技术领域的技术人员能够从说明书充分公开的内容中得到或概括得出的技术方案，并且不得超出说明书公开的范围❶。

权利要求书是否清楚，对于确定发明要求保护的范围是极为重要的。权利要求书应当清楚，一是指每一项权利要求应当清楚，二是指构成权利要求书的所有权利要求作为一个整体也应当清楚❷。

上述内容是对权利要求书的基本要求。

由于权利要求书限定了专利权人的专利保护范围，如果保护范围不清楚，便不可能实现在后阶段的侵权判定。以"防电磁污染服专利侵权案"为例，权利要求为"一种防电磁污染服，包括上装和下装，服装的面料里设有起屏蔽作用的金属网或膜；起屏蔽作用的金属网或膜由导磁率高而无剩磁的金属细丝或者金属粉末构成。"被诉侵权产品为"一种防电磁污染服上装，服装的面料里设有起屏蔽作用的金属防护网；起屏蔽作用的金属防护网由不锈钢金属纤维构成。"最终最高人民法院判定被诉侵权产品未落入专利权保护范围。理由是专利权利要求中"导磁率高"技术特征不清楚，使得专利权利要求保护范围不清楚❸。

权利要求概括适当对应于《专利法》第 26 条第 4 款权利要求书应当以说明书为依据的要求。对于专利权人而言，当然希望专利授权范围大一些，因此，通常习惯将权利要求在说明书公开内容的基础上进行概括，以争取获得大的保护范围。但是反过来，专利权范围并不是越大越好，在撰写时也应恰当地概括保护范围。因为漫天要价式的概括不仅不会真正地扩大保护范围，反而会给权利的稳定性带来不利影响。

另外，权利要求过度概括可能会因将现有技术纳入权利要求的保护范围之内或与现有技术相近而丧失新颖性或创造性，从而影响顺利获得授权。

某案例的发明专利申请涉及在啤酒行业中使用的糖化醪或麦芽汁的煮沸锅。由于糖化醪或麦芽汁是含糖量高、黏度高的液体，长时间煮沸很容易结垢，从而在传热效率、卫生、口味、清洁等方面产生不利影响，因而现有技术都是将煮沸锅的内壁设置为非常平坦光滑以避免结垢。

❶ 中华人民共和国国家知识产权局. 专利审查指南 2010 ［M］. 北京：知识产权出版社，141 - 143.

❷ 中华人民共和国国家知识产权局. 专利审查指南 2010 ［M］. 北京：知识产权出版社，146.

❸ 张伟波. 从司法审判与行政审查标准看专利申请质量的提高 ［C］. 2014 年专利审查与专利代理学术研讨会优秀论文集.

该案的发明点就在于反其道而行之，在内壁设置了很多构成拐角的气泡状突起，看似容易结垢，实际上却由于局部湍流避免了结垢，并获得了提高加热效率、防止结垢、促进锅内物质转化等诸多意想不到的技术效果。但是该申请为了更大地概括权利要求保护范围，将独立权利要求主题概括为："一种用于在例如酿酒的饮料技术中对诸如糖化醪、麦芽汁等的流体进行加热的设备"。也就是说，该案将具体的啤酒行业中的"糖化醪或麦芽汁"这样含糖量高、黏度高的液体被上位概括成"流体"，"煮沸"被上位概括成"加热"，而且，这类煮沸锅工作时，煮沸时间会长达 1 小时以上，这一点在上位概括后的名称中完全没有体现。过度概括后的权利要求反而被与该案具体技术方案相差较远的现有技术破坏创造性。

首先，这种主题名称的上位概括不会给权利的行使带来实质的利益，专利权人不会由于主题名称的上位概括就要求保护带暖气的房间或烧水壶。即使专利权人要求保护相近领域的其他饮料加热设备，则他人也很可能以不支持为理由提出无效宣告请求，因为说明书除了糖化醪或麦芽汁煮沸锅以外没有公开其他饮料加工设备，也没有涉及其他饮料加工。

其次，即使专利权人仅针对糖化醪或麦芽汁煮沸锅这一具体的主题进行维权，侵权人也可能将不支持作为无效宣告请求的理由，从而增加了专利被无效的可能性。

而且，他人可能认为该专利的保护范围过大，因而出于防御的目的而提出无效宣告请求。被提无效宣告请求数量的增多不仅增加了权利持有成本，而且必然在一定程度上对权利的稳定性造成影响。❶

尽管在专利撰写时需要考虑权利要求范围概括的适当，但是专利申请文件撰写人员并不能十分准确地把握何种范围是最适当的概括范围。因此，需要在撰写时充分考虑丰富权利要求的层次，设置多层级独立权利要求和从属权利要求。

最后，检验权利要求概括是否适当的标准是稳定的授权范围覆盖目标技术/产品，且留有余地。覆盖目标技术/产品的含义是拟申请保护的技术或产品在授权专利的保护范围之内，留有余地的含义是除拟申请保护的技术或产品之外，还有其他明显可替代的方式也保护在授权范围之内，从而使得其他竞争对手不易于对专利技术/产品进行规避性设计。

---

❶ 徐敏刚，等. 从申请后程序看专利申请文件撰写中保护范围的确定［M］//高质量的专利申请文件：2013 年专利审查与专利代理学术研讨会优秀论文集. 北京：知识产权出版社，2013.

（5）高价值专利的可修改空间要求

现阶段，由于大多数国家或地区的专利申请采用先申请制，为了避免申请人在申请日后通过修改改变甚至扩大申请日时确定的技术公开的范围，各国对专利申请的修改都有一定的要求。在我国，申请文件在提交申请之后的修改将受到《专利法》第33条、《专利法实施细则》第43条、第51条、第61条、第69条等条款的约束。尤其是从初审阶段到实审阶段，再到复审、无效、最后到诉讼阶段，专利法对专利申请文件及专利文本修改的要求变得越来越严格。

《专利法》第33条规定，申请人可以对其专利申请文件进行修改，但是，对发明专利申请文件的修改不得超出原说明书和权利要求书记载的范围。"修改不得超出原说明书和权利要求书记载的范围"是申请日之后对申请文本修改的原则性要求。除此之外，不同审查阶段《专利法实施细则》的条款对申请的修改时机和修改形式都有进一步的规定。在实审阶段启动之前，申请人还有两次主动修改的时机，分别是发明专利申请人在提出实质审查请求时以及在收到国务院专利行政部门发出的发明专利申请进入实质审查阶段通知书之日起的3个月内。除上述两个时机之外，申请人可根据各阶段的审查意见进行修改。复审阶段，申请文件的"修改应当仅限于消除驳回决定或者复审通知书指出的缺陷"；无效阶段，"发明或者实用新型专利的专利权人可以修改其权利要求书，但是不得扩大原专利的保护范围"，修改仅限于对授权专利权利要求进行权利要求技术方案的合并或删除。

基于上述规定，申请文件在撰写时即应当为将来可能的修改留有余地。对于可能涉及影响高价值专利保护范围的因素尽可能地在撰写时予以考虑，并通过专利申请的撰写将可能修改的方向和内容引入申请文件中，以维持专利申请的价值度。

（6）高价值专利侵权行为判定要求

上述几点均是为获得范围适当、稳定的专利权，但并不完全代表获得授权便一定能够获得高价值专利。还需要考虑专利授权后，侵权行为的易于判定性。当侵权行为难于判定时，所获得的专利权便形同虚设，实际意义大打折扣。侵权判定的难易程度取决于侵权行为的取证难易程度。无论权利要求保护的主题是产品还是方法，都应当考虑授权主题被侵权时是否易于取证，选择合适的保护对象作为权利要求的保护主题。

产品通常会以实物的形式在市场（包括原材料市场和最终产品市场）上

出现，当其结构、组成或性能易于分析，易于以文字的形式限定其独特特征时，此类产品权利要求的侵权行为就易于判定。

当产品属于最终产品的中间体或者是制备某最终产品过程中应用到的工具性产品，并不在最终面市产品中体现其特征时，此类产品的侵权判定便存在一定的难度。

一些仅在生产环节实施或在不易被发现的场所实施工艺、方法或用途，其特征不易于在市场流通的产品中辨识时，此类工艺、方法或用途的权利要求也不易于进行侵权判定。

当权利要求所限定技术方案的侵权行为不易于判定时，便需要考虑对权利要求保护内容进行适当衍生和拓展，以找到适于判定侵权行为的方式予以专利保护。

（7）高价值专利向多国/区域申请

专利保护具有一定的地域性。随着现代信息的快速传播和经济全球化，有价值的技术会在众多国家/地区进行传播和应用，因此，相关技术还应当尽可能多地在可以有效保护的国家/地区提出专利申请。为获得多个国家/地区专利的授权，专利申请在撰写时还需要考虑不同国家/地区专利的可授权条件，真正形成高价值的专利申请文件。

4. 撰写规范

（1）专利申请撰写顺序

专利撰写人员在拿到技术研发人员撰写的技术交底书后便可以着手专利申请文件的撰写。

专利申请文件中说明书格式一般包括名称、所属技术领域、背景技术、发明内容的详述部分（技术问题、技术方案、技术效果）和具体实施方式等。在医药生物领域，为更好地撰写高价值的专利申请文件，可以采用倒叙的方式进行申请说明书的撰写。

首先，撰写具体实施方式，根据具体实施方式中的试验结果数据、结论总结拟申请技术所获得的所有有益效果。将具体实施方式与最接近的现有技术进行比较，确定与最接近的现有技术的区别，提炼具体实施方式解决的所有技术问题，并确定相对于最接近的现有技术解决的核心技术问题和取得的有益效果。

其次，对具体实施方式的各个步骤或环节进行分解，对各步骤或环节中涉及的关键环节、物质进行适当概括，并对概括的术语进行必要的解释，形成说明书发明内容中术语解释的部分。

再次，对具体实施方式中解决发明的核心技术问题所必需的步骤进行归纳和概括，概括解决核心技术问题的技术方案，全面分析技术方案的可替代方式。

最后，基于现有技术文件和拟申请的技术内容的比较，形成背景技术、技术领域和名称。

相应地，如果需要提供附图和序列表，则需要对附图进行详细说明，汇总说明书中出现的核苷酸和氨基酸序列，形成序列表。

在完成说明书的撰写后，再进行权利要求书的撰写。

（2）发明名称和所属技术领域

发明的名称应当清楚、简要全面地反映要求保护的发明的主题和类型（产品或者方法），以利于专利申请的分类。

发明的技术领域应当是要求保护的发明技术方案所属或者直接应用的具体技术领域，而不是上位的或者相邻的技术领域，也不是发明本身。该具体的技术领域往往与发明在国际专利分类表中可能分入的最低位置有关。❶

上述内容是专利审查指南对撰写专利申请的名称和所属技术领域的部分要求，其中分别提及名称和技术领域跟专利分类的关系。

尽管发明名称和技术领域在专利申请文件中使用的文字并不多，但是二者共同表述专利技术所属的技术领域，其对获得稳定的专利权存在一定的影响作用。因为在专利申请的创造性审查中，技术领域的确定非常关键，其直接影响到对比文件的检索、技术问题的确定、技术启示的认定等涉及创造性判断的几个关键环节❷。

（3）背景技术及其相对于本发明的缺陷

专利撰写人员应该充分了解所撰写专利涉及技术领域的背景技术，特别是与申请的技术主题相关的技术发展脉络情况，了解所撰写的技术方案在现有技术方案的基础上解决了什么样的问题，提供了什么样的新技术手段，并取得了怎样的技术效果，即明确该技术方案在背景技术中所体现的技术生命周期中所占据的位置，并在背景技术部分列出引证的专利文献或非专利文献，

---

❶ 中华人民共和国国家知识产权局. 专利审查指南 2010［M］. 北京：知识产权出版社，2010：134.

❷ 徐敏刚，等. 从申请后程序看专利申请文件撰写中保护范围的确定［M］//高质量的专利申请文件：2013 年专利审查与专利代理学术研讨会优秀论文集. 北京：知识产权出版社，2013.

完善文献综述；这样做有利于提高所申请专利在相关领域的技术关联度、提高时效性，从而提升专利申请的质量。

有研究表明，在实质审查阶段，审查员所参考的现有技术越多，则该专利授权后的稳定性就越好，专利质量就越高，因此做好撰写前的检索查新、专利引证工作具有重要意义❶。

以基因泰克申请的"使用抗 ErbB 抗体－类美登素偶联物的治疗方法"专利申请为例（CN1387444A），该专利申请是基因泰克提出的涉及 ErbB 抗体与类 美登素进行偶联获得偶联物及使用偶联物治疗相关肿瘤的专利申请，最具体的技术方案是曲妥珠单抗通过 SPP 连接子连接 DM1 获得抗体药物偶联物（ADC）及其治疗作用。其中曲妥珠单抗是 ErbB 抗体的下位概念，SPP 是连接抗体和药物的具体连接方式，DM1 是类美登素的下位概念。

上述专利申请的背景技术部分，从美登素和类美登素，ErbB 族受体酪氨酸激酶和抗 ErbB 抗体，以及类美登素－抗体偶联物三个角度分别描述背景技术状况，并且引证大量现有技术文献，以支撑其描述的内容。基于现有技术的状况，所描述的背景技术与拟保护的技术方案相匹配，将背景技术概括至 ErbB 抗体和类美登素的偶联物的层面，并未将其概括至 ErbB2（Her2）抗体、具体连接子的层面。基因泰克申请的"抗体－药物偶联物和方法"专利申请（CN1993146A）同样涉及 ErbB 抗体与类美登素进行偶联获得偶联物及使用偶联物治疗相关肿瘤的专利申请，最具体的技术方案则是曲妥珠单抗通过 SMCC 连接子连接 DM1 获得抗体药物偶联物及其治疗作用。由于在先已存在曲妥珠单抗－SPP－DM1 的现有技术，而其在后申请需要突出和重点保护的是利用 SMCC 连接子连接的曲妥珠单抗－SMCC－DM1 偶联物。利用 SMCC 连接子连接的上述 ADC 药物较 SPP 连接子连接的 ADC 药物效果更佳。因此，该在后申请的背景技术较在先申请的背景技术描述得更加细致而具体，并在 SMCC 这一具体连接子层面对相关背景进行交代，以突出其 SMCC 连接子连接的 ADC 药物具有更为出色的药物性能。

通过上述相同技术领域的两个不同技术发展阶段背景技术的比较可以看出，好的背景技术撰写方式需要将背景技术与拟申请保护的技术方案相对应，权利要求的概括程度也应与之匹配。

---

❶　韩福桂，等. 提升我国专利质量的有效途径及重要意义：专利质量的提升需要发明人、专利代理人和审查部门的多方合力作用［M］//高质量的专利申请文件：2013 年专利审查与专利代理学术研讨会优秀论文集. 北京：知识产权出版社，2013.

最后，还需要将背景技术与拟申请专利的技术方案进行比较，烘托出背景技术相对于本技术方案的缺陷。

（4）发明内容

发明内容是专利申请说明书中专门详细介绍发明相关内容的部分。发明内容部分需要包括发明要解决的技术问题、可行的技术方案的概括性陈述、发明的有益效果、附图和附图说明、最佳实施方式及其他可替代实施方式。专利审查指南对专利申请发明内容部分提出了明确的形式和内容要求。除此之外，撰写一份高价值专利申请还需要注意以下几点：

第一，撰写前通过充分检索确定与发明技术方案最接近的现有技术，将最接近的现有技术与发明内容进行比较，确定两者之间的区别特征。根据区别特征确定发明实际解决的核心技术问题，并明确区别特征在整体技术方案之中所产生的技术效果。在专利申请具体实施方式部分重点着墨于上述区别特征所带来的技术效果，以利于审查时从技术方案和技术效果两个角度明确发明技术方案与现有技术的不同，显示发明突出的实质性特点和显著的进步。

仍以上述基因泰克的两件专利申请 CN1387444A 和 CN1993146A 为例，前者是首次将曲妥珠单抗与 DM1 进行偶联的 ADC 药物。而后者的目的在于保护曲妥珠单抗 – SMCC – DM1，由于在先曲妥珠单抗 – SPP – DM1 的技术已经公开，如果不从效果等角度加强后者 ADC 药物的不可预期性的话，仅是从 SPP 连接子向 SMCC 连接子的替换性改进，专利申请很可能被认为不具备创造性而难以获得专利权。

第二，对发明技术方案中涉及的重要技术术语进行完整、准确和清晰的解释。对于现有技术中已有明确解释，且与该申请期望该技术术语所涵盖的含义相同时，可以直接采用现有技术已有的解释。对于采用现有技术已有的技术术语，但该技术术语在该申请中期望包含的含义不完全相同时，需要在专利申请撰写时予以明确的解释，必要时可以通过列举的方式对术语解释加以支持。对于由发明人自创的技术名词或有特定含义的术语，则应当在发明内容部分给予详细的说明，以明确该技术术语的含义和范围边界，为将来权利要求的解释及权利要求保护范围的明晰予以支撑。

以专利 CN100423777C 为例，其发明内容详述部分专门设置了定义的部分，并且总共对超过 90 个名词或短语的含义进行了定义，包括具体的细胞类型的含义、抗体的类型，甚至包括对哺乳动物的含义进行再明确。对所涉及的可能替代方案均进行了充分的列举。

第三，由于领域的差异，生物化学领域，尤其是医药生物领域的技术方案通常需要试验数据对其技术方案的效果加以佐证和说明。中国专利法及专利审查指南对说明书的要求是充分公开，以本领域技术人员能够实现为准，对具体实施方式并无更具体要求。而美国专利审查时则需要在说明书部分提供发明人在发明时知晓的最佳实施方式。

本书第 2 章第 3 节曾分析申请人在申请中给出多个具体药物的可替代药物的撰写方式，其作用一方面可以通过多个可替代方式的公开来支撑权利要求适当的概括范围，另一方面也可以将其最优药物掩藏于多个药物的群体中。对于需要适当延迟竞争对手跟随进度的情况，则需要利用上述方式对核心药物加以掩藏。除将核心药物的相关数据在具体实施方式部分公开之外，还将与核心药物相同构思的其他可替代药物的相关数据也记载在具体实施方式部分中。

第四，分析发明技术方案的各个环节、结构或步骤，对技术方案进行分解。基于现有技术分析所有必要技术特征的所有可替代特征，并基于所有可替代特征进行上位概括。同时，注意上位概括的尺度，避免上位概括的技术特征形成的技术方案将现有技术纳入概括的技术方案之中。

（5）权利要求的设置

保护范围最大的独立权利要求应仅包含解决技术问题的所有必要技术特征，尽量避免使用非必要技术特征限定权利要求。

必要技术特征，是指发明为解决其技术问题所不可缺少的技术特征，其总和足以构成发明的技术方案，使之区别于背景技术中所述的其他技术方案。

根据检索到的最接近的现有技术，对技术创新是否具有新颖性和创造性进行预判，根据预判的结果预测专利被授权的范围，并对技术创新的技术特征进行分类和排列。撰写出来的权利要求书不仅要使权利要求的保护范围具有层次性，还要使权利要求书整体具有多个技术方案的组合，防止在无效宣告程序中修改权利要求时过度缩小权利要求的保护范围或者带入非必要技术特征❶。

具体来说，独立权利要求是重中之重，它体现了发明所能保护的最大范围，因此申请人在撰写时也应该注意在权利要求得到支持的前提下适当扩大其保护范围，例如技术主题应该适当上位，技术手段概括要点，避免对细枝

❶ 汤财宝. 从后续程序浅谈权利要求书撰写［M］//高质量的专利申请文件：2013 年专利审查与专利代理学术研讨会优秀论文集. 北京：知识产权出版社，2013.

末节的描述，且尽量不要包含非必要技术特征❶。同时，专利申请的撰写也应避免将现有技术纳入权利要求保护范围之内，以避免因权利要求不具备新颖性而做不必要的工作。

除避免出现新颖性问题之外，基于权利要求得到说明书支持的角度，撰写权利要求也不是越上位越好。其原因是独立权利要求中的技术特征过于上位可能导致权利要求得不到说明书的支持，无法有效对抗他人的无效宣告请求，从而降低专利的稳定性。

以基因泰克最早申请保护 Her2 单抗的专利 WO8906692A1 为例，该专利申请的最早优先权日为 1988 年 1 月 12 日，申请日为 1989 年 1 月 5 日，在其撰写专利申请时，Her2 抗体领域尚处于拓荒阶段，除了 Cetus 公司在 1985 年公开的一种能够结合人乳腺癌细胞表面 210kDa 蛋白的鼠源单克隆抗体专利（WO1985003523A1）之外，并无大量 Her2 抗体相关文献，更无嵌合和人源化 Her2 抗体文献公开。因此，基于当时的现有技术状况，基因泰克在撰写时要求了尽可能大的权利要求保护范围。其权利要求 1 ~ 5 如下：

"1. A monoclonal antibody specifically binding the extracellular domain of the HER2 receptor.

2. A monoclonal antibody as in claim 1 which is capable of inhibiting the HER2 receptor function.

3. A monoclonal antibody as in claim 1 which is capable of inhibiting serum activation of HER2 receptor function.

4. A monoclonal antibody as in claim 1 which is a murine monoclonal antibody.

5. A monoclonal antibody as in claim 1 which is a murine – human hybrid antibody. "

该申请独立权利要求 1 请求保护的技术方案是特异性结合 Her2 胞外区的单克隆抗体，请求保护的范围很宽泛，其说明书则记载了包括曲妥珠单抗的前身 4D5 鼠源单抗在内的多个能够特异性结合 Her2 胞外区的单克隆抗体。从属权利要求 2 ~ 5 在权利要求 1 的基础上展开进一步的限定，以逐渐缩小权利要求请求保护的范围，包括从功能角度进行限定（权利要求 2 和 3），或从抗体来源角度进行限定（权利要求 4 和 5）。以此层层递进，逐渐缩小专利申请

---

❶ 韩福桂，等. 提升我国专利质量的有效途径及重要意义：专利质量的提升需要发明人、专利代理人和审查部门的多方合力作用［M］//高质量的专利申请文件：2013 年专利审查与专利代理学术研讨会优秀论文集. 北京：知识产权出版社，2013.

权利要求保护范围的撰写方式的意图是十分明确的，即使最大的保护范围不能被授权，逐渐递缩的权利要求也为在后的审查提供了修改的空间，为可能获得授权做准备。

虽然该专利请求保护的范围较为宽泛，但也并不是盲目地请求保护最大的保护范围。如对于 Her2 单抗，在该专利申请之前，Cetus 公司已于 1985 年公开了一种能够结合人乳腺癌细胞表面 210kDa 蛋白的鼠源单克隆抗体（WO1985003523A1），而该 210kDa 的蛋白便是后来我们所熟知的 Her2。基因泰克为了避免权利要求 1 不具备新颖性，在权利要求中限定的是结合 Her2 胞外域的单抗，很可能是根据对现有技术的检索来撰写的。

在帕妥珠单抗的前身——抗 Her2 鼠源单抗 2C4 提出专利申请（WO0100245A2）时，时间已经到了 1999 年，正式申请是在 2000 年提出。2000 年的时候已经有较多关于 Her2 抗体药物的现有技术存在，潜在的竞争对手也已涌现，此时便不再适宜如 1990 年时的方式撰写权利要求书，其权利要求书如下：

"1. A method of treating cancer in a human, wherein the cancer expresses epiderman growth factor receptor（EGFR）, comprising administering to the human a therapeutically effective amount of an antibody which binds ErbB2.

2. The method of claim 1 wherein the antibody blocks ligand activation of an ErbB receptor.

3. The method of claim 2 wherein the antibody blocks binding of monoclonal antibody 2C4 to ErbB2."

该专利申请的权利要求主题不再是保护较大范围的 Her2 抗体，而变成使用 Her2（ErbB2）抗体治疗人类癌症的方法，并且在从属权利要求 3 中便将权利要求的单克隆抗体限定到了具体的 2C4 单抗。同时，在权利要求书的后半部分限定了具体的抗体 2C4 产品、宿主细胞等不同的技术主题，尽可能地争取与该专利申请发明构思最相关的保护范围。

从数量上来讲，独立权利要求和从属权利要求的类型及数量越多，越能够从多方面、多角度、多层次来限定保护范围，提高专利的稳定性[1]。只有稳定的专利授权才能更好地保护自身利益，从而提升专利和专利技术的价值。

---

[1]　韩福桂，等. 提升我国专利质量的有效途径及重要意义：专利质量的提升需要发明人、专利代理人和审查部门的多方合力作用［M］//高质量的专利申请文件：2013 年专利审查与专利代理学术研讨会优秀论文集. 北京：知识产权出版社，2013.

3.2 三思而后行，提高法律价值

工欲善其事，必先利其器，获得稳定、有效的专利权是体现专利价值的基础，对专利权的高效保护是提升专利价值的前提。我国专利法规定发明专利权的期限为 20 年，实用新型专利权和外观设计专利权的期限为 10 年，均自申请日起计算；在有限的期限内实现专利权的高效保护，确保物尽其用，将有助于提升专利的价值。

虽然专利的保护是在专利授权之后的行为，但是，为了提升专利价值，对专利的高效保护则体现在专利的整个生命周期中，包括从专利申请的准备、专利申请的审查以及专利获得授权之后的各个阶段。本节将基于不同阶段探讨如何采取不同的策略对专利进行高效保护，以提升专利的法律价值、技术价值和经济价值。

3.2.1 申请阶段

专利申请阶段是专利产生的潜伏期，也是专利体现价值的先导阶段；为了提升专利的价值度，需要综合考虑技术现状、市场发展、自身优势以及竞争对手的情况，合理进行申请前准备工作，选择适当的申请时机、申请客体、申请地域和申请主体，以在申请阶段前瞻性地对专利进行高效保护。此外，还需要针对竞争对手进行防御性申请。

1. 做足功课，事半功倍

对于技术创新成果的保护，除了采用专利权进行保护，还可以采用商业秘密的形式；商业秘密是指不为公众所知悉、能为权利人带来经济利益，具有实用性并经权利人采取保密措施的技术信息和经营信息。专利权和商业秘密最根本的区别在于是否公开技术信息，专利权需将技术信息进行公开以换取保护，而商业秘密则以技术信息保密为前提；另外，二者的保护期限不同，专利权的保护期限有限制，而商业秘密保护则不受时间限制。

鉴于专利权的获得需要披露技术信息，针对某些技术成果，选择专利权进行保护并不一定是最优的策略。例如通过反向工程不易进行逆向突破的技术方案，可采用商业秘密进行保护，例如结构相对复杂，难以通过简单检测等手段获知组分的产品或工艺等；再如某些中药组合物，其各组分和含量难于通过分析获知，在不知晓配方的情况下并不容易被仿制。但是，当行业的发展接近自身水平或者可能存在失密的可能，则可以将商业秘密转向专利申请。相反，对于容易通过反向工程破解的创新成果，尤其是医药领域的化学药、生物药或者配方简单的中药，多数易于被反向工程所突破，因此通常会采用专利权进行保护。

此外，由于医药领域的复杂性和多样性，往往很难通过单一的保护模式完成对创新成果的保护，申请人可以采用专利和商业秘密相结合的保护方式。针对不易保密、技术含量较低、易于仿造的成果采用专利保护，而对技术难度大、技术含量高、不易仿制的成果采用商业秘密的形式进行保护。

申请人在准备专利申请前需要进行专利分析，以相关技术领域的专利文献信息为分析样本，结合网络信息、报纸、期刊、学位论文等非专利文献信息，对该技术领域专利技术的整体状况、发展态势、分布状况、竞争力量等内容进行多维度分析，以获取技术情报、法律情报和商业情报。作为有效利用专利信息、降低运营风险、防范专利纠纷、提升竞争优势的重要手段，专利分析有助于申请人选择最具先进性的技术方案，提高技术方案的稳定性，增加被他人规避和替代的难度，从而提高专利申请的法律价值和技术价值。

2. 把握时机，奠定基础

我国专利法规定专利权授予最先申请的人，国外专利制度也多采用先申请原则。根据先申请原则，申请人看似应当以最快的速度提出专利申请以避免他人抢先，从而获得专利保护。但是，专利的高价值并不是简单通过快速获得授权即能够实现的，而是要基于自身发明创造的完成情况，同时结合技术发展趋势、竞争对手状况以及技术方案的保密性从而选择合适的申请时机，以确保在申请时即为专利的高价值奠定基础。一般而言，专利申请时机包括提前申请、适时申请和延迟申请。

（1）提前申请

提前申请是指申请人在技术方案全面完成之前，只要具备专利性，并不需要对其效果和市场潜力进行论证，也不需要进一步完善就立即申请专利。其目的在于获得先机并排斥后来者，该策略适于技术发展较快、竞争较为激烈的行业。

军科院二所申请保护知母皂苷 BⅡ在制备用于防治脑卒中的药物或产品中的用途时，在其之前已有中国人民解放军第二军医大学提出专利申请请求保护知母总皂苷在制备防治脑卒中药物或食品中的应用。军科院二所只是在知母总皂苷中选择了知母皂苷 BⅡ，其与中国人民解放军第二军医大学的技术非常接近，存在激烈的竞争关系；鉴于此情况，军科院二所提前对知母皂苷 BⅡ进行了申请（其申请的优先权日距离第二军医大学的专利申请公开日仅有半年），并获得了专利权，为其在市场独占中打下了基础。

但是，提前申请会存在如下风险：①影响技术方案的完整性，会存在不能满足充分公开的要求而导致申请被驳回；②专利申请的公开会暴露自己的研发动向，从而被竞争对手所掌握，为自己后续的发展带来障碍；③提前申请也意味着专利权过早到期，会致使在专利有效期内由于未正确评估市场潜力而导致专利权不能充分发挥其市场价值。

（2）适时申请

适时申请是指发明创造性的技术方案达到一定成熟度时，在对市场前景和竞争对手有明确评估的情况下适时提出专利申请。对于不同的行业，合适的申请时机所对应的技术成熟度可能有所差别；同时市场前景也可能受到政治、经济、自然等因素的影响。

以岭药业即是密切关注市场需求，分别在非典、甲型 H1N1 流感、中东呼吸综合征和雾霾大规模暴发之际，适时申请了连花清瘟药品专利以及针对不同适应症的医药用途专利，不断提升了连花清瘟的市场价值。

对于医药行业，适时的申请时机通常是新药研发在动物实验或临床资料完成后，在对市场前景具有一定评估的情况下提出专利申请，同时还要兼顾技术方案的保密状况以及竞争对手的研发进展。

（3）延迟申请

延迟申请是指申请人已经完成发明创造，但并不及时进行专利申请，而是主动推迟申请时间，秘而不宣，待时机成熟时再提出专利申请。选择该策略时通常需要考虑以下因素：①技术方案保密措施较好；②市场前景并不明朗；③市场上不存在其他的竞争对手；④技术方案已具备申请条件，但有待进一步改进；⑤配套技术不成熟或配套设施不具备，过早申请会暴露申请人意图。

通常来讲，延迟申请适合发展较缓、技术更迭较慢的行业或者具有前瞻性的发明创造，申请人在技术方案完成之时市场前景并不确定，贸然进行专利申请会由于市场反馈的滞后性导致专利权过早到期无法体现其经济价值，因此需要从技术、经济、法律和市场等方面综合权衡后再决定合适的申请时机。

（4）利用优先权

我国专利法规定申请人自发明或实用新型在中国第一次提出专利申请之日起 12 个月内，又向国务院专利行政部门就相同主题提出专利申请的，可以享有优先权。而专利权保护期限的节点是申请日起计算，在计算保护期限时的申请日不是优先权日。

也就是说，巧用优先权策略既能够保证申请人在和竞争对手的博弈中抢先申请以满足在先申请原则，又可以变相延长不超过 12 个月的专利权保护期限。对于医药行业来说，延长近 12 个月的保护期限将获得相当丰厚的市场收益。

3. 优化客体，扩大范围

按照性质划分，专利申请保护的客体有两种基本类型，即物的权利要求和活动的权利要求，或者简单地称为产品权利要求和方法权利要求。第一种基本类型的权利要求包括人类技术生产的物（产品、设备）；第二种基本类型的权利要求包括有时间过程要素的活动（方法、用途）。

产品权利要求在授权后，既可以禁止他人未经许可实施产品专利，也可以禁止他人未经许可实施制造、使用其产品专利。相对于方法权利要求，产品权利要求能够得到更大的保护力度，能够提高专利申请的不可规避性。此外，在专利权侵权判定时，会将授权专利权利要求所记载的全部技术特征与被诉侵权技术方案的全部技术特征逐一进行比较；产品权利要求相对于方法权利要求，通常会具有更加清楚的保护范围，更容易对侵权行为进行取证，易于判定是否侵权。

因此，在专利申请时，技术方案可尽量选择申请产品类型的权利要求，针对医药领域来说，产品类型的权利要求通常涉及了化合物、化合物的盐、晶型、异构体、制剂、组合物等。诺华针对格列卫即在化合物盐、化合物晶型、新型制剂等多个主题进行了专利申请，提高了专利申请的不可规避性。

此外，在医药领域，对于已知产品，可以针对产品的新适应症申请方法类型的权利要求；以岭药业针对连花清瘟不同的适应症、军科院二所针对知母皂苷 B II 不同的医药用途均进行了专利申请，进一步提高了药物的专利价值。但是，物质的医药用途如果以用于治病、用于诊断病、作为药物的应用等类型的撰写方式申请专利，属于专利法规定的疾病的诊断和治疗方法，不能被授予专利权，申请人可采用在制药中的应用、在制备治疗某病的药物中的应用等制药方法类型的用途权利要求申请专利。

另外，我国《专利法》规定：同一申请人同日对同样的发明创造既申请实用新型专利又申请发明专利，先获得的实用新型专利权尚未终止，且申请人声明放弃该实用新型专利权的，可以授予发明专利权。医药领域涉及药物的产品权利要求基本上不能申请实用新型专利，但是，针对装置、设备类型的产品权利要求，根据上述规定，同一申请人可以同日既申请实用新型专利又申请发明专利，如此可以快速获得实用新型专利权，在发明专利能够授权时又可以通过放弃实用新型专利权而换取发明专利权，这样既不影响专利权的保护期限，又可以通过快速获得的实用新型专利权提高专利的市场价值。

4. 拓宽地域，多国保护

由于专利具有地域性，申请人只有在目标国家或地区申请专利才能在该国家或地区获得专利权的保护，在不同的国家或地区获得专利权是在空间范围内提升专利价值度的有效方式。如果申请人希望在不同的国家或地区获得专利保护，需要向目标地域提出专利申请，在提出多国申请时，通常需要考虑以下几种因素：

（1）申请人的市场规划：专利权是为产品或技术服务的，如果申请人有向该国家或地区输出产品或技术的计划，有开拓该国家或地区市场的需求，则需要在该国家或地区进行专利申请，以保证在该国家或地区的市场独占权，达到用专利控制市场的目的。市场规划通常是申请人在多国申请时考虑的主要因素，包括罗氏、诺华在内的跨国企业通常会在多个国家或地区进行专利申请，为专利技术的市场占有、市场规模等经济价值的提升保驾护航。

（2）国家或地区的市场潜力：如果目标国家或地区的技术发展水平存在广阔的专利技术实施市场，具有实施专利技术的条件和环境，市场上存在其他竞争对手侵犯自己专利权的可能，则可以在该国家或地区进行专利申请。

（3）国家或地区政策：目标地域的不同政策包括：专利申请、专利审查以及专利保护现状会影响某项专利申请是否能够及时审查、能否及时授权、能否有效保护，政策的差异也会影响申请人是否向该国家或地区提出专利申请。

（4）竞争对手在该地域的实力：如果该国家和地区存在实力较强的竞争对手，具有仿制自己专利产品或技术的能力，则应该在该地域进行专利申请以维护己方利益。

（5）成本考虑：向不同的国家或地区进行专利申请，需要缴纳申请费、审查费、代理费，以及必要的翻译费和授权之后的维护费，成本问题也是申请人在进行多国申请时需要考虑的因素。

一般来讲，申请人在选择不同地域时通常需要考虑"三地申请"：申请人所在地，产品或技术销售地，以及竞争对手所在地。申请人可通过《巴黎公约》或《专利合作条约》两种途径提出多国申请。申请人通过《巴黎公约》途径可以自优先权日起12个月内向多个巴黎公约成员国所在的专利局提交专利申请；根据《专利合作条约》，申请人可以自优先权日起12个月内直接向国家知识产权局提交PCT国际申请，之后再向指定国提出专利申请。如果申请人仅需要向一个国家或少数几个国家申请专利时，适于《巴黎公约》途径；如果申请人需要向多个国家申请专利时，适合选用《专利合作条约》途径。军科院二所即通过《专利合作条约》途径，为维护其技术创新成果知母皂苷BⅡ在海外的权益，在欧洲、美国、日本、韩国、英国、俄罗斯、加拿大、新加坡、中国香港、乌克兰、波兰等多个国家或地区进行了专利申请，为其海外市场的拓展奠定了基础。

5. 瞒天过海，不易侦查

在专利申请时通常需要公开专利信息，包括专利技术信息以及申请人、发明人等著录项目信息，通过追踪申请人和发明人信息，按图索骥，可以了解研发动向、核心发明人、技术人员规模等。

如果竞争对手针对己方的专利信息进行分析，则可能暴露自己的研发策略，从而被对手掌握自己的技术开发趋势，从而使己方在和竞争对手的博弈中处于下风。在专利申请过程中，为了增加竞争对手数据搜集、情报分析的难度，申请人在专利申请时可以对发明信息示假隐真，对申请主体采用瞒天过海的策略，达到迷惑竞争对手的目的，让竞争对手不易把握己方的研发动向和研发投入，从而让己方的专利享有更长时间的市场独占权，提升专利价值。例如不以公司或企业为申请人，而是以自然人名义进行专利申请；以控股公司的名义申请专利，但实质上专利完全受母公司控制；以母公司的名义申请专利，但专利供下属子公司使用；采用与己方公司完全无关的人进行专利申请，通过公证或合同的形式约定权属关系；针对重点发明人，可以请求不公开发明人名称。

6. 知己知彼，百战不殆

专利是占领市场的一种利器，既可以作为进攻之矛，也可以作为防守之盾。申请人在与竞争对手的博弈中应当做到知己知彼，方能百战百胜。

申请人除需要注意对己方技术创新成果进行有效的专利权保护之外，还需要对同领域的主要竞争对手进行专利跟踪，了解竞争对手专利申请的最新动向。专利申请的方向通常会暴露技术研发趋势，申请人可以针对竞争对手的研发方向进行防御性专利申请，以堵截竞争对手的发展方向，间接提升己方专利的市场规模和市场占有率。

对于医药行业来说，可以采用跟踪研发思路的方式来进行有效的防御，一旦对手新的药物专利出现便在第一时间展开跟踪研发，在对手申请专利的技术基础上作些必要的改进，并就改进部分进行防御性专利申请，以挡住竞争对手改进技术、提高产品质量的去路，避免竞争对手的专利给己方带来更大的威胁，还可以在一定程度上设置路障，限制对手的专利实施。

3.2.2　审查阶段

专利审查阶段是专利权产生的关键时期，是专利权彰显价值的重要阶段，其涉及了专利的公开、审查、审查过程的沟通、分案申请、复审救济程序以及针对竞争对手的专利申请提出公众意见等程序，合理的利用每项程序将有助于专利的高效保护，进而从根本上提升专利的价值度。鉴于实用新型专利申请并不经过实质审查阶段，本节主要针对发明专利申请的审查阶段的高效保护策略进行介绍。

1. 择时公开

我国《专利法》规定，经初步审查合格的发明专利申请，自申请日起满18个月即行公布。国务院专利行政部门可以根据申请人的请求早日公布其申请。在选择公开时机时，申请人应当兼顾市场现状以及对竞争对手的预判选择提前公开还是按期公开，甚至采用合理途径进行延迟公开。

（1）提前公开

根据专利法的规定，申请人可以提前公开其专利申请，选择提前公开具有以下优点：首先，专利申请的公开是实质审查的必经程序，提前公开有利于专利申请尽快进入审查阶段，从而使得专利早日获得授权；其次，我国《专利法》规定：发明专利申请公布后，申请人可以要求实施其发明的单位或者个人支付适当的费用，提前公开可以保证专利申请提早进入"临时保护"；再次，提前公开可以使公众早日知晓申请人的专利产品或专利技术，可以提高专利的市场认知度；最后，专利申请公开后即构成了现有技术，能够影响其他相同或相似的专利申请的专利性。

提前公开适合于技术较为成熟、竞争激烈的行业以及市场前景较为明朗的领域，有利于申请人推广其专利技术，尽快利用专利取得市场独占权。但是，提前公开还存在一些弊端：①过早公开申请内容，他人就可能利用该专利技术进行后续研发，可能损害申请人的利益；②专利法规定申请人可以在被授予专利权之前随时撤回其专利申请，如果申请提前公开，申请人再选择是否撤回时就会处于被动地位；③提前公开有可能让发明专利申请丧失进入国外的机会，发明专利申请自申请日或优先权日起12个月内可以要求优先权的形式进入国外，但是如果出现特殊情况，发明专利申请在12个月或者14个月内未办理相关手续，而此时国内的专利申请已经提前公开成为现有技术，则此专利申请就丧失了进入其他国家的机会；如果专利申请还没有公开，则还可以采取其他途径进行补救，比如撤回国内申请后再次提交以延后首次申请日，然后选择申请PCT并进入其他国家。

（2）按期公开

按期公开是指发明专利申请自申请日起满18个月即行公布；按期公开适合于市场前景稍不明朗，仍处于开发阶段的技术。首先，按期公开能够避免过早暴露申请人的技术策略，不至于让他人过早地知晓己方的研发动态；其次，按期公开还有助于申请人有足够时间随时检验专利技术的可行性，并在专利申请公开前随时撤回其申请，该申请仍可以作为技术秘密。

但是，按期公开相对于提前公开也存在一些弊端。首先，专利申请长期处于保密状态，势必会延缓该专利技术向社会推广的时间，会损失申请人的经济利益；其次，未公开的专利申请不能作为现有技术，无法用于评价其他相似专利申请的创造性，这可能给相似的技术留下专利申请的漏洞。因此，针对竞争较为激烈的行业可以酌情考虑提前公开而不是按期公开专利申请。

（3）延迟公开

为了获得充分的时间对技术方案的市场前景进行检验，同时可以干扰竞争对手对己方信息的获取，申请人还可以采用合理的途径来延长专利申请的国内公开时间。比如申请人可以先在国内首次申请，并不公开该首次申请，再以该首次申请为优先权要求PCT国际申请，之后在优先权日起30个月内选择进入中国国家阶段，如此可以延长专利申请在国内的首次公开。此策略虽然能够延迟在国家阶段的公开，但并不影响PCT国际申请的公开；事实上，他人仍能通过国际阶段的公开获知申请人的专利申请信息。

2. 审查时机

我国专利法规定：发明专利申请自申请日起3年内，国务院专利行政部门可以根据申请人随时提出的请求，对其申请进行实质审查；申请人无正当理由逾期不请求实质审查的，该申请即被视为撤回。基于此，申请人可以结合市场前景和竞争对手情形对审查时机作出选择。

（1）尽快审查

如果专利申请的技术方案比较成熟，能够较早投入市场，并且行业竞争较为激烈，申请人应当尽早提出实质审查请求，尽快进入实质审查程序，从而有望早日获得专利权。此外，还可以按照国家知识产权局发布的《发明专利申请优先审查管理办法》申请优先审查。加快审查适于竞争激烈的行业，有助于申请人快速获得专利权，争取市场独占权。

（2）正常审查

对于市场前景尚不清楚，竞争较少的行业，则可以较晚提出实质审查请求，以争取足够的时间对市场需求和技术方案的价值进行检验，之后再决定是否提出实质审查请求。

此外，不进行实质审查也可以起到扰乱竞争对手的效果，未实质审查的专利申请的结案走向不明确，能够获得何种权利要求的授权也是未知的；竞争对手虽然能关注到己方专利申请，但并无法确定该专利申请的布局和定位，必然会牵扯对方的精力，使其茫无头绪，从而达到以静制动的目的。但是，将己方专利申请的技术方案长时间暴露于公众视野，也会存在被竞争对手模仿、甚至超越的可能，导致己方损失市场占有率以及经济效益。

3. 充分沟通，合理确权

我国专利法规定：国务院专利行政部门对发明专利申请进行实质审查后，认为不符合本法规定的，应当通知申请人，要求其在指定的期限内陈述意见，或者对申请进行修改；无正当理由逾期不答复的，该申请即视为撤回；发明专利申请经申请人陈述意见或者进行修改后，国务院专利行政部门仍然认为不符合本法规定的，应当予以驳回。

在实质审查过程中，对于通知书中指出的不符合授权条件的缺陷，申请人要予以充分解释，合理利用现有技术进行意见陈述，必要时需要对申请文件进行修改，达到充分沟通的目的，以获得合理、稳定的保护范围。

意见陈述作为申请人答复通知书的重要依据，其观点应当是客观、准确的，避免采用主观、模糊的词语，这是因为专利审查档案可以用于解释权利要求，是限定权利要求保护范围的重要依据，专利审查档案可以作为禁止反悔原则的依据。《最高人民法院关于审理侵犯专利权纠纷案件应用法律若干问题的解释》也规定了，专利申请人、专利权人在专利授权或者无效宣告程序中，通过对权利要求、说明书的修改或者意见陈述而放弃的技术方案，权利人在侵犯专利权纠纷案件中又将其纳入专利权保护范围的，人民法院不予支持。由此可见，申请人的意见陈述会对专利权保护范围的解释起到一定的限定作用，申请人应当重视针对每次通知书的意见陈述。

另外，申请人还要注意权利要求的范围应当是合适、恰当的，不宜过小或者过大。权利要求保护范围过小，容易规避，无法达到有效的保护力度；权利要求保护范围过大，稳定性就会降低，并且会存在被无效的风险，而在无效宣告请求中修改权利要求的方式有限制，比如对不得改变原权利要求的主题名称，与授权的权利要求相比不得扩大原专利的保护范围，不得超出原说明书和权利要求书记载的范围，一般不得增加未包含在授权的权利要求书中的技术特征。因此，申请人应保证授权的权利要求保护范围清晰、适当，既要考虑权利要求的稳定性，又要考虑权利要求的不可规避性，从而体现最大的法律价值。

4. 辅助结合，巧用分案

一件专利申请包括两项以上发明的，申请人可以主动提出或者依据审查员的审查意见提出分案申请；但是，专利申请已经被驳回、撤回或者视为撤回的，不能提出分案申请。

分案申请能够迷惑竞争对手，为竞争对手设置路障，提高专利的市场价值。比如，在同一个申请里面撰写多个技术方案，依据市场应用前景、技术方案的可行性并结合竞争对手的情况决定针对哪些技术方案进行分案申请。分案申请能够让申请人享有更多的专利独占权，获得更多的经济利益。通过分案申请还能够达到延长审查时间的目的，使竞争对手无法预测到确权的保护范围，从而扰乱对方的部署。

军科院二所即成功地采用了分案申请策略，在分案申请中保护了更多与知母皂苷 B Ⅱ具有相近结构的化合物，辅助性地掩饰了己方最优的技术方案，从而达到了迷惑竞争对手的效果，提高了原案的专利价值。Glycart 公司也采用分案申请的策略申请了多种不同的抗体，竞争对手无法预计到哪种抗体轻重链组合会成为未来的 CD20 抗体药物，同样起到了迷惑竞争对手的作用，延缓了对手追赶的脚步，提高了专利价值度。

5. 救济途径，提升授权

发明专利申请在实质审查阶段被驳回，可能由于对申请文件的修改以及意见陈述未充分说明专利申请的发明点，但这并不意味着该专利申请完全不具备授权的前景。

我国专利法规定，专利申请人对国务院专利行政部门驳回申请的决定不服的，可以自收到通知之日起3个月内，向专利复审委员会请求复审。也就是说，申请人在收到实质审查的驳回决定后，如对驳回决定不服，应当及时请求复审；可以通过对申请文件的进一步修改，提供更充分的理由，使得专利复审委员会撤销驳回决定。

复审程序是因申请人对驳回决定不服而启动的救济程序，同时也是专利审批程序的延续。经实质审查驳回的专利申请可以通过复审程序提高专利授权的可能性；此外，复审程序中至少需要三人合议组对专利申请进行审查，经过复审程序授权的专利申请往往具有更高的稳定性。

根据专利审查的实践经验，国外申请人相对于国内申请人来说，更善于利用复审程序。比如，诺华针对涉及维格列汀的在华28件申请中，有22件为原始提出的申请，均进入实质审查，其中有9件被驳回，对于这些被驳回的案件，诺华均提出了复审请求，并有3件通过复审程序最终获得授权❶。国内申请人也应当重视复审程序，勇于利用复审程序，提高专利的授权率，提升专利的稳定性；以岭药业即意识到了复审程序的重要性，其在专利申请时由自己的专职专利服务部负责，但在复审案件中选择聘用专业的代理机构，提高复审成功率。

6. 扰敌获权，取之有道

《专利法实施细则》规定，自发明专利申请公布之日起至公告授予专利权之日止，任何人均可以对不符合专利法规定的专利申请向国务院专利行政部门提出意见，并说明理由。

申请人应当实时关注竞争对手的专利申请，针对与己方的技术存在竞争或制约己方发展的专利申请，及时提供证据证明其不具备专利性或者缩小其保护范围，从而间接地达到提升己方相关专利价值的目的。

针对竞争对手的专利申请提出公众意见具有程序简单、费用低廉、身份隐蔽、准备时间充分等优点，是阻碍对方的专利申请和专利布局的快捷手段。但是，在提出公众意见时也要注意以下几点：①由于时间节点是在专利申请公布之日到公告授予专利权之日，因此需要实时监控竞争对手的专利申请进展情况，避免错过提公众意见的时间。②通过国家知识产权局官网的中国专

---

❶ 欧阳雪宇，赵静雪. 药品专利申请和保护策略简介［J］. 中国医药生物技术，2015，10（4）：378－381.

利审查信息查询系统，实时监控专利申请的审查进展状况，以根据审查员的审查意见以及竞争对手的答复情况调整意见决策。比如己方检索到了影响专利申请新颖性或创造性的对比文件，需及早提出公众意见供审查员参考；即使没有影响专利性的对比文件，也可以提供一些背景技术文献供审查员了解本领域技术水平，以保证对手无法获得更大的保护范围。如果对手在答复审查意见过程中对权利要求进行了修改，则应当基于新的权利要求针对性地提出公众意见。③虽然公众意见程序可以方便、快捷地对竞争对手的专利申请提出异议，但是，如果己方的证据和理由没有破坏竞争对手的专利权，就相当于帮助对手获得了更加稳定的权利要求保护范围，授权之后会增加无效的难度。

第 4 节　专利价值的优化

在临床阶段和上市阶段，外界对于药物研发进度的关注会逐渐提升，仿制药企业也开始着手药物仿制的工作，或者寻求对原研主体核心专利的挑战。在此阶段，企业需要通过技术创新和法律手段提升与维护专利的垄断权利。针对药物自身来说，企业需要提高药物的纯度、稳定性、制备效率，提高技术的先进性、适用范围和不可替代性，确保技术领先。另外，开始申请的核心专利会逐渐获得授权，针对侵权行为，企业还需要适时进行侵权诉讼，打击竞争对手。总之，企业需要不断优化已有的核心专利，在此基础上进行运营合作，提高专利的经济价值、法律价值和技术价值。

4.1　适时诉讼打击竞争对手

专利申请在获得授权之后，权利要求的保护范围已基本确定。此时，专利权的保护策略需要基于行业发展水平、市场前景、自身规划以及竞争对手研发进展，围绕专利权的维持、侵权行为的诉讼以及针对竞争对手授权专利的无效展开。

4.1.1　打击侵权

专利权是保护专利权人技术或产品的有力武器，在获得专利权后，专利权人要实时关注市场变化，注意是否有侵犯己方专利权的行为，一旦发现侵权行为，可以通过诉讼来保护自身利益。

竞争对手的侵权行为，多数情况下是通过己方的营销网络发现和识别，此外还可以通过客户调查、消费者投诉、竞争对手调查、侵权举报奖励等手段来监控。对于医药行业，专利权人还可以定期在 CFDA 查阅药物审批情况，以确定是否存在侵犯专利权的行为。

一般来讲，侵权行为刚发生时并不会影响专利权人的经济效益，此时立即诉讼只能制止专利侵权行为，专利权人可以获得的补偿金额较少；在诉讼时机的选择上，有以下几点可供参考：①出于获得更多收益的考虑，在发现侵权行为后不急于提起诉讼，而是放长线钓大鱼，待侵权人发展到较大规模时提起诉讼，获得更多赔偿；②待侵权人准备上市之前，提起侵权诉讼，阻挠其上市计划；③在展览向侵权人提起侵权诉讼，贬损其品牌声誉；④在侵权人与竞争对手即将合作之时提起侵权诉讼，遏制竞争对手的合作态势。专利权人还可以采用其他合适的时机提起诉讼，基本原则是保证己方获得更大的利益，同时还能给侵权人以沉重打击。

专利侵权诉讼不仅能够维护自己的效益，还有助于提高专利权人的品牌效应，增加己方利害关系人的信心，从而提升专利的经济价值度。此外，诉讼不一定能获得赔偿，但是通过谈判、和解可以与竞争对手进行交叉许可，从而提升专利的法律价值。

4.1.2 有效维持

专利权的维持是指在保护期限内，专利权人依法向国务院专利行政部门缴纳规定数量的年费使专利继续有效的行为。专利获得授权只是取得专利权的资格，对专利权的有效维持才是专利权体现价值的开始。经济效益是影响专利权人是否维持专利权的根本因素，只有当维持专利权带来的收益大于维持专利权的成本时，专利权人才会继续维持专利权。

申请人在获得专利权时并不能直接预见该专利的经济效益，此时可基于技术生命周期、行业发展方向、自身战略规划等因素来决定在获得专利权后是否维持专利权，还要维持多久。一般来说，对于研发周期长、研发投入较多、创新难度大、生命周期长、市场前景明朗的专利技术，市场对其依赖性较高，专利权人长时间维持能够带来丰厚的收益。比如，格列卫之于诺华、赫赛汀之于罗氏、连花清瘟之于以岭药业、知母皂苷 B Ⅱ 之于军科院二所，专利权人都会想方设法延长其保护期限，以期带来更多的利润。

相反，对于生命周期短、更新换代较快的专利技术，市场上很快会出现能够替代的技术，主要竞争对手对专利的依赖性会逐渐降低。此消彼长，随着专利权保护年限的增加，专利维持年费逐渐增长，专利权所带来的收益远不及专利的维持成本，造成入不敷出的局面。此时，专利权人需结合技术发展状况以及市场前景作出明确的判断，以适时终止专利权，节约成本。

专利权人的自身规划也会影响是否继续维持专利权。比如在专利申请阶段，需要申请数量较多具有相似技术方案的专利以迷惑竞争对手；但是，在专利授权之后，保护范围已经明确，并且已经甩开追随者的脚步，此时只需维持对专利权人真正有用的专利，而对其他的专利选择不维持或者仅维持较短的时间，以减少专利维持费用。

4.1.3　能屈能伸

我国《专利法》规定：自国务院专利行政部门公告授予专利权之日起，任何单位或者个人认为该专利权的授予不符合专利法有关规定的，可以请求专利复审委员会宣告该专利权无效。

如果竞争对手利用授权专利向己方发起侵权诉讼，己方可以考虑请求宣告其专利权无效，并且，在专利复审委员会对专利权的有效性进行审查期间，法院会中止诉讼。无效宣告请求还可能使侵权人和专利权人达成和解，可谓是处理专利侵权纠纷时的首选利器。此外，如果竞争对手的授权专利制约了己方的研发策略，也可考虑请求宣告其专利权无效；但是，如果无效宣告失败，竞争对手的专利权可能会更加稳定。

诺华基于第01817895.2号中国发明专利向共同被告正大天晴和医保全新大药房公司提出专利侵权诉讼时，正大天晴向专利复审委员会提交无效宣告请求书，对第01817895.2号发明专利提出无效请求。最终，正大天晴和诺华达成和解，正大天晴撤回对第01817895.2号发明专利的无效宣告请求，诺华不再追究正大天晴的经济损失赔偿，正大天晴正是利用了无效宣告程序避免了经济损失。

4.2　运营合作促进技术领先

如今的药物开发过程，已经呈现出一个多主体协作开发的趋势，很多大型制药公司，都已经在研发过程中与其他公司建立了密切的合作关系，利用合作伙伴的力量提高研发效率，从而弥补自身研发方面的弱点。例如诺华在格列卫的开发中，就从Variagenics公司获得癌症基因组学平台来研究格列卫以及PKI-166对前列腺癌疗效的潜在标记物，基于上述合作，诺华后续进一步布局了格列卫及其衍生物用于治疗前列腺癌的相关专利（WO2012107500A1、WO2014058785A1）。又如罗氏在赫赛汀批准上市（1998年）之后，仍然继续对该药物进行改进和升级，通过与拥有强细胞毒素和抗体药物偶联技术的伊缪诺金合作，共同开发 ADC 药物，最终罗氏利用伊缪诺金的强细胞毒素 DM1 作为毒素，与自身的曲妥珠单抗进行连接，设计出 ADC 药物 T－DM1。由此可见，找到好的合作伙伴，可以实现技术价值的有效提升，产生"1＋1＞2"的良好效果。通过专利分析的方法，分析重点申请人的专利申请状况，可以为企业选择合作伙伴提供信息量极为丰富的依据。

另外，在市场竞争中，有时候会面临竞争对手的侵权、收购、诉讼等竞争策略，企业所采取的应对措施是否得当，决定了企业是否能够平稳度过各种危机，实现稳定的增长。通过专利分析的方法，分析重要竞争对手的专利申请状况，可以有效了解竞争对手的技术状况，从而为企业进行正确的决策提供参考，正所谓知己知彼，百战不殆。

在选择合作伙伴进行重点申请人分析时，首先需要采用本节前面介绍的竞争对手分析的方法识别出重要申请人。选定重要申请人后，可根据需要对申请人整体的专利申请趋势，申请人在各个国家或地区的专利布局，申请人专利申请的技术分布，申请人在某一国家和地区专利申请状况等进行分析。还可选择性地分析申请人在专利申请态势中的某些具体方面，例如申请人所掌握的某些重点专利，近期所关注的研发热点，所涉及的专利诉讼、专利的转化运用情况、合作研发及共同申请、专利融资情况、专利许可情况等。在药物研发领域通常会涉及 3 项分析：竞争对手分析、专利稳定性分析和专利侵权风险分析。

4.2.1　竞争对手分析

1. 专利申请人趋势分析

专利申请人都会经历从起步到发展，最终壮大或衰落的过程，时间是这一过程最好的参照系。因此，通过时间参数，可以发现专利申请人的发展经历，并了解其目前的技术实力，预测其发展趋势。针对不同发展阶段的申请人，合作或竞争的策略都会有所不同。

2. 专利申请人地域分布

考察某专利申请人在世界各地区专利申请情况，可以了解其对各国或地区的重视程度、市场占有程度等指标。专利申请地域包括了专利族中所有专利的地区，即反映出专利申请人对不同国家或地区的重视程度，其在某个国家或地区的专利申请量越多，表明其关注该国家或地区，也反映了专利申请人的市场布局策略。如果在某专利申请人的专利布局的重点区域与其发生了冲突，在竞争策略方面应该更加谨慎，不应贸然行动。

3. 专利申请人技术分布

专利申请人的技术分布是考察专利申请人实力的重要一环，也是重点申请人或竞争对手分析的关键环节。通过技术分布的分析，可以发现该专利申请人的技术分布、技术重点和技术弱势，与企业自身是否存在重叠或互补，其实力如何，基于上述信息，可制定相应的合作或竞争的策略。

企业在进行运营合作时也需要注意对方专利的稳定性问题、潜在的侵权风险，以规避相应的交易风险，可以通过专利分析的手段规避上述问题，防患于未然。

4.2.2　专利稳定性分析

专利的稳定性，一般意义上指专利获得授权后对抗无效宣告请求的能力。发明专利经过实质审查，其稳定性通常比不进行实质审查的实用新型专利的稳定性要高。即便如此，仍存在一些实际上不符合专利法要求的申请获得授权，这样的专利稳定性较差，在知识产权制度设计上，可以通过后续的专利无效宣告请求程序来解决上述问题，被宣告无效的专利权视为自始即不存在。稳定性差的专利价值较低，在专利交易中应引起注意。

我国《专利法实施细则》第65条第2款规定了无效宣告请求的理由，是指被授予专利的发明创造不符合专利法第2条、第20条第1款、第22条、第23条、第26条第3款、第4款、第27条第2款、第33条或者专利法实施细则第20条第2款、第43条第1款的规定，或者属于专利法第5条、第25条的规定，或者依照专利法第9条规定不能取得专利权。专利的稳定性分析，实际上就是按照上述要求对相关专利的专利性进行检索和评价。

在进行稳定性分析时，常规的步骤为：①确定检索的数据库，一般应该包括专利数据库和非专利数据库。②确定检索要素及其表达方式。③确定检索策略。

由待分析专利的权利要求部分提取能够体现发明技术方案、技术思路、发明点的检索要素。一般而言，确定检索要素需要考虑技术领域、技术问题、技术手段、技术效果等方面。在关注权利要求的同时，关注说明书部分对权利要求的具体解释或具体范例，尤其是实施例部分。

确定检索要素后，结合其所属技术领域的特点，选择使用关键词、分类号、化学结构式等形式对检索要素进行表达，也可根据需要结合关键词、分类号等多种表达形式进行检索。使用关键词表达时，还需考虑相应检索要素的同义、近义表达形式、上下位概念或可替代的相关技术手段的同义、近义表达形式。

将涉及不同检索要素的分类号和/或关键词分别进行检索，再以逻辑"与"的关系合并。在检索过程中，不仅要把注意力集中在新颖性文件上，同时应当关注与创造性评价有关的现有技术。如果针对多个检索要素的结合没有检索到能够评价该专利技术方案的新颖性或创造性的单份文件时，一般还应当考虑分别针对各个单独检索要素进行检索。

在检索过程中，还可以根据相关文献针对引用文献、被引用文献进行检索，并针对专利权人、发明人进行跟踪检索。

适当关注说明书背景介绍部分所引用的文献，其通常与专利技术方案具有很高的相关性，有可能可以用来评价该专利技术方案的新颖性或创造性。

如果专利权文件中包含了多种不同类型（产品、方法、设备或用途）的权利要求，应当对不同类型的权利要求进行检索。在某些情况下，即使专利申请仅包含一种类型的权利要求，也可能需要对相关的其他类型的主题进行检索。

发明专利申请通常在其申请日起满 18 个月公布，或申请提前公布，此后进入实质审查程序，对于申请日在待分析专利申请日/优先权日前，而公开在申请日/优先权日后的抵触申请应当充分检索，其间还要注意有可能涉及优先权核实的具体情况。此处应注意的是，抵触申请仅仅可以用于评价专利技术方案的新颖性，而不能够用于评价创造性。

4.2.3 专利侵权风险分析

专利权仅仅是一种排他权，通过专利许可或专利收购所得到的专利，一旦实施后仍然可能存在侵犯其他专利权的可能，因此在专利交易中，还需要对相关的专利是否存在侵权风险加以判断。特别是制药行业研发投入巨大，从药物开发到产品上市耗时极长，为了保护自身利益，大型制药企业都申请了大量的专利为后来者设置一定的专利壁垒，也加大了技术创新和技术交易中的专利侵权风险。特别是一旦后来者获得了可能威胁到领先者市场地位的产品时，技术领先者常常会动用专利侵权诉讼的方式作为一种竞争和制约手段，以达到阻碍后来者发展的目的。因此创新主体在技术交易中应当特别注重专利侵权风险。

此前在现有技术检索部分也提到了专利侵权风险分析，不过当时的分析对象之一是基于发明构思的技术方案，目的在于确定用于专利申请的发明点。本节中所提到的专利侵权分析的对象则主要是交易专利的技术方案（主要是独立权利要求）。下面进一步介绍专利侵权分析的整体流程：

（1）确定检索范围

专利侵权风险的检索范围为现已公开/公告的全部专利或专利申请。由于专利具有地域性的特点，因此，应针对分析项目的需求，对专利数据库进行选择，或对检索的国别进行适当限定，以确定最终的检索范围。在检索过程中应当密切关注侵权风险专利的法律状态，或在检索过程中对被检索对象的法律状态进行适当限定，便于后续进行侵权风险专利的筛选和分析。

（2）确定检索要素及其表达方式

选择待分析技术方案中体现产品的形状、结构和/或组成的必要技术特征，或包含体现方法操作流程、技术改进等的必要技术特征作为检索要素，并进行必要扩展。与专利性检索不同，侵权检索时要尽可能扩大检索的范围，在关注权利要求的同时，要关注说明书部分对发明技术方案、技术特征的上位概括或功能性概括。

（3）采用合理检索策略

在构建检索式时，需要将涉及不同检索要素的分类号和/或关键词分别进行检索，再以逻辑"与"的关系合并。在检索过程中，一般还应当考虑分别针对各个单独检索要素进行检索。

基于专利侵权判定中涉及的"等同的实施方式"，在检索时，还应当考虑技术方案中的某些技术特征的等同特征，充分考虑说明书中描述的各种变型实施例、说明书中不明显排除的内容等因素。对于功能或者效果表述的技术特征应当尤其谨慎，应不局限于实施例中记载的特定实施方式，对该功能或者效果表述的技术特征进行适当的扩展和外延，以确定恰当的检索边界。

如果专利权文件中包含了多种不同类型的（产品、方法、设备或用途）权利要求，应当对不同类型的权利要求进行检索，在某些情况下，即使申请仅包含一种类型的权利要求，也可能需要对相关的其他类型的主题进行检索。

此外，在企业的经营活动中，还可能出现被诉侵权或者其他竞争对手侵犯自身专利权的情形。一旦面临侵权指控时，应沉着应对，通过专业手段明确侵权事实是否存在以及应采取的应对手段；一旦有竞争对手可能侵犯了自身合法权益时，也应该勇于采用专利侵权指控的方式发出警告，同时也应对侵权事实是否存在做到心中有数，作为进一步行动的依据。在上述情形下，侵权的分析对象就变成了产品对专利权，此时的重点已经不在于检索潜在的侵权风险专利，而是确定专利权的保护范围。

首先，我国在确定发明、实用新型的保护范围时，应当以国务院专利行政部门公告授权的专利文本为基础；如果有被生效法律文书（例如无效宣告请求决定）确定的专利文本，则以最后被生效法律文书确定的专利文本为基础。

其次，需要对保护范围进行正确解读，《专利法》第 59 条第 1 款规定，发明或者实用新型专利权的保护范围以其权利要求的内容为准，说明书及附图可以用于解释权利要求的内容。其中所述专利权的保护范围应当理解为权利人实际能够获得保护的最大范围，是指在权利要求限定的范围基础上，通过适用等同原则所扩展到的范围；是否存在等同范围的情况，则需要根据具体个案的案情进行分析。专利侵权判定是由管理专利工作的部门或者法院在解释权利要求限定范围的基础上，通过对是否适用等同原则以及等同范围的确定，明确专利权人实际能够获得的保护范围。因此，专利侵权判定中对专利权保护范围的判定与专利审查程序中所提及的权利要求限定的保护范围的判定是存在差异的。专利侵权判定过程中确定专利权的保护范围，应当以权利要求中记载的全部技术特征所表达的技术内容为基础，并结合说明书的相关内容，避免机械理解权利要求文字的表面含义。

第 5 节　专利价值的升级

在药物的整个研发环节中，企业随时可以进行二次立项，进行专利组合布局，步步为营，促进产品升级，全面提升专利的经济价值、技术价值和法律价值，达到专利价值升级的目的。在此阶段，研发主体需持续关注行业发展和竞争对手情况进行二次创新，通过构建专利组合，防御对手的进入，开拓更为广阔的市场，并力争专利为其战略化规划服务。

5.1　进行专利组合布局

所谓专利分析是指依据分析目的的不同，对来自特定集合的专利文献中的专利信息进行筛选、鉴定、整理加工及组合，并对其中所含的各种情报要素进行统计、排序、对比、分析和研究，从而形成特定的专利情报。通常而言，可将专利分析方法分为定量分析和定性分析。定量分析是对专利文献的外部特征（著录项目）按照一定的指标（如专利数量）进行统计，并对获得的统计数据进行解读，以获得技术动向、企业动向等有价值的情报；同时还可将不同的专利指标进行综合分析，比如将专利申请和/或专利授权数量、

IPC 分类号与时间（如申请年份）、空间（如申请国、指定国、申请人/发明人所在国）、人物（如申请人、发明人）等指标进行一维、二维、三维的组合分析，从而更全面地展现挖掘出的专利信息；定性分析则是以专利说明书、权利要求等技术内容为分析对象，按技术特征来归并相关专利，一般用于获得特定技术发展历程、技术现状、技术热点、技术空白等技术信息。相比于定量分析，定性分析所获取的专利信息更为微观和细致，能够深入技术实质，通常还需要结合定量分析提高定性分析结果的准确性。例如，先通过定量分析确定某一技术领域中哪些公司占有技术优势，筛选出该技术领域中的重要专利，然后再针对这些公司的重要专利进行定性分析，进而筛选出该技术领域中具有代表性的重要专利。企业进行专利布局，构建专利组合，一方面可以更加全面有效地保护企业的核心技术，另一方面也可以使企业在市场竞争中占据有利的位置，做到攻防互换，进退自如，从而充分保障专利技术的高价值实现。在企业的上述活动中，专利分析也扮演了重要的角色。

在创新药物研发过程中，鉴定发现性质优异的新化合物是药物研发的起点，也是最关键的环节。随后该化合物还要经过体外、动物体内的药效试验和毒性试验、Ⅰ～Ⅲ期临床试验，最后通过相关监管部门的批准，才能最终上市成为创新药物。相比于手机、汽车等产品，药物的结构相对简单，分析上述研发流程也可以发现，不论是药效研究、毒性试验还是临床试验，研究的关注点均聚焦在这种新化合物分子本身的各种性质，因此创新药物最核心的技术就是化合物本身。相应的，保护了该化合物的专利也就是该药物产品的核心专利，而且药物产品的核心专利往往不多，甚至有时只有保护该化合物本身的一件专利。似乎保护范围覆盖了药物活性分子的化合物专利已经足以保护该药物的核心技术，并使专利权人实现技术上的独占权；对于药物而言，好像并不需要很多的专利申请，专利价值只要通过单独的一件或少量几件核心专利即可充分体现。但是根据相关研究，畅销药的背后除了化合物本身的核心专利外，往往还包括一些相关专利作为支撑。据一项涉及美国 82 个药物的实证研究，平均每个药品拥有 7.44 件专利，最多的达到了 42 件专利[1]；另有统计显示，医药行业平均每个药品拥有 10 件专利[2]。不论药品背

---

[1]　曹晨，胡元佳. 综合专利价值指数与药物经济价值的相关性研究［J］. 中国医药工业杂志，2011，42（7）：560，A63－A64.

[2]　曹晨，胡元佳. 专利组合价值评估探讨：以药品专利组合为例［J］. 科技管理研究，2011（13）：174－177.

后的专利精确数量究竟是多少，通过以上数据可以看出，药品的所有者或者核心专利的持有人实际上并不满足于仅拿到一项核心专利，而是希望获得与药品相关的更多专利权。那么这些专利的作用是什么，专利权人这样做的目的又是为何？

以药品为例，专利权人除了会申请保护化合物结构的核心专利外，还常常会申请一些周边专利，主题包括生产工艺、药物的新用途、制剂、多药物联用和装置等，这些专利涉及了药物生产和应用的多个方面，直观上可以感到这些专利的存在可以更好地保障专利权人实施与专利药物有关的技术，抑制竞争对手从事与该药物相关的技术和商业开发。实际上，这些专利之间的关系形成了专利组合。

专利组合的概念最早由 Ernst 在 1998 年提出，随着专利制度的改进和对专利价值认识的不断变化而逐渐发展，有观点认为：专利组合是指单个企业或多个企业为了发挥单件专利不能或很难发挥的效应，而将相互联系而有存在显著区别的多件专利进行有效组合而形成的一个专利集合体。对于专利组合的所有者而言，专利组合的价值将大于专利组合中单件专利的价值❶。也就是说，专利组合是一种有效的专利资源配置方式，其意义在于通过不同主题的专利进行组合，进一步提升产品相关专利的整体价值。曹晨等❷以 82 个专利药品涉及 621 件美国专利为样本，详细探讨了专利组合价值的评估方法，并发现基于专利组合理论所得到的专利组合价值指数与该药品的销售额具有显著相关性，而且该相关性明显高于单件专利的综合专利价值指数（composite index of patent value，CIPV），也高于一个专利组合中不同专利 CIPV 值的简单加和。也就是说，专利组合中的不同专利通过相互配合，作为一个整体实现了超出单件专利价值的整体价值，进而为专利权人带来了更大的垄断利益，即技术的独占性和由此产生的巨额利润。因此专利组合作为一种实现专利高价值的方式，获得了越来越多企业的重视。

5.1.1　构建专利组合的目的

总体而言，高质量的专利组合现今已经成了企业最重要的专利资产，专利组合可以在空间布局、技术布局、时间布局和地域布局等多个维度发挥其作用，从而形成严密的专利保护网，通过最大化专利组合中每件专利的作用，

---

❶　岳贤平. 专利组合的存在价值及其政策性启示［J］. 情报理论与实践，2013，36（2）：35 – 39.

❷　曹晨，胡元佳. 专利组合价值评估探讨：以药品专利组合为例［J］. 科技管理研究，2011（13）：174 – 177.

全方面提升专利价值。构建专利组合对于公司的研发以及经营策略具有重要的意义。

1. 提升防御能力，保障研发和经营自由

通过构建专利组合，可以在整体上对技术实现更加周全的保护，有效弥补单件专利在保护期限和权利要求保护范围上的不足。一方面可以更好地保护企业的研发成果，有利于企业有效实施专利制度所赋予专利权人的排他权，在一定期间和区域内更好地实施专利技术，防止竞争对手侵权，提升专利的防御效果；另一方面由于专利组合能够比单一专利权划定更大范围的自由空间，因此可以更大限度地排除企业担心侵犯竞争对手技术的担心，从而保障企业在技术合作、市场开发和诉讼策略等方面享有更大的自由和灵活性。

2. 实现有效的专利运营

通过构建优秀的专利组合，可以保证专利权人以及药品生产企业在该技术上的竞争力，提升专利权人的谈判地位，从而促使仅依靠个别专利实现专利转让或许可等，实现更好地专利运营。这对于技术研发机构如高校和研究所以及一些初创型公司具有特别重要的意义，由于在药物研发领域，开发一种新的"重磅炸弹"级药物动辄需要投入几亿甚至几十亿美元，从最初筛选化合物到药物最终上市的时间有时会长达十几年，很多拥有先进技术的研发机构往往并不具有将技术转化为产品的能力。此时通过构建专利组合，全面覆盖自身核心技术，就更有可能吸引制药公司的注意，从而进行有效且高估值的技术许可或转让，专利权人也可以从这种成功的商业运作中获益，还可以将收益投入新的一轮技术开发中，从而维持研发过程的良性运转。

5.1.2 专利组合中的专利来源

研发型企业的专利组合中的专利主要来源就是企业自身的专利申请，为了构建有价值的专利组合，企业的专利管理部门在专利申请之初就需要建立专利组合的意识，主动进行专利组合的全面规划，并在保证与企业的经营策略一致的情况下，以构建专利组合为目标而有意识地进行专利申请。因为单件专利的战略用途在申请时就已经确定，在申请时就必须考虑清楚该申请的目的、通过该专利申请所需要达到的作用以及该专利申请与专利组合中其他专利的关系。一种技术方案是否可以进行专利申请以及如何从企业的研发部门找到适合进行专利申请的技术素材是一项系统的工作。在实际操作中，将研发成果转化为专利申请这一过程一般是通过专利挖掘来实现的。

1. 专利挖掘

所谓专利挖掘是指以申请专利为目的，对科研、生产等过程中所取得的各项成果进行筛选、分析、证明以及合理推测，形成可专利的技术方案的过程。通过有效的专利挖掘，能够避免科研成果出现专利保护漏洞，从而将科研成果的每一个可专利的技术点都加以保护，并且还可以在研发过程中梳理出与核心技术相关联的其他技术点，从而为建立专利组合奠定坚实的基础。

谢顺星等●将专利挖掘的途径分为两种：①从项目任务出发，首先将整体任务（如开发一种新的药物）拆分为能够完成任务的组成部分（如可拆分为三部分：活性成分的取得、剂型选择、功效保障），随后对每个组成部分进行分析，拆分出所需的技术要素（如对于活性成分的取得，可以拆分出三个技术要素：活性成分、辅料选择、提取工艺等），然后结合现有技术对各技术要素进行评价，找出技术要素的创新点，然后根据创新点总结出技术方案。②从创新点出发，从某一个创新点（如一个新化合物）出发，首先找到该创新点的各关联因素（如相关物质、相关方法、相关用途），随后找出各关联因素的其他创新点（如化合物的中间产物、类似物衍生物，合成方法、发酵方法、提取方法，新治疗用途等），最后根据其他创新点总结出技术方案。经过专利挖掘后，可形成大量的技术方案，企业的专利管理部门可以在此基础上进一步确定专利申请的主题。

具体到专利分析的操作层面，可以将专利挖掘的流程进行细化，如图 3 – 5 – 1 所示。总体而言，专利挖掘可以分为三步：发明构思的收集与筛选，发明点的梳理与挖掘和技术交底书的撰写与专利申请。

在上述专利挖掘过程中，最重要的一点就是通过系统梳理确定发明点，从而形成有价值的专利申请。在企业的研发过程中，从立项到初试、中试以及批量生产到最终上市，每一个阶段均会伴随技术成果的产生，即可以拆分出不同的发明构成要素，例如产品结构、零部件及相互关系、原材料及其处理方法、制造方法和工艺、中间产物、用途、技术参数的选择，这些都可以成为潜在的发明点，此时仍然仅停留在发明构思的程度，还不必然可以形成进行专利申请的技术方案。在收集足够量的发明构思之后，关键的一步就是如何从各种技术构思中得到真正的发明点。此时就需要通过专利信息分析详

● 谢顺星，等. 专利挖掘的方法［J］. 中国发明与专利，2008（7）：46 – 49.

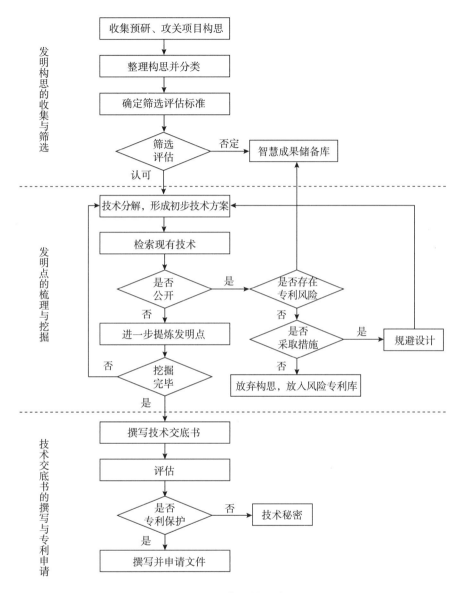

图 3 - 5 - 1　专利挖掘的流程

细了解技术领域的发展状况，通过结合现有技术情况对发明构思进行客观评价，以确定最终提出专利申请的技术方案。在进行专利信息分析时，可以综合运用申请人和发明人分析、技术发展脉络、技术功效分析等技术手段，以准确了解本领域技术的发展状况，企业自身的技术发展水平在行业内的定位，相比于行业领先者或竞争对手的优劣势，行业技术热点是什么，技术空白点在哪里，可能的切入点在哪里等问题。进而对所有的发明构思进行筛选，选择那些相比于现有技术具有一定创新高度，符合市场需求并适合产业化生产的发明构思进行专利申请。

在专利挖掘的过程中，由于企业专利管理人员相比于普通的技术研发人员更了解企业的整体战略，特别是专利战略，同时也更加了解专利法的各项要求，能够理解如何得到一项专利法意义上的技术方案以及达到授权的相关要求，因此专利管理人员应该是专利挖掘的责任主体，指导专利挖掘并负责相关专利的布局。而在实际的专利挖掘中，还需要研发人员与专利管理人员进行密切配合。研发人员作为研发工作的主体，更加了解发明的技术细节，可以通过专业的技术帮助专利管理人员更好地拆分技术，获得准确的可申请的技术方案。如果专利管理人员本身并不负责专利文件的撰写，那么专利的撰写人员（例如企业专利管理部门负责撰写的人员或者聘请专利代理事务所的专利代理人）也需要参与到专利挖掘过程中，及时了解发明的关键点和相关的技术术语，以便更准确地表达技术方案。此后，还需要研发人员、专利管理人员和专利代理人密切配合，完成专利的撰写、申请、意见答复等，最终才能得到一件范围合适，权利稳定的高质量授权专利。

2. 专利交易

除了来自企业自身研发所获得的专利外，企业还可以通过购买、许可、合作开发以及企业并购等交易方式获得其他专利权人的专利权，与自身的专利进行组合搭配，从而形成有效的专利组合。即使是财力雄厚的大型跨国企业，也很难在每一个细分技术领域都具有很强的研发实力，因为企业进行技术开发的根本目的在于获得商业成功，这就决定了企业并不会将有限的研发经费分散投入每一个领域。在条件允许的情况下，很多公司，特别是大型制药企业会充分利用专利交易的策略选择性地补强自身的专利组合。

以罗氏为例，罗氏在赫赛汀产品上市多年后，一方面为了进一步完善赫赛汀产品的周边专利布局，另一方面为了进一步延长药品的生命周期，选择对赫赛汀的剂型进行改造，具体确定了制备赫赛汀的皮下注射剂型作为其研究方向。但是制备抗体药物的皮下注射剂具有较高的技术门槛，比如需要面临可能发生的蛋白聚集、氧化、异构化、脱酰胺等问题。因此罗氏选择与擅长药物制剂的 Halozyma 公司合作，并获得了 Halozyma 公司重组人透明质酸酶（rHuPH20）专利技术的独占许可，以开发并商业化罗氏的目标化合物。rHuPH20 技术能够在皮下递送药物时瞬时且可逆地降解皮下细胞间的透明质酸屏障，经批准的（重组）透明质酸酶的治疗用途包括作为佐剂的使用、提高皮下液体施用的其他药物的吸收和分散、皮下尿路造影术中作为助剂改善放射造影剂的再吸收等。基于 rHuPH20 技术，罗氏进一步申请了包括赫赛汀在内的抗体药物的皮下注射剂的相关专利（WO2011012637），从而有效补充了赫赛汀的专利组合。从罗氏的策略可以看到，罗氏与 Halozyma 公司合作，并且通过独占许可的方式获得其专利技术的独家许可，从而将合作公司的技术以及基于该技术的新剂型纳入了自身产品的专利组合中，有效弥补了自身技术能力的不足。

5.2　纵横表里，全面提升价值

专利布局是企业根据其专利战略目标进行的有目的的专利组合过程，一个专利组合因何目的而构建，以及专利组合需要包含哪些专利，都是根据专利布局策略的需要决定的。另外，专利布局是一个动态过程，可以根据企业的市场热点和研发方向随时调整，并且与企业的专利申请和授权动态所吻合。医药领域的药物产品开发周期长，投入大且产出低，相比于通信类产品，最终产品的组成也较为简单，容易被仿制从而遭受巨大的损失。因此制药企业非常依赖于围绕药物产品打造布局合理的专利组合，以最大限度保护药物权利，并且尽可能延长药物的专利生命周期，获取投资回报。

究竟什么样的专利组合才是一种有效的专利组合，每个专利组合中应该包括保护哪些主题的专利，才能够通过不同专利之间的相互配合使专利组合作为一个整体实现超出单件专利价值的整体价值，这是每一个医药领域的企业都非常关心的问题。专利组合中的专利数量在一定程度上能够体现出专利组合的价值，因为好的专利组合通常需要一定数量的专利作为支撑，但数量本身并不会决定价值。同样地，药物产品结构简单也决定了针对产品本身也难以获得大量的专利予以包围，因此医药领域专利布局必然具有自身与众不同的特点。本节接下来的内容将进一步对医药领域专利布局方式进行探讨，在借鉴已有的成功案例的基础上提出医药领域企业进行专利布局的最佳范式。

虽然药物产品本身的结构比较简单，但是实际上围绕产品本身还存在多种有价值且可专利的主题，能够形成一个以产品为中心编织的多角度、多层次和宽范围的专利保护网。具体而言，医药领域专利组合布局的特点可以用"纵横表里"四个字概括。所谓"纵"是指对产品本身进行结构修饰从而改善治疗性能，如对抗体 Fc 区进行糖基化修饰、抗体偶联 ADC 修饰，或者通过改变药物剂型提高其成药性，或者在已有产品的基础上进行再次开发，从而获得升级换代的新产品。"横"则是指在现有产品的基础上，不断拓展产品的用途，如用于治疗新的适应症，通过联合用药治疗新的疾病或实现不同的治疗效果。所谓"表里"则是指对于药物产品本身的专利保护而言，也需要不同层次的专利作为保护；"里"即核心，是指保护了药物产品结构的核心专利；"表"则是指在核心之外，显以示人的那些专利，这些专利保护了与药物产品类似的一系列产品，其保护范围包含了核心药物，但不限于药物产品结构本身。这些专利申请的保护范围很大且保护意图指向不明确，因此可以在企业对药物最终是否能够成功仍不确定的早期研发阶段有效隐藏企业的最核心产品结构；同时这些专利的存在可以在核心产品的周围设立更宽泛的保护范围，为他人的仿制行为设立更高的壁垒。很重要的一点是，如果先申请"表"的专利抢占时间先机，则可以尽可能延后核心专利的申请日期，从而延长药物的保护时间，获取更高的利润。在构建专利组合的过程中，通过"纵横表里"四个维度，就可以更好地组织已有专利，进一步利用内部挖掘或外部交易获取急需的空缺专利，从而完善专利组合。实际上，很多大型跨国公司都深谙此种专利布局之道，并且在多年的专利布局过程中，获得了令人瞩目的成功。

在"纵"向的布局专利中，往往能够将最新的技术运用到已有的专利产品中，从而促进技术的不断革新，保持公司在技术上的优越性，提供在相当长的一段时间内保持领先的可能性。罗氏的赫赛汀是第一个分子靶向的抗癌药，其靶向人源化的抗人类表皮生长因子受体 2（Her2），自 1998 年被 FDA批准用于治疗 Her2 阳性的晚期乳腺癌转移患者后，获得了巨大成功。但是随着业界对如何提高抗体对癌症治疗效果的进一步加深以及相关技术手段的成熟，罗氏也开始了对赫赛汀单抗的升级改造，包括糖基化改造、细胞毒性物质偶联、制剂改进等提升药物治疗效果和应用便利性的研究。与此同时，罗氏还积极寻找与赫赛汀具有不同识别表位的其他抗体作为赫赛汀的补充或替代药物。接连推出了基于赫赛汀被细胞毒性物质修饰改造的升级药物 T－DM1（WO0100244A2）以及与曲妥珠单抗具有不同的抗原结合表位的帕妥珠单抗（WO2009099829A1）。其中 T－DM1 是赫赛汀偶联细胞毒性物质 DM1后形成的抗体偶联药物，偶联毒素的药物在癌细胞外定位将更有利于癌细胞的杀伤和癌症的治疗，而帕妥珠单抗可以结合 Her2 结构域Ⅱ，经过 Fc 区糖基化改造、Asn386 和/或 Asn391 脱酰胺化改造、糖化变体改造等技术改造，较曲妥珠单抗能够更有效地抑制 Her 二聚化，并诱发更强的 ADCC 效应。由此可见，罗氏通过多年持续不断地在纵向上推进技术进步，改善产品性能，因此始终在 Her2 抗体领域保持着技术领先地位。

在"横"向的专利布局中，通过拓展药物的新用途，可以拓展布局的宽度，极大地拓展技术的覆盖面积，尤其是考虑到医药领域新药研发投入巨大，耗时很长，很多疾病在机理上都有相通之处，通过药物的新用途申请，就可以在一定程度上延续药物此前的成功，节约重新开发新化合物的成本。这对于企业而言具有很重要的意义。诺华的格列卫在 CML 的治疗方面获得了举世瞩目的效果。与此同时，诺华在临床研究中还发现格列卫对胃肠基质肿瘤（GIST）具有很好的治疗效果，于是 2001 年诺华进一步提交了涉及伊马替尼用于治疗胃肠道间质瘤的相关专利申请，并在中国、美国等多个国家或地区获得授权。除此之外，诺华还不断拓展格列卫的适应症范围，申请了大量关于伊马替尼用于其他疾病治疗的用途，包括甲状腺癌（2002）、表达 BCRP 的癌症（2004）、肺动脉高压（PAH）（2008）以及 α - 碳酸肝酶调节的眼科疾病（2008）等用途。值得一提的是，后来正大天晴的仿制药格尼可在伊马替尼到期后上市，但在药品说明书将胃肠基质肿瘤的治疗明确列为该药品的适应症之一，并在"药代动力学"部分提到该药品可用于治疗胃肠基质肿瘤，诺华以"横"向布局的胃肠基质肿瘤用途专利（ZL01817895.2、CN1276754C）作为武器向正大天晴提起诉讼，实现横向布局在拓展药物用途、延长药物保护时间等方面的有益作用。类似的，罗氏的赫赛汀最早 1998 年获 FDA 批准上市用于 Her2 阳性的晚期乳腺癌治疗，在罗氏的不断研究下，于 2010 年获批用于 Her2 阳性的晚期胃癌治疗。

在我国，以岭药业曾经也很出色地运用了"横"向布局的策略，将连花清瘟打造成了我国首屈一指的明星产品。在连花清瘟治疗 SARS 获得了巨大成功后，以岭药业进一步开拓连花清瘟其他药用用途，从病原体、抗病机理、患病部位、患病症状等多个角度布局了医药用途。其中依据病原体布局的专利涉及百日咳、水痘、人禽流感、H1N1、带状疱疹、乙型流感、H3N2、中东新型冠状病毒、耐药菌等多种病原体；按照抗病机理则布局了破坏细菌生物膜、扩张支气管，而以患病部位又涉及呼吸系统和非呼吸系统的布局，沿呼吸系统自外而内布局了口腔、咽部、鼻窦、扁桃体、上呼吸道、支气管、肺部多个部位的疾病制药用途专利，而非呼吸系统则涉及了手足口病、急性肾炎、病毒性心肌炎、肺源性心脏病、流行性腮腺炎、化脓性胸膜炎、角膜炎，从而使得连花清瘟成为一种适应症广泛，具有广谱抗性的抗病毒药物，延续了其辉煌期。

"表"和"里"是企业在专利布局时对核心专利的一种布置策略。"表"用于示人，起到包围核心和迷惑对手的作用；而"里"则是关键，直接与上市产品相关。有了"表"的保护，"里"的专利为了保护上市药品本身，甚至可以将保护范围缩小到产品结构本身，以快速获得授权，反之，如果没有"表"的保护，作为"里"的核心专利就必须尽早申请，并且还需要尽量争取更大的保护范围，用于防止竞争对手进行简单改造，此时就增加了获得授权的难度，一旦审查难以通过，将导致药物产品处于"裸奔"的极高风险下。如果只是"徒有其表"，却难觅其"里"，最终推出的药物产品作为其最优选的技术方案并没有被专利的任何一项权利要求直接保护，那么也将使得竞争对手非常容易基于上市的药物产品进行简单改造后申请专利，这也会使企业处于非常被动的地位。因此在进行核心专利申请时，"表"和"里"应当相辅相成，缺一不可。

仍以罗氏和基因泰克布局赫赛汀为例，专利申请 WO9222653A1 涉及对鼠源 Her2 单抗4D5 进行人源化改造的技术方案，其中包括最终应用于临床的曲妥珠单抗 4D8。罗氏基于该专利申请，通过分案申请、延续申请等方法，获得了多个保护主题、从不同方面保护了曲妥珠单抗但保护范围不同的授权专利。比如 US6800738 的权利要求 1 使用了抗体的效果限定，保护了与 Her2 结合的亲和力大于 0.22nm 的人源化抗体，曲妥珠单抗 4D8 也在范围内；US6407213 的权利要求 30 保护了结合 Her2 的人源化抗体，其中仅限定了在 Fr 区的一些改变位点，其中也包括了 4D8 抗体；US6054297 的权利要求 1 则请求保护了保护制备人源化抗体的方法，范围非常宽泛，其中也涵盖了 4D8 抗体的制备方法；US6719971 的权利要求 1 保护了几个特定抗体（其中包括4D8）的治疗用途。以上专利都是与上市产品密切相关的专利，都可以被认为是核心专利，但都没有保护 4D8 抗体本身，不过这些专利或者通过各种概括性或功能性的限定方法，保护了包含 4D8 抗体在内的一大类抗体，或者保护这一类抗体的制备方法，从而给竞争对手建立了很高的仿制门槛。上述专利就构成了位于"表"地位的核心专利，用以示人。最终在 2011 年 12 月 13 日，US8075890 授权，该专利只有一个独立权利要求，即保护曲妥珠单抗本身。这件专利保护范围虽然较小，但是足以覆盖曲妥珠抗体产品所有的技术特征，因此该专利就构成了"里"面最核心的专利。罗氏和基因泰克就通过这种"表里结合"的方式有效限制了竞争对手对曲妥珠单抗及相关单抗的规避性设计，从而高效全面地保护其抗体产品和技术。

类似的"表里结合"策略，罗氏和基因泰克也使用到了帕妥珠单抗上，帕妥珠单抗的专利申请先后经历了杂交瘤、CDR 限定的抗体、具体轻重链序列限定的抗体以及修饰的抗体等多个节点的布局，并且结合不同主题专利的申请时间不同，有效延长了帕妥珠专利的有效期限。最早涉及对帕妥珠单抗的前身展开保护的专利是 1999 年申请的 WO0100245A2，其专利申请说明书记载了帕妥珠单抗的鼠源单抗前身 2C4，同时也记载了几组 Her2 单抗的 CDR 序列，其在中国的授权专利 CN100340575C 保护了一组抗体轻重链 CDR 序列和几个抗体框架区氨基酸取代位点限定的 Her2 抗体，并且轻链的 CDR 序列还使用通式的形式限定，这样一个保护范围所限定的 Her2 抗体是比较模糊的，使竞争对手难以将权利要求的技术方案与未来上市的药物建立明确联系，从而起到保护未来将要上市的具体产品（帕妥珠单抗）的作用。2004 年，基因泰克又提出 WO2006007398A1 为代表的同族专利申请（有多个专利同族），首次提及帕妥珠这个名称，并公开帕妥珠单抗的轻重链全长氨基酸序列，而请求保护的主题主要是乳腺癌等癌症的适应症、一些与如赫赛汀等其他药物联用的用途以及包括帕妥珠单抗在内的抗体制剂。2008 年，基因泰克进一步提出以 WO2009099829A1 为代表的同族专利，进一步公开帕妥珠的全长序列以及其酸性变体的组合物，在授权专利 CN101981056 中予以保护以具体轻重链氨基酸序列所限定的抗体及其酸性变体的组合物。上述三组专利均是对帕妥珠单抗进行实质性保护的专利，但保护的主题则随着每一次专利申请由表面逐渐触及核心，保护范围由抽象到具体，这种"由表及里"的布局方式，将对帕妥珠单抗的有效保护时间从 2020 年延长至 2029 年。

完善的专利组合极大提高了单件专利的价值，为了使专利资产实现为企业赢利的目的，企业在完成专利组合的构建后，就需要充分利用专利组合帮助企业获得市场的竞争优势。

首先，专利组合能够提升专利的防御价值，使企图仿冒者难以进行规避设计或者针对本企业核心技术的针对性专利布局。例如诺华在开发格列卫药物时，就曾经对包括药物活性成分伊马替尼各种晶型形式如伊马替尼甲磺酸盐 β 晶型、F、G、H、I 和 K 晶型（CN200680044007.7）和 δ、ε 晶型（CN200680030515、CN201010586080.5），马替尼甲磺酸盐的非晶型形式（CN200870018651.2），伊马替尼的衍生物如伊马替尼 D－酒石酸盐、L－酒石酸盐、琥珀酸盐、丙二酸盐等盐类（CN200580003217.7）进行专利布局，对药物活性成分本身形成了严密的包围，从而使得其他竞争对手难以通过常规的晶型或衍生物形式进行规避，有效保护了其核心技术。同时，企业知识产权管理部门还需要密切注意其他竞争对手或潜在的市场进入者的技术和产品状况，一旦发现市场上存在与本企业所生产的专利产品或实施的专利技术相类似的产品或技术，就可以及时采取措施，必要时可以采用专利诉讼的方式，使竞争对手支付专利使用费或者迫使竞争对手退出产品市场，从而保护企业市场利益，此时高质量专利组合的存在就可以大大提高专利侵权诉讼案件的成功概率或者通过实施技术威慑而避免高成本专利诉讼的可能性。

其次，充分利用专利组合本身的经济价值，通过对专利组合的商业化运作实现盈利。一方面，可以将高质量的专利组合进行转让和许可，从而获得比单件专利组合更高的估值，从而实现使专利权本身实现产品的收益。例如2015年9月，军科院二所将拥有的5项中国专利（不包括与第三方的共同申请）及其海外同族专利以6000万元人民币的价格独占许可给了北京华素制药股份有限公司，这5项专利共包括28件国内外同族，涉及知母皂苷BⅡ防治老年性痴呆的用途及新的甾体皂苷、分离制备方法、防治脑卒中的新用途、合成方法。化合物专利（CN1243768C）为竞争者研发知母皂苷BⅡ结构相近药物、寻求替代物设置了障碍；两项提取方法专利包括了从知母中提取知母皂苷BⅡ的方法以及合成方法，对于竞争对手生产获得知母皂苷BⅡ这一原料药设置了障碍；用途专利保护了任意方法获得的知母皂苷BⅡ在特定疾病治疗领域的用途，方法专利保护了原料药的特定生产方法，而原料药的生产对各用途领域来说都不可避免，这些专利虽然数量不多，但是覆盖角度全面，从多个维度保护了核心技术，从而获得了高价的许可合同。

另一方面，可以通过专利权价值评估和专利权抵押贷款融资等方式，为企业经营获得宝贵的资金支持。对于很多初创型企业，在缺乏大规模产品生产能力的情况下，专利组合实际上就成了企业最重要的资产，此时可以通过展示企业所拥有的多样化专利组合，以吸引更多的投资从而扩大公司融资规模，甚至有可能使企业获得该领域产业巨头的关注，从而以高估值被并购。另外，高质量专利组合还可以作为商业合作谈判或技术转让谈判的砝码，提高企业的谈判能力从而尽可能实现更优的谈判结果。

第 **4** 章

高价值专利的运用方法

专利的高价值体现在其运用过程中，其运用方式包括保障自我实施、专利的商业化运作以及专利运用的战略化。在保障自我实施过程中，高价值专利可以发挥其防御作用，警示竞争者的进入，提高竞争者进入的门槛，从而保障专利技术的自我实施。同时高价值专利作为进攻武器，既可以凭借高价值专利叩开市场之门，求得与竞争对手分配市场的权利，也可利用诉讼等手段将竞争者从市场中驱逐出去。专利技术的许可、转让、变现、质押融资、证券化等商业化行为需要高价值专利发挥其作用。高价值专利在领域拓展、产业升级等企业战略化策略制定过程中也体现出重要的价值。本章通过对之前案例的总结研究，从专利运用主体的角度出发梳理高价值专利的实施、商业化运作以及战略化的运用方法；通过具体案例解析专利在保障企业技术自由实施、技术升级、阻滞竞争对手，为产品开拓市场、保障市场占有率，乃至获得巨大的商业成功中的价值实现方式；同时，也深入分析了企业在实施其专利技术的各个环节过程中的常见问题和应当注意的事项，以期为企业专利实施提供一定的参考和借鉴。

第 1 节　专利价值实现的一般路径

专利价值实现的路径不外乎 3 种方式，企业自行实施专利技术，将专利通过商业化手段直接转化为资本，或将专利布局上升至企业战略的层面，形成对市场的控制力和威慑力。本节将从普适性的角度分析专利价值实现的 3 种路径及其具体的操作方式。

1.1 专利实施——抽象到物化的过程

1.1.1 专利实施的含义

我国《专利法》第 11 条规定："发明和实用新型专利权被授予后，除本法另有规定的以外，任何单位或者个人未经专利权人许可，都不得实施其专利，即不得为生产经营目的制造、使用、许诺销售、销售、进口其专利产品，或者使用其专利方法以及使用、许诺销售、销售、进口依照该专利方法直接获得的产品。

外观设计专利权被授予后，任何单位或者个人未经专利权人许可，都不得实施其专利，即不得为生产经营目的制造、许诺销售、销售、进口其外观设计专利产品。"

通过《专利法》的规定能够看出，专利的实施不仅包含专利产品的制造、使用、专利方法的使用或对外观设计专利产品的制造，其还包含对专利产品、专利方法直接获得的产品以及外观设计产品进行产业化、商业化的销售、进口等进一步获得商业利益的内容和环节。即专利的实施是贯穿从专利到产生经济利益的一个完整的系统过程。

日本索尼公司创始人井深大曾指出：发明是伟大的，但将发明变成商品却是更重要的事情❶。一语道出了专利实施的意义，尤其是专利实施对于企业而言的重要性。通过专利的实施才能够将专利这种依法保护的潜在的生产力切实地转化为现实生产力。专利实施是专利权技术属性和财产属性的体现方式之一，是专利价值实现的重要环节，也是企业发展进步的必经之路。

那么，拥有专利是否即可对其进行自由实施？并不尽然，即使拥有专利权，在技术实施的过程中也可能存在侵犯他人专利权的行为。因此，本节所指的专利实施，不仅仅包含了产品的生产销售等环节，其中还包含了对于专利的法律运用，来防御竞争对手的入侵，同时也做好侵权风险预警。

1.1.2 专利实施的方式

在获得专利权后，专利权人对专利的实施方式有两种：①直接方式：专利权人自行实施或专利权人将专利作为投资/技术入股，与他人合作实施；②间接方式：专利权人自己不实施，而是通过法律认可的方式转由他人实施。

---

❶ 冯晓青. 企业专利实施及其对策 [J]. 当代经济管理, 2009, 31 (2).

专利权人与他人合作实施专利和间接实施专利的方式通常通过作价入股、专利融资、专利实施许可、专利权转让等途径实现，这是企业对专利技术属性和财产属性的认识不断发展和综合运用的结果，也是企业将其拥有的专利技术进行商业化运作的重要方式和手段，因此，本节中将上述专利运用的方式归类于专利商业化。

专利技术能够自由实施离不开在专利产生过程中所贯彻的侵权风险预警。而专利排他性，决定了其产品的最终目的是在市场上形成相对的垄断，那么对专利进行法律层面的合理运用，也是专利有效实施后产生市场排他效果的重要保障，上述专利法律层面的合理运用，包括专利确权过程中的无效宣告请求应对，专利侵权事件中的抗辩策略、专利维权过程中的财产保全等。

1.2　专利商业化——无形到有形的过程

1.2.1　专利商业化的含义

专利权作为权利人的一种无形资产，具有天然的资源属性和与之相应的经营属性，可以被当作交易的直接对象进行商业化运作。专利的商业化属性主要体现在以下三个方面：①价值性，专利进行商业化运作可以产生明显的收益递增特征，可以成为权利人的核心资本；②可交易性，专利可以通过许可、转让的方式使权利在时间和空间上发生转移，从而在市场上进行交易流通；③资本化，专利具有一般资本的属性和功能，能够通过商业化运作转化为有形资产或金融资产。

专利的商业化属性使其可以通过多种途径进行商业化运作，比如可以通过专利许可或专利转让的方式对专利的使用权和所有权进行交易，还可以通过专利担保、专利信托、专利证券化、专利质押贷款以及专利入股等方式以专利权为资本进行融资。商业化运作是专利从"权利"向"价值"转化的关键环节，也是提升专利经济价值的重要手段。其中，专利许可、转让是专利商业化的传统模式，也是专利权人实现专利权价值的重要途径，专利权人通过使用权或所有权的转移获得市场收益。随着知识产权资本与金融资本的不断融合，专利融资作为商业化运作的模式日益受到关注，专利权人以专利权作为资本在金融市场通过融资获得一定的现金流。本节将基于不同的商业化运作方式探讨高价值专利的运营策略。

1.2.2 专利商业化的方式

1. 专利许可

专利许可即专利实施许可，是指专利权人许可他人在一定期限、一定地域、以一定方式实施其所拥有的专利，被许可人需向专利权人支付专利许可使用费。专利许可的标的是专利的使用权，被许可人只获得了专利实施的权利，并未拥有专利的所有权。

（1）专利许可的重要性

专利许可是最简单、最重要的专利收益方式，是促进新技术传播、促进专利权与其他生产要素结合的最有效的方式，也是较为常见的专利商业化运作模式。专利权人通过专利许可，不仅能够获得高额的许可费用，还能将专利技术引入市场，提升专利的经济价值度。根据联合国工业发展组织对各国技术贸易合同的提成率所做的统计结果显示，专利许可费率一般为产品销售价格的 0.5% ~ 10%，而且行业特征十分明显；在美国，各产业领域的平均许可费率差异较大，平均许可费率为 0.65%，其中，制药业专利许可费率最高，达到 4.87%，如表 4 - 1 - 1 所示。这也充分表明，医药生物领域与其他领域相比，专利许可能够产生更多的收益，2015 年，我国的江苏恒瑞医药公司将与 PD - 1 抗体相关的专利有偿许可给美国 Incyte 公司，许可费最高可达近 8 亿美元；2016 年，我国复旦大学将 IDO 抑制剂相关的专利有偿许可给美国 HUYA（沪亚）公司，许可费累计不超过 6500 万美元；这也从侧面反映出，医药行业专利技术相较其他行业更具价值。

表 4 - 1 - 1　美国各产业领域的平均许可费率❶

产业领域	许可费率/%	产业领域	许可费率/%
各产业领域平均数	0.65	手工制作	0.48
化工	2.96	造纸	0.86
制药业	4.87	食品制造	0.70
计算机及电子产品制造	4.52	饮料、烟草	2.23
电器设备制造	0.75	旅馆、餐饮	1.31
农、林、渔、猎	0.13	艺术、娱乐、消遣	0.34
采矿	0.94	信息	1.44
公益事业	0.03	批发	0.14
建筑	0.02	零售	0.20

---

❶ 毛金生，等. 专利运营实务 [M]. 北京：知识产权出版社，2013.

（2）专利许可的类型

基于许可期限、地域、权能以及许可效力的不同，专利许可分为不同的类型。

按照许可期限的不同可分为在专利整个有效期间许可和在专利有效期间某一时间段实施许可；按照许可地域可分为在授权全部地域内许可和在某特定地域内许可；按照许可权能可分为制造许可、使用许可、销售许可、许诺销售许可以及进口许可。专利权人可以根据自身发展的需要，在部分期限、地域或权能方面对他人进行专利许可。比如：江苏恒瑞医药公司与美国 Incyte 公司的 PD-1 抗体相关的专利许可，即许可 Incyte 公司获得除中国大陆、香港、澳门和台湾地区以外的全球独家临床开发和市场销售的权利，如此可以使 Incyte 公司无法进入未获得许可的地域，保留部分自行开发、销售的权利，为未来市场竞争留下利润空间；无独有偶，2016 年 3 月，复旦大学与美国 HUYA（沪亚）公司针对 IDO 抑制剂进行的专利许可，美国 HUYA（沪亚）公司也是在除中国大陆、香港、澳门和台湾地区之外的地区获得专利许可。

按照许可效力划分为独占许可、排他许可、普通许可、分许可和交叉许可，这是影响专利权人的许可收益、对专利使用权的支配以及被许可人相关权益的最重要的方面，专利权人和被许可人通常会根据专利技术状况、许可费用、市场发展等因素选择合适的许可类型，以下将对上述几种许可类型进行着重介绍。

① 独占许可

独占许可是指专利许可方在约定的期限和地域范围内，以约定的方式授予被许可方由其享有专利权中一项或者数项权利，同时在同一地域和同一期间内，不得以相同方式行使相同权利或者再向第三方转让。在独占许可中，只有被许可方可实施该专利技术，其他任何人包括专利权人本人也不得行使其专利技术，被许可方对专利的使用权是垄断性的，专利权人对该专利享有的利益也只能从被许可方处获得。由于被许可方此时能够最大程度上控制市场，因此，在独占许可中被许可方所支付的专利许可费往往也比较高，据许可证执行人协会（Licensing Executives Society，LES）估计，独占许可的专利许可费一般要比普通许可高出 66%～100%❶。另外，鉴于独占许可的特殊性，当发生侵权行为时，利益被侵害的往往是被许可方，法律一般赋予独占

---

❶ 姚芳. 试论许可合同下被许可人的诉讼地位 [J]. 法学研究，2006：137－138.

被许可人独立的诉讼权利,《最高人民法院关于诉前停止侵犯专利权行为适用法律问题的解释》第 1 条第 2 款规定"专利实施许可合同被许可人中,独占实施许可合同的被许可人可以单独向人民法院提出申请。"可见,独占被许可方享有独立的诉讼权利。

② 排他许可

排他许可是指专利许可方在约定的期限和地域范围内,以约定的方式授予被许可方由其享有专利权中一项或者数项权利,同时允诺不再以该专利在合同约定的范围内再向第三方许可权利,许可人自己仍保留实施该专利的权利。在排他许可中,专利实施权为被许可人和许可人共有,但是除了许可人和被许可人之外的第三人不能取得该专利的实施权;排他许可和独占许可都禁止许可人再向第三人签订许可协议,两者的区别体现在许可人是否保留使用权。从排他许可的性质来看,在一定的期间和地区,市场内存在两个合法使用专利的主体,任何对专利的侵权行为均会对许可人和被许可人造成损害。因此,市场中一旦出现第三人侵权的事实,许可人和被许可人均有理论上的诉权寻求司法救济。但是,通常来说,许可人在诉权上具有优先序位,在发生侵权行为时,排他被许可人可以和许可人共同起诉,也可以在许可人不起诉的情况下,自行提起诉讼。

③ 普通许可

普通许可是指专利许可方在约定的期限和地域范围内,以约定的方式授予被许可方由其享有专利权中一项或者数项权利,同时保留自己实施该专利的权利,并可以继续以该专利与他人订立专利许可合同。在普通许可中,被许可方仅有在合同规定的范围内实施该专利的权利,专利权人可以自行实施该专利,也可以将专利权继续许可第三方实施专利,但被许可人无权许可他人实施该专利。也就是说,普通许可的专利权人可以就同一专利不受限制地多次授予不同的被许可人,或者同时向几个被许可人授予同一项专利技术的实施权,同时自己仍然有权继续使用这一项专利技术,在这种许可方式中,被许可方所获得的权利较小,因此许可费用相对较低。另外,在普通许可中,被许可人因侵犯专利权所造成的损害较独占许可或排他许可轻,通常情况下被许可人不享有诉权。

④ 交叉许可

交叉许可是指两个或更多的专利权人按合同约定相互授予各自专利的实施权的许可方式。交叉许可通常发生于同行业的不同专利权人之间,其拥有

的专利技术通常存在某种关联，此时，专利权人之间通过相互许可对方实施
自己的技术，且无需相互再支付使用费，可以看作一种技术互惠交换的许可
合同。这种许可方式比较常见于基础专利的专利权人与改进专利的专利权人
之间，改进专利的专利权人要实施其专利须得到基础专利的专利权人的许可，
而基础专利的专利权人如果更新他的专利产品，采用改进的专利技术时，也
要得到改进专利的专利权人的许可；在这种情况下，双方一般会采用交叉许
可专利使用权的方式来代替相互支付使用费。

⑤ 分许可

分许可是指专利实施许可合同的许可方在合同中规定被许可方除对该项
专利技术享有使用权外，还可以再向第三者授予同类专利技术的使用权。在
分许可中，专利权人和被允许使用人可以使用其专利，同时专利权人和被许
可使用人都有权允许其他人使用其专利，被许可人向他人发给再许可证时，
须征得专利权人同意或事先获得发给再许可的权限，否则不得自行转让专利
许可实施权。原许可方之所以允许被许可方向第三方提供分许可，其目的是
为了更充分、更有效地实施其专利技术，以期获得更大的经济利益。这种许
可是在订立前面几种许可合同的同时，许可人给予被许可人的一项权限范围，
它从属于主合同。此外，无论是独占许可、排他许可还是普通许可，经专利
权人特别授权，被许可人都可以进行分许可，但分许可必须是普通许可，并
且，分许可的有效期以及地域范围不得超过主许可的有效期限和地域范围。

表 4 - 1 - 2 中对不同许可类型进行了比较，考虑到交叉许可和分许可在
实际应用时比例较少，尤其是交叉许可应用时有其特殊性，而分许可通常会
与其他许可方式联合使用，因此仅对独占许可、排他许可和普通许可进行了
比较。可以看出，独占许可中被许可人的权利效力最高，但其需要支付的专
利许可费用也最多，而普通许可中被许可人的权利效力最低，其支付的专利
许可费用相对较少；也就是说，被许可人所支付的许可费用与其拥有的权利
效力等级是成正比关系的，拥有的权利效力越多，其支付的许可费用就越多。

表 4 - 1 - 2　独占许可、排他许可和普通许可比较

	专利权人是否可自行实施专利	专利权人是否可许可他人实施专利	被许可人是否可许可他人实施专利	专利许可费用	被许可人诉讼权利	被许可人专利效力
独占许可	否	否	否	最高	有	高
排他许可	是	否	否	较高	有	一般
普通许可	是	是	否	一般	无	低

（3）专利转让

专利转让是指专利权人将其专利的所有权转让给他人享有，受让方通过专利权转让合同取得专利的所有权，成为新的合法专利权人。

专利转让需遵循整体转让原则，即专利权人需将专利权整体转让，而不能只转让部分权能，这是与专利许可的不同之处，专利许可可以采用部分权能许可的方式。首先，专利转让的标的是专利的所有权，专利转让一经生效，原专利权人即丧失了专利权人的地位；而专利许可只是许可的使用权，专利权人不会丧失专利的所有权。其次，专利转让属于一次性的交易，单次交易完成之后，原专利权人不再拥有再次转让专利的权利；专利许可则可以多次、多方进行。最后，由于专利转让后受让人获得的是专利的所有权，因此，专利转让费用通常要比单次专利许可费用高，但是专利许可通常可以获得长期性的收益。表4-1-3中列出了专利转让与专利许可的区别之处。

表4-1-3　专利转让与专利许可特征比较

	转移标的	转移原则	转移方式	转移费用
专利转让	专利的所有权	整体转移	一次性转移	单次高费用
专利许可	专利的使用权	整体或部分转移	可多次、多方转移	多次收费

通过专利转让，专利权人能够减少专利维持的费用，比如专利申请费、年费、管理费用等，从而减少专利权人的专利成本，提高专利利用效率；尤其是大型企业，每年都会申请大量的专利，申请费用以及专利维持费用很高，如果能够及时对企业的业务组成进行总结、切分，适当地将部分非主营业务相关专利权转让，不仅可以节省专利维护成本，还能够通过专利转让获得高额的专利转让费；同时，优化企业的业务结构组成，获得的专利转让费用能够用于激励专利权人继续进行新的研发，从而促进技术进步，不断提高市场竞争力。

（4）专利融资

专利融资是指将专利权作为一种资本开展融资的活动，主要包括专利质押、专利担保、专利证券化、专利信托、专利入股等形式。通过专利融资能够促进专利与金融资源的有效融合，为专利权人提供外部长期资金来源，是提升专利价值的有效方式。

专利融资作为专利技术商业化运作的重要方式，在美国、德国、日本、韩国等地已形成相对成熟的制度体系。

美国是资产证券化最发达的国家，也是专利融资理论和实践的发源地。

美国的专利融资机制主要是以市场导向为基础，发挥市场机制的调节作用，建立多元化的融资机制，美国政府则采取"最小的干预和最大的自由"的策略。比如，当专利价值较高，容易为金融机构接受时，则可以用专利作为担保物，以融资担保的形式直接获得资金；当专利具有稳定的许可费用时，则可以将专利交由专门的资产证券化公司，由其将各种相关专利组成专利池，并以此为基础发行证券，进行融资。美国的专利融资机制虽然偏重于市场化，但是，美国政府也会积极引导为专利融资提供法律和财政支持，并完善配套机制降低融资的风险和成本；比如，美国政府设立了小型企业局（small business administration，SBA）为小型企业提供融资服务，为中小企业进行专利融资提供了有力的支持；此外，美国业界还推出了知识产权保险，包括知识产权执行保险和知识产权侵权保险，降低了专利融资的风险和成本，为专利融资机制的有效运行提供了保障。

德国专利融资最大的特色是风险均摊机制，在这种机制的作用下，专利融资的风险被化解到最低值。以专利质押融资为例，金融机构开展专利质押融资，由多方参与主体共同承担专利质押融资的高风险，当发生代偿时，政府承担主要损失，一般是损失金额的 65%；担保机构和商业银行按照 8∶2 的分摊比例承担剩余的 35%。

日本的专利融资更偏重政府金融协助，由政府体系的金融机构、产业扶持发展基金及信托保障协会等为专利融资提供协助。1995 年，日本开发银行创设了"知识产权担保投资"项目，开始进行专利质押融资，到 2007 年累计提供了 300 项左右的知识产权质押贷款，融资额累计约 180 亿日元。日本经济产业省于 2002 年开始对信息技术和生物领域等企业所拥有的专利进行证券化经营，具体做法是由政府策划设立特殊机构，然后将专利权交给该特殊机构经营，该特殊机构收取的专利使用费则作为专利证券发行的原始资本，专利证券发行的部分盈利返还给专利权人。

韩国的专利融资是政府金融协作最深而且最广的国家，是政府主导的专利融资体系，政府完全介入市场，不仅设立国家银行、投资公司、创投基金、技术保证基金等金融机构，为中小企业提供低利率融资、信用保证及技术保证等各种协助，而且还把国营的金融机构与知识产权评估机构、技术保证基金相联结。比如，国家出资组建韩国技术交易中心（KTTC），为专利质押融资提供专业化的场所；韩国技术交易中心实行会员准入制度，担保机构、技术交易机构等中介机构只有通过政府许可，才可以进入场内参与专利质押融资业务。韩国在 2000 年通过了《技术转移促进法》，为技术交易、价值评估等提供法律依据，同时成立相应的机构，以推进技术商业化。

随着我国专利申请量和授权量的不断增长，国内也逐渐开始通过专利融资的方式实现专利的商业化运作。国家知识产权局 1996 年颁布了《专利权质押合同登记管理暂行办法》，2010 年颁布了《专利权质押登记办法》，推动了国内专利权质押融资工作的进行，2015 年我国新增专利权质押金额 560 亿元，惠及了两千多家企业，比如，石家庄多康采暖设备有限公司以 6 项节能环保采暖炉专利权进行专利质押，贷款融资 8000 万元，有效缓解了企业资金压力。2000 年 12 月 25 日武汉国际信托投资公司在我国首次推出了专利信托业务，这项业务引起了国家知识产权局、国家科技部、中国科协和中国人民银行的高度重视，所推介的专利项目也引起国内外投资界、企业界的广泛关注，其中"无逆变器不间断电源"项目不但吸引了华为、东方电子、TCL、康佳、实达电子及上海、深圳创新投资公司等数十家大型企业和投资机构的目光，甚至还引起了"世界 UPS 巨无霸""梅兰日兰"的兴趣，虽然这一项专利信托业务在两年后以失败告终，但却开创了我国专利信托业务的先河，为专利信托业务的成熟发展奠定了基础。

1.3 专利战略化——布局到威慑的过程

1.3.1 专利战略化的含义

专利战略是企业整体经营战略的重要组成部分，即利用专利制度规则，获得和保持市场竞争优势和最佳经济效果的总体性谋划❶。当代，专利战略的应用已成为企业在市场竞争中获得优势的关键因素，在企业经营战略体系中占据日益重要的地位。专利的战略价值就体现在从企业自身角度出发，基于企业的整体发展战略发挥专利在打开并占领市场、谋求取得市场竞争优势地位方面的价值，在专利价值体系中位于较高的层级。实现专利的战略化操作，就要求企业面对激烈的市场变化时，准确判断竞争态势，充分运用专利制度和专利情报信息，在了解市场热点和竞争对手的基础上，推进专利技术开发，提高市场控制能力，获得长期的竞争优势，有时候还需要融合企业技术开发战略，信息化战略、资本经营战略乃至组织管理战略而形成全方位一

---

❶ 北京路浩知识产权代理有限公司，等. 企业专利工作实务 [M]. 北京：知识产权出版社，2009.

体的专利整体战略，才能够使专利战略符合企业的长远发展方向。

专利运用战略化，实际上属于企业整体专利战略的一部分，体现的是企业如何整合所有专利相关资源，使其在面对来自竞争对手激烈的市场竞争时，能够及时有效的采取符合自身利益的最佳应对方式，从而使企业赢得竞争优势的一种操作手段。因此当面对与企业自身具有竞争关系的其他市场主体时，除了可以直接采用诉讼等敌对手段外，在综合考虑敌我双方的市场地位和技术特长等优势的情况下，还可以基于自身持有专利寻求合作，使多方的关系呈现"竞合"、"多赢"的局面，从而避免"鹬蚌相争，渔翁得利"，也就是通过战略化整合获得整体更优的资源配置，赢得整体的竞争优势。而且这种战略化整合的过程中，还可以促进产业内部不同主体之间发挥的优势互补，促进技术的共同进步，推动行业整体的发展。

1.3.2　专利战略化的主要方式

企业如何通过专利运用与产业界中的竞争对手发生关联，能够更加直观地反映出企业专利战略化应用的方法。接下来的内容将围绕企业如何通过运用专利与其他产业主体发生关联，从而实现专利的价值展开讨论。企业并购、专利标准化、专利联盟、专利开放可称为专利战略化的主要方式。

其中，专利在企业并购中的运用反映了专利在进行产权交易的企业之间所能够发挥的作用，专利联盟和技术标准都体现出企业在面临竞争对手时如何充分发挥专利的整合价值。专利开放实际上是位于专利价值层面顶层的价值形式，目前在产业中的实际运用较少，但作为一种可预见未来的高级战略手段，很可能在未来的特定技术领域中发挥举足轻重的作用。

专利在企业并购中的运用反映了专利在进行产权交易的企业之间所能够发挥的作用。并购是一种常见的商业现象，实施并购的企业在选择并购对象和实施并购行为时，通常会综合考虑多种因素。而随着技术变革的加快，作为有效彰显技术价值的高价值专利和具有完善布局的专利组合，也已渐渐成为企业并购的核心目标，专利日益成为并购的推动性力量。专利是并购对象（如小公司或初创型公司）展示其技术实力的最佳方式，通过有规划的专利申请、实施和保护，并购对象可以提升其核心技术的内在价值和稀有特性，提升其自身的吸引力。而有并购需求的大型企业，则可以通过专利信息的辅助更加精准的定位其并购目标以及辅助评估并购对象的价值。通过这种方式，专利促进了并购的发生，同时并购行为也反过来促进了专利技术的良好整合。

专利联盟和技术标准都体现出企业在面临竞争对手时如何充分发挥专利

的整合价值。专利联盟的最主要目的在于解决或者避免由于专利侵权或专利有效性的争议所引起的专利诉讼，通过整合联盟成员的专利，低成本的进行联盟内交叉许可或直接使用专利池内的专利，从而极大程度上避免了成员企业在实施自身专利技术时可能面临的专利壁垒和侵权风险，对于专利技术的实际转化运用和产业结构的稳定发展具有不可估量的重要意义。技术标准与专利的融合而带来的专利标准化，也越来越成为一种重要的企业战略，将专利纳入标准，可以加速技术扩散，使得一项先进的专利技术从仅仅为企业自身实现技术独占性并获取利润的工具，上升成为业界所共同遵守的标准，奠定标准涉及企业在行业中的领先和垄断地位，技术标准也逐渐成为发达国家或地区在国际贸易中为了保护自身利益设置技术性贸易壁垒的重要方式。

专利开放实际上是位于专利价值层面顶层的价值形式，是通过将公司自身拥有的有效专利向所有受众或者特定受众免费开放，以达到鼓励更多企业进入从而培育产业发展的目的。目前业界最为熟知的例子是特斯拉公司进行专利开放的案例。2014 年，特斯拉宣布将开放特斯拉全部专利，鼓励所有汽车制造商都来关注、使用特斯拉的专利技术，从而使开放专利这种战略模式获得了世人的瞩目。不过总体而言，专利开放的战略在产业中的实际运用较少，但作为一种可预见未来的高级战略手段，很可能在未来的特定技术领域中发挥举足轻重的作用。

第 2 节　医药专利高价值的实现方式

2.1　医药专利运用的主体

专利运用的主体是对专利权处置方式作出决策和行动的主体，其必然是专利权的所有者，或者专利权的使用者，医药行业也并不例外。在医药行业中，专利所有者的类型包括制药企业、学校/科研院所等非营利性质的科研机构，以及从事医药相关研究的个人。而拥有专利权的使用者，即通过许可等方式获得专利使用权的主体类型通常是具有专利技术转化能力的企业。根据不同的企业规模、资金实力、技术硬件条件、市场开拓能力等因素，又能够将具有专利技术转化能力的制药企业分为不同的等级，即资金、技术、人力基础资源雄厚的大型药企；处于发展起步阶段，资金、技术、人力基础资源相对薄弱的中小型药企。

不同类型的专利运用主体由于其自身条件的限制、在市场竞争环境中所处的地位以及国家药监药政部门、科技成果转化部门对于不同类型的专利运用主体的政策支持力度等多种因素的影响，决定了其对于医药专利运用方式的选择存在较大的区别。依据医药专利所有权和使用权的获得者的生产经营性质的趋同性、对专利转化能力强弱的悬殊差异，我们将上述医药专利运用的主体划分为3个群体：大型药企、中/小型药企、科研机构或个人。

2.2　医药专利运用的客体

毫无疑问，专利运用的客体一定是专利或专利权。具体到医药行业，以化合物药物为例，在药物研发乃至上市的过程中，通常会采用不同保护主题的专利将其覆盖，从而对产品形成全方位的保护，对市场形成绝对性的占有。

图4-2-1列举了部分专利的保护主题，其中化合物以及第一适应症毫无疑问是药品最核心的技术组成，即核心专利，其先进程度可以说直接决定了药品在市场销售中的表现。而围绕化合物专利改进衍生的晶型、药用盐、异构体、第N适应症，围绕产品而衍生的制剂组成、制备方法等外围专利，其对于药品，尤其是上市药品来说，具有两个层面的保护效力：①对化合物形成全方位的保护，在药品商品化的过程中阻碍竞争对手的围追堵截；②用于保护药品的升级版或不同的治疗应用，与原有药物形成有效的市场接力。

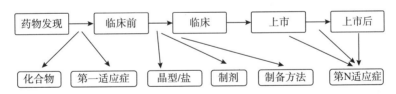

图4-2-1　化合物药物专利运营的客体

由于不同保护主题类型的专利对于产品的保护效力不同，因此，不同的操作主体面临不同类型的专利，在运用方式上存在差别。那么专利运用的不同主体面对众多类型的客体，应该选择何种运用策略呢，即使用什么方式才能最大化的实现这些专利的价值呢？以下，我们将从不同的操作主体的角度出发，使用具体案例来解析医药专利高价值实现的方式。

2.3　大型药企——实施为主、兼顾许可、合作扩张、战略整合

先从专利转化能力最强的大型药企说起，大型药企通常资本雄厚并且拥

有先进技术作为基础，对市场的嗅觉也很敏锐，在此高起点上，其所培育出的专利所蕴含的技术价值必然领先，在这种情况下，选择自行实施专利技术可以预期为企业产生可持续的经济收益，因此，大型药企自行实施领先型专利技术是其专利价值实现最优的选择。

2.3.1 高技术价值专利占取先机，提高竞争对手准入门槛

专利，尤其是发明专利，其最基本最核心的是技术属性，即专利所实际承载的技术内容；专利技术属性的领先程度在很大程度上决定了其排他性所实际产生的时间和空间范围（当然，除专利的技术属性外，对专利的保护策略等也会对其排他性产生影响，具体请详见第3章）。也就是说，专利技术在整个行业、产业或者技术发展路线中所处的位置对于保障企业技术的自由实施至关重要。

1. 开创性、领先专利技术

对于开创性的、领先的技术，企业通过对技术核心进行适当的专利保护，能够在一段时间内阻碍竞争对手进入该领域，并为企业争取足够的时间对专利技术实施。

在医药行业中，由于医药行业的特殊性，药物从专利技术的产生到产品上市，中间经历了有效成分的大量筛选、细胞实验、动物实验以及毒理学实验、应用于患者的 I 期、II 期、III 期临床试验、药品上市申报审批等流程，需经历 10 年乃至更长的时间。因此，专利技术的领先程度决定了企业能够争取到的"抢跑"时间，技术越领先，企业所获得的实施时间就更加充分，在竞争对手进入该领域前，能够提前完成药品上市前的各个流程，争取作为同类型药品中第一个上市的药品，将为企业带来巨大的经济利益和商业上的成功。

前文所讲述的药品格列卫就是高技术价值专利的典型代表。其技术价值体现在：针对首个发现的与恶性肿瘤细胞相关的 BCR-ABL 融合基因为靶点，克服了当时普遍认为的激酶抑制剂缺乏选择性的技术偏见，并结合使用了 20 世纪 90 年代初刚刚兴起的 CADD 技术。在此基础上，快速筛选出代号为 STI-571 的 2-苯胺基嘧啶衍生物，其在体内和体外均可以明显抑制 BCR-ABL 基因表达的细胞，并且很快获得了动物安全性和有效性实验的成功。

诺华（原汽巴—嘉基公司）于 1992 年递交了 STI-571 的基础专利申请。而在这时，针对 BCR-ABL 靶点研究的相关文献量还处在较低水平（见图 2-2-3），对罕见病 CML 治疗的专利申请量极低（见图 2-2-2），对

CADD 相关技术的应用更是寥寥无几（见图 2 - 2 - 4）。鉴于 STI - 571 的确切疗效，美国 FDA 罕见地在还没有进行Ⅲ期临床的情况下就于 2001 年 5 月批准了 STI - 571 用于治疗费城染色体阳性的 CML 急变期、加速期或 α - 干扰素治疗失败后的慢性期患者。2001 年 11 月，格列卫在欧洲上市，2002 年 4 月，格列卫在中国上市。

从格列卫基础专利申请到药品上市的将近十年的时间里，我们可以看到，全球针对 BCR - ABL 靶点的研究仍未进入快速增长期，使用 CADD 辅助药物设计的方法也还没有得到广泛普遍的应用。格列卫领先的技术优势为诺华赢得了药物核心专利有效实施的宝贵且充分的时间，保证了其专利药品作为 CML 治疗药物在相对空白市场的唯一占领。在 2003 年格列卫的销售额就超过了 10 亿美元，成为"重磅炸弹"级药物，与其专利技术的领先优势和专利的有效实施有着密不可分的关系。

2. 改进型专利技术

随着科学技术和网络平台建设的高速发展，各家企业对于领先技术的掌握也相当及时，纷纷建立了追踪前沿技术和竞争对手技术发展状况的情报中心。另外，由于社会经济的高速发展，各家企业研发投入也不断增大，对于预期能够在产业上应用、在商业上收获的先进技术，均是其疯狂追逐的目标。在这种发展环境下，开创性或领先专利技术所能够为技术实施赢得的"抢跑时间"受到了压缩，而另一种类型的高技术价值专利技术——改进型专利技术或外围专利技术则在保障企业技术得以实施、提高竞争对手准入门槛方面发挥了巨大作用。

在医药行业中，药品核心专利通常保护其药品有效成分，核心专利的公开会吸引处于相同领域的竞争对手的热切关注和跟踪，同时，竞争对手依据专利公开的相关信息，对相同或相近的药品有效成分进行研究、开发和改进，进而可能通过改进型专利保护的形式，快速跻身相同药品研发的阵营，产生瓜分药品未来市场的威胁；很大程度上也存在改进型药品治疗效果优于原始药物的情况。

同样以格列卫为例，诺华于 1993 年提出其核心基础专利的中国同族 CN931035666. X（公开号为 CN1077713A，授权号为 CN1043531C），权利要求 1 请求保护一种使用马库什限定的 N - 苯基 - 2 - 嘧啶胺衍生物，对各个取代基团进行了宽泛的限定，权利要求 7 ~ 37 涉及具体化合物 N - （3 - 硝基苯基）- 4 - （3 - 吡啶基）- 2 - 嘧啶胺及其盐。竞争对手关注到这样的信息后，很可能进行跟踪和改进研发。

然而，诺华并没有把这个机会拱手相让。1998 年，诺华申请了伊马替尼的优势活性成分伊马替尼甲磺酸盐 β 晶型专利；2005 年，诺华布局同样具有活性优势的伊马替尼 D - 酒石酸盐、L - 酒石酸盐、琥珀酸盐、丙二酸盐等盐类（CN200580003217.7），以及伊马替尼甲磺酸盐的其他晶型，如 F、G、H、I 和 K 晶型（CN200680044007.7）和 δ、ε 晶型（CN200680030515.X、CN201010586080.5）；2007 年布局了伊马替尼甲磺酸盐的非晶型形式（CN200870018651.2）。

再如抗癌药物紫杉醇活性物质，Abraxis BioScience 公司在 3 件美国专利申请的基础上（US5439686 涉及包含白蛋白和紫杉醇纳米颗粒的药物组合物；US8034375 涉及包含白蛋白和紫杉醇纳米颗粒以及化疗剂为有效成分的组合物治疗增殖性疾病的方法；US7820788 涉及包含白蛋白和紫杉醇纳米颗粒的注射用药物组合物），利用分案、继续申请以及部分继续申请等专利申请保护策略，将同族和系列申请的范围逐步扩大，形成覆盖度更大、权利要求保护范围更广的专利群，并且部分专利进入了十几个乃至几十个国家或地区，其中至少 7 件专利被列于 FDA 橘皮书中❶。

在这样持续并密集的改进型专利保护下，竞争对手很难在其核心基础专利中再挖掘出能够产生一定经济价值的化合物或其盐，既阻碍了竞争对手可能的规避和打击，又提高了竞争对手进入该领域的门槛。另外，诺华申请诸多盐和晶型专利，虽不一定都实际实施，但却存在"实施"的可能性，形成了防御壁垒；竞争对手可能考虑即使能够再进行技术挖掘或改进，其投入的时间成本、人力成本和资金成本未必能与所预期产生的经济利益保持平衡，或未必产生真正的经济效益，这对竞争对手选择在相同领域的跟进也起到了一定程度的阻滞作用。

在多种因素的综合考量下，竞争对手可能选择等待其专利保护期限满后进行仿制，或直接选择其他技术领域进行投资和研发。对于诺华而言，其改进型专利是企业技术在一定时间和地域范围内能够自由实施的必要保障，也是对其市场占有量的必要保障，发挥了强大的防御价值。

2.3.2 高整合价值专利群，构筑强大保障网络

企业在技术改进升级的过程中，并不都是一帆风顺的，或者说，用于技

---

❶ 周延鹏，等. 智富密码：知识产权运赢及货币化 [M]. 北京：知识产权出版社，2015.

术改进的另一平台性技术或通用型技术被其他企业或科研单位通过专利保护的形式所掌握，因此，一定程度上妨碍了企业自身对于技术改进的自由实施。在这种情况下，企业出于技术革新、产品更新换代、持续市场占有的目的，通常存在两种选择：①对已被他人掌握的技术进行规避，从其他路径实现对自身产品或技术的升级；②已被他人掌握的技术难以规避，或者说，这种技术代表了未来科学技术发展的方向，将成为未来之星，那么，向掌握此类技术的科研单位或其他企业寻求合作就势在必行。在合作中产生的高整合价值的专利或专利群，将能够更好地为企业自身服务，帮助其构建技术、法律多层面强大的保障网络。

产生高整合价值专利或专利群为企业产品和市场服务的例子在医药行业非常多见，其中最为著名的就是罗氏。其在 2009 完成对基因泰克的全资收购，把基因泰克先进的抗体制备技术和相关专利全部收归囊中，这其中就包含治疗乳腺癌的"重磅炸弹"级抗体药物赫赛汀。罗氏并没有止步于此，而是在此基础上进行了一系列的技术升级改进：①通过企业自身努力筛选出赫赛汀的姊妹单抗——帕妥珠单抗（WO1370082、WO2009099829），并积极将其投入临床实验，帕妥珠单抗在 2012 年 6 月通过了美国 FDA 认证，用于治疗 HER2 阳性的转移性乳腺癌；②积极与伊缪诺金公司合作开发基于美登素 DM1 的抗体毒素偶联药物——Kadcyla（WO0100244），该药物在保持药物靶向性的同时，增加了对肿瘤细胞的杀伤效果，该药物于 2013 年初被 FDA 批准上市，在药效方面较赫赛汀有所提高，完美实现药物间的"接力"；③2005 年收购格黎卡特公司，将其抗体糖基化改造技术和专利布局收至麾下，并使用该项技术成功改造了专利即将到期面临悬崖阶段的美罗华，成功推出 Gazyva（US2004072290A1、WO2005044859A2），2013 年将其成功推向市场接棒美罗华。

罗氏不仅自身积极致力于药品研发，还通过合作、收购，完成了其技术、产品、专利布局各个方面的完美升级，利用高整合价值的专利群使企业技术能够得以自由实施，进而为企业带来巨大的商业利润，并形成了对市场的持续占有。

通过合作收购的例子还有很多，例如在 MEK 抑制剂的开发过程中，1993年 4 月 7 日，英国肿瘤研究院和英国皇家肿瘤医院联合递交了 PCT 申请，内容涉及筛选 MEK 抑制剂的方法，并可用来治疗癌症。在此基础上，较早提出核心化合物专利申请的有日本烟草产业株式会社（WO2005/121142A1）、

EXELIXIS INC.（WO2007/044515A1）和 ARRAY BIOPHARMA（WO03/077914A1），但对上述核心化合物进行深入开发和进行专利实施的却另有其人。

葛兰素史克（GSK）于 2006 年获得世界范围内对日本烟草产业株式会社原研的曲美替尼（Trametinib）进行生产、发展和任何商业行为的独家许可；并在此基础上，针对曲美替尼进行了深入挖掘，申请了涉及药物组合物、不同治疗用途、联合用药等方向共计 23 项专利对其进行保护，2013 年 5 月和 2014 年 7 月，该药品分别经美国 FDA 和欧洲药品管理局批准上市，可用于治疗伴 BRAFV600 或 V600K 突变阳性的不可切除或转移性黑色素瘤；并于 2014 年 1 月，经 FDA 批准达拉菲尼和曲美替尼联用治疗不可切除的和转移的 BRAFV600E 和 V600K 突变阳性的黑色素瘤。

罗氏（基因泰克）也较早涉足 MEK 抑制剂领域，自行筛选了多种不同杂环母核结构的 MEK 抑制剂化合物并对其进行专利保护。可能基于化合物效果及多方面的考虑，罗氏同样于 2006 年与 EXELIXIS 达成全球协议，获得授权开发其原研药可比替尼（Cobimetinib）用于治疗多种实体瘤。此后的 8 年中，罗氏没有停下筛选更有效化合物的脚步，同时针对 EXELIXIS 原研的可比替尼进行了多种联合用药的组合以及专利申请。罗氏和基因泰克在 2012 年联合提出了将罗氏已上市药物威罗菲尼（Vemurafinib）与可比替尼联合用药以治疗 BRAFV600 或 V600K 突变阳性的不可切除或转移性黑色素瘤的专利申请（WO2014/027056A1），该申请中明确公开了该组合的施用剂量、治疗周期，根据其治疗方案以及取得的试验结果，可比替尼和威罗菲尼的组合相对于单独用药来说，治疗效果显著提高。2015 年 11 月，FDA 批准了可比替尼结合威罗菲尼，用于治疗 BRAF V600E 或 V600K 突变阳性的晚期黑色素瘤。

同样，ARRAY BIOPHARMA 原研的 MEK 抑制剂比尼替尼（Binimetinib）被跨国药企诺华看中。2010 年，诺华获得了比尼替尼的全球独家授权，在研发和商业化方面独享权益。之后，诺华从药物联用、第二制药用途、已公开化合物的手性异构体、化合物制备方法等多层面多角度展开专利布局，同时展开了比尼替尼的临床试验。可能 ARRAY BIOPHARMA 出于对比尼替尼前景的看好，同时，诺华也有对其研发结构、投入重点进行调整的意向（GSK 和诺华于 2014 年 4 月达成逾 200 亿美元的资产互换协议，诺华将以高达 160 亿美元的价格收购 GSK 的抗癌药部分，其中就包括了抗黑色素瘤药达拉菲尼和曲美替尼），2014 年 12 月，ARRAY BIOPHARMA 重新从诺华手中获得比尼替尼的开发和营销权利；2015 年比尼替尼的 Ⅲ 期临床试验显示了积极的效果。

从 MEK 抑制剂的 3 个案例中能够看出，国际知名药企不仅注重自身专利的实施，同时，也积极寻求行业内的优势伙伴进行合作，通过合作开发、许可、购买等多种方式，合法地将他人的技术成果转化为自身的产品和市场竞争力。当然，在此过程中不可忽视跨国药企在专利深入挖掘、广泛布局方面的远见和功力，正是这些涉及化合物制备、化合物晶型、异构体、联合用药、第二制药用途、制剂改型等技术内容的专利同原研药品专利一起，构筑了相对坚实的防御屏障，才得以在药品的研发、临床、上市乃至销售阶段，对药品和市场进行全方位的保护。

2.3.3 开拓市场——专利叩开市场之门

跨国制药企业提出专利侵权诉讼，实际上是将专利布局与专利诉讼融入药品市场战略的一种常用手段；也就是说，对于跨国制药企业而言，专利侵权诉讼绝不单纯是法律或知识产权事务，而是涉及药品的品牌树立与市场拓展的重要环节。

在美国，医药领域相关已公开专利于 2002 年就已累积数量约 20 万件，至 10 年后的 2012 年，累积数量激增至 32.5 万件，增幅达 60%。基于 2013 年的统计数据，与生物技术及医药有关的美国专利诉讼案件量从 1995 年的排名第四位，已跃升至第二位，上述诉讼案件判决所产生的赔偿金额总量也上升至第二位，仅次于专利申请量激增的通信产业❶。由此可见，在全球医药行业的竞争战争中，专利已成为备战的必需军火，而专利侵权相关诉讼已成为"保家卫国""开疆拓土"的常规战役。

我国专利制度从建立发展至今 30 余年，我国制药企业也在挫折和失利中学会了利用专利侵权诉讼这一手段，使用专利之矛为产品的品牌建设和市场拓展打出一片天地。

中药是我国传统医学的精华，深受我国患者信赖，中成药在国内医药市场的销售额始终占据一定比例。经过国内制药企业多年的改革创新，中成药的剂型也从丸剂、散剂、片剂等形式，逐步扩展到胶囊、注射剂等。截至 2014 年，仅 CFDA 批准的中药注射剂就多达 142 种。2013 年，仅排名前 28 位的中药注射剂的总市场规模就达到了 350 亿元人民币，2010～2013 年复合

---

❶ 周延鹏，等. 智富密码：知识产权运赢及货币化 [M]. 北京：知识产权出版社，2015.

年均增长率为27%。2013年中国畅销药Top10榜单中，中药注射剂占5位，分别是血栓通（29.7亿元）、喜炎平（25.4亿元）、丹参多酚酸盐（24.8亿元）、备通（24.0亿元）、康艾（19.7亿元）❶。

同时上榜的还有排第11位的黑龙江珍宝岛制药出品的血塞通以及第25位的云南昆明制药出品的血塞通。它们二者与排名第一位的血栓通的有效成分均为三七总皂苷，从其销售额能够看出其在国内中成药市场的重要程度。黑龙江珍宝岛制药与云南昆明制药之间关于血塞通的专利侵权纠纷案件也成为业内关注的焦点。

2002年12月1日，经SFDA批准，黑龙江珍宝岛制药与云南昆明制药均被批准生产注射用血塞通。此后，两家企业均按国家药品标准（试行）颁布件（批件号：2002ZD-0986）生产销售了注射用血塞通冻干粉剂。云南昆明制药在2003年8月4日致函黑龙江珍宝岛制药称，黑龙江珍宝岛制药生产、销售注射用血塞通粉针剂的行为违反了我国专利法规定，侵犯其专利权（ZL 96101652.3、ZL 96107464.7），要求黑龙江珍宝岛制药立即停止生产、销售侵权产品。并于一周后，在《中国医药报》上刊登严正声明，提出发现市场上出现非本公司生产的注射用血塞通粉针剂产品，要求立即停止生产、销售上述侵权产品等一切生产经营活动，并保留对侵权者依法追究其相应法律责任的权利❷。

黑龙江珍宝岛制药的反应也极为迅速，经过半个月时间的准备，在2003年8月26日，一纸诉状将云南昆明制药告上法庭，请求法院依法确认黑龙江珍宝岛制药生产的注射用血塞通（冻干）及使用的专用溶剂分别不侵犯云南昆明制药的"三七皂苷粉针剂"及"皂苷类粉针剂注溶剂"专利权。哈尔滨市中级人民法院一审审理认为：被告（云南昆明制药）的产品发明专利"三七皂苷粉针剂"（ZL96101652.3），权利要求书中所列必要技术特征为1项，"三七皂苷含量50%~99.5%"可以理解为专利权保护范围，即药品的主要成分三七皂苷含量在标定的幅度以内。原告（黑龙江珍宝岛制药）生产销售产品的主要成分为：人参皂苷Rg1为标示量的25%~45%，人参皂苷Rb1为标示量的30%~40%，三七皂苷R1为标示量的5%~15%，与被告专利有较大差别。被告的产品发明专利"皂苷类粉针剂注溶剂"（ZL96107464.7），权利

---

❶ 2013年中药注射剂销售额Top28［EB/OL］.［2016-06-30］. http://blog.sina.com.cn/s/blog_6b9c85ba0101j11y.html.

❷ 王影，等. 专利侵权对比方法应用实例［J］. 中国发明与专利，2011（2）.

要求书中所列必要技术特征为"5% 的丙二醇、25% 的正丙醇和70% 的水组成"。原告的专用溶剂为30% 的乙醇和70% 的水组成。注射用溶媒除注射用水、注射用油以外，通常所用的是乙醇、甘油、丙二醇、聚乙二醇、油酸乙酯等的任意组合。被告专利为丙二醇、正丙醇及水 3 种成分及所占特定比例，构成了其专利保护范围。原告的专用溶剂由 30% 的乙醇和 70% 的水组成，云南昆明制药对此没有提出异议，该成分比例与其专利保护的范围不同，没有落入专利保护范围，不构成侵权。被告给原告发函，并在专业报刊上发表严正声明，阻止原告生产、销售其产品，对原告的生产经营和商誉造成了一定影响和损害。故法院判决：黑龙江珍宝岛制药不侵犯云南昆明制药的专利权。

云南昆明制药不服一审判决，提出上诉。黑龙江省高级人民法院于 2004 年 2 月 17 日受理，并于 3 月 12 日依法组成合议庭，公开开庭对此案进行审理。黑龙江省高级人民法院认为该案争议的焦点为：黑龙江珍宝岛制药生产、销售的注射用血塞通（冻干）产品是否侵犯了云南昆明制药发明的"三七皂苷粉针剂""皂苷类粉针剂注溶剂"的专利权；云南昆明制药给黑龙江珍宝岛制药发函和在报刊上发表声明的行为对黑龙江珍宝岛制药的生产经营活动、商誉是否构成影响和损害；哈尔滨市中级人民法院对此案是否有管辖权。

经过审理，黑龙江省高级人民法院认为：黑龙江珍宝岛制药生产、销售的注射用血塞通（冻干）产品对云南昆明制药发明的"三七皂苷粉针剂""皂苷类粉针剂注溶剂"的专利不构成侵权；云南昆明制药给黑龙江珍宝岛制药发函，并在专业报刊上发表严正声明的做法，目的在于阻止其生产、销售该产品，对黑龙江珍宝岛制药的生产经营和商誉造成了一定影响和损害，黑龙江珍宝岛制药为此启动司法救济程序，于法有据，应予支持；由于云南昆明制药在一审中没有提供相关证据，二审中也未能提交新的证据，上诉理由因缺乏事实和法律依据不能成立。最终，法院认定原审判决认定事实清楚，适用法律正确，应予维持，故判决驳回上诉、维持原判❶。

黑龙江珍宝岛制药主动发起的上述确认不侵权之诉，为其产品品牌的树立立下了汗马功劳，增加了社会公众对于这个 1996 年才创建的制药企业的信心，也使得其"血塞通"产品一时间名声大噪。在黑龙江珍宝岛制药的血塞通上市后，其销售额不断增长，2010 年 11 月，被黑龙江省科技厅、黑龙江

---

❶　黑龙江省高级人民法院（2004）黑知终字第 8 号民事判决书。

省高新技术产品认定委员会认定为高新技术产品。据黑龙江珍宝岛制药首次公开发行股票招股说明书披露，中国医药工业信息中心的统计数据显示：2010～2012 年排名前十家制药企业的销售额占心脑血管类中药市场的份额为48%～51%（详见表4－2－1）❶。

表4－2－1　2010～2012 年前十家制药企业在心脑血管类中药市场的份额

2012 年排名 (2011/2010)	生产厂商	市场份额		
		2010 年	2011 年	2012 年
1（1/1）	广西梧州制药（集团）股份有限公司	8.98%	8.94%	7.84%
2（2/2）	黑龙江珍宝岛制药股份有限公司	7.15%	7.14%	7.48%
3（4/4）	菏泽步长制药有限公司	6.38%	5.88%	6.19%
4（5/6）	陕西步长制药有限公司	3.82%	5.56%	5.55%
5（6/5）	天津天士力制药股份有限公司	5.46%	5.21%	5.55%
6（3/3）	江苏无锡山禾药业股份有限公司	3.62%	3.43%	3.41%
8（9/10）	山东步长制药股份有限公司	2.89%	3.16%	2.72%
9（8/8）	上海第一生化药业有限公司	3.21%	2.94%	2.45%
10（12/13）	云南大理药业有限公司	1.97%	2.06%	2.36%

在 2013 年排名靠前的 28 个有效成分同属三七皂苷的中药注射剂产品中，广西梧州制药的血栓通销售额 29.7 亿元人民币，黑龙江珍宝岛制药的血塞通销售额 11 亿元人民币，而云南昆明制药的血塞通销售额仅 6 亿元人民币❷。

以上案例可以看出，我国制药企业在不断改进中成药制药技术的同时，也在知识产权保护方面不断跟进，并且能够成功利用专利以及专利侵权相关诉讼，保护企业的技术得以有效实施，保证产品的生产、销售正常进行，为自身产品的品牌树立独辟蹊径，值得学习借鉴。

2.3.4　巩固市场——专利驱逐市场竞争者

企业在一定的时间、空间范围内能够自由实施其专利技术，一方面离不开其技术属性的优势，即技术的领先程度决定了技术实施的排他程度；另一方面则更离不开其法律属性的优势，即承载技术内容的专利决定了其合乎法律规定下实施的排他程度。高法律价值专利体现于稳定性、不可规避性、依

---

❶　黑龙江珍宝岛药业股份有限公司首次公开发行股票招股说明书，2014。
❷　2013 年中药注射剂销售额 Top28［EB/OL］．［2016－11－30］．http：//blog. sina. com. cn/s/blog_ 6b9c85ba 0101j11y. html.

赖性、专利侵权可判定性、有效期、是否多国申请等多个方面。首先，稳定的权利是保持企业技术能够自由实施的根本；其次，其不可规避性、依赖性和侵权可判定性的高低则决定了其防御竞争对手能力的强弱；最后，专利有效期和多国申请是对企业技术自由实施时间和空间范围上的必要保障。

在医药行业中，"重磅炸弹"级的专利药物总是会惹来众多竞争者的瞩目和仿制，如何能够利用高法律价值的专利完成对市场中竞争对手和仿制者的"排他"，巩固自身药品销售，对企业来说显得尤为重要。

2013 年 8 月，诺华以侵犯"胃肠基质肿瘤的治疗"的第 01817895.2 号中国发明专利为由将正大天晴公司及销售公司告上法院。诺华认为，共同未经许可实施专利的行为构成侵权、应承担停止侵权、赔偿损失的责任，并向法院提出行为保全申请，要求两被告在生产、销售、许诺销售"格尼可"甲磺酸伊马替尼胶囊药品过程中，在说明书"适应症"及"药代动力学"部分停止使用含有涉及"胃肠基质肿瘤的治疗"的相关内容。

虽然在此过程中，正大天晴公司对第 01817895.2 号发明专利提出无效宣告请求，并最终和诺华达成和解，但仍因此诉讼案件，延后了自身仿制药的上市时间。

诺华利用围绕格列卫核心化合物布局的第二制药用途"后续专利"，有效延续了专利保护期限，成功地在一定时间范围内巩固了自身产品对市场的占有，阻碍了仿制药瓜分蚕食其市场份额，已经将专利演化为产品保"价"护航的重要武器。

广州威尔曼公司先后于 1997 年 6 月 11 日和 1998 年 7 月 15 日，向国家知识产权局提交了"抗 β - 内酰胺酶抗菌素复合物"和"抗菌组合药物"发明专利申请。"抗 β - 内酰胺酶抗菌素复合物"于 2000 年获得授权，专利号为 ZL97108942.6；"抗菌组合药物"于 2002 年获得授权，专利号为 ZL98113282.0。这两件专利被用于生产缓解抗生素耐药性方面的药物，并获得了国内一类新药的批号。

"抗 β - 内酰胺酶抗菌素复合物"发明专利获得授权的两年时间内，广州威尔曼公司先后分别对湘北威尔曼公司、苏州二叶制药、誉衡药业、双鹤药业、广州白云山制药、黑龙江哈药集团等十几家公司提起诉讼，诉其抗菌素产品侵犯"抗 β - 内酰胺酶抗菌素复合物"发明专利权，并在与苏州二叶制药的诉讼中获赔 500 万元人民币。

当然，被诉企业不能坐以待毙，2002 年 12 月，双鹤药业即以该专利不具备新颖性和创造性为由，向专利复审委员会提出了无效宣告请求。专利复审委员会于 2003 年 8 月 27 日作出第 8113 号无效宣告请求审查决定，宣告该专利权全部无效。

然而，广州威尔曼公司没有走"寻常路"，它没有立即使用向司法机关提起诉讼的法律救济手段。在专利复审委员会作出无效宣告请求决定的当天，常德市知识产权局受理了湘北威尔曼公司提出的与广州威尔曼公司关于上述专利权属纠纷的调解请求。2003 年 9 月 1 日，湘北威尔曼公司以上述情况为由向国家知识产权局提出中止请求。2003 年 9 月 11 日，专利复审委员会根据我国《专利法实施细则》第 86 条的规定，发出无效宣告请求中止审批通知书，中止对该无效宣告请求的审理。2003 年 9 月 12 日，广州威尔曼公司以同样的理由提出中止请求。不得不说，表面上"六亲不认"的威尔曼两兄弟这次合力演出的"双簧"完全搅乱了双鹤药业的计划，在即将品尝胜利滋味之时，突然杀出的"程咬金"令双鹤药业猝不及防而又无计可施。

根据专利审查指南的相关规定，权属纠纷下中止程序最长只有 1 年时间，期满会自行恢复程序，但游戏并没有就此终结。2005 年 3 月 17 日，湘北威尔曼公司以其与广州威尔曼公司的专利权属纠纷仍在常德市知识产权局的处理之中，尚未结束为由，向国家知识产权局再次提出中止请求。2005 年 9 月 9 日，国家知识产权局专利局初审及流程管理部根据我国《专利法实施细则》第 86 条第 1 款和第 2 款以及第 97 条的规定发出中止程序请求审批通知书，自 2005 年 3 月 17 日起，再次启动中止程序。在此期间，威尔曼公司的相应产品依旧正常销售和盈利；而被诉企业的抗菌素产品却因面临诉讼而无法上市。

享受到中止程序带来的便利后，威尔曼"兄弟"更是将这一"法宝"发挥到了极致，2005 年 12 月 2 日，广州市中级人民法院受理了湘北威尔曼公司诉广州威尔曼公司的专利权属纠纷，湘北威尔曼公司拒不出庭而导致自动撤诉。此时，距离湘北威尔曼公司首次向国家知识产权局再次提出中止请求已快满两年。国家知识产权局于 2006 年 2 月向湘北威尔曼公司发出审查业务专用便函，便函称："我局已于 2003 年 9 月 11 日因同一权属纠纷执行了中止程序并已延长过中止期限，中止期已超过两年，因此不再予以延长中止程序。"自此，无效宣告程序才得以恢复，2006 年 3 月 10 日，专利复审委员会作出第 8113 号无效宣告请求审查决定，宣告该专利权全部无效。之后才开始关于这件专利是否有效的行政诉讼，此时距离双鹤药业提起专利无效宣告请求已经 4 年多时间。

北京市第一中级人民法院一审判决维持了专利复审委员会的审查决定。广州威尔曼公司不服一审判决，向北京市高级人民法院提起上诉。二审过程中，该专利的专利权人由广州威尔曼公司变更为湘北威尔曼公司。2010 年 4 月，北京市高级人民法院二审判决撤销了一审判决以及专利复审委员会的决定，判令专利复审委员会重新作出无效宣告请求审查决定。双鹤药业不服二审判决，向最高人民法院申请再审，最高人民法院裁定提审该案。2011 年 12 月 17 日，最高人民法院作出（2011）行提字第 8 号行政判决，再审判决书中判定，该专利不具备创造性，据此判决撤销二审判决，维持专利复审委员会的无效宣告请求决定及一审判决。至此，涉及"抗 β - 内酰胺酶抗菌素复合物"的专利侵权纠纷案件终于尘埃落定。

该案前后跨度将近 10 年，其中无效、诉讼、专利权属纠纷、无效请求中止、财产保全各种策略的运用层出不穷，虽各种评论甚嚣尘上、褒贬不一，但无疑体现了我国制药企业对于我国专利制度的理解、把握、运用已经日臻完善。该专利无效案件被评为 2011 年度专利复审委员会年度十大案件、中国法院知识产权司法保护年度十大案件。在这件案子中，战役最大的赢家就是专利权人——广州威尔曼公司和湘北威尔曼公司。在这 10 年间，专利权人成功地阻止了竞争对手进军抗生素领域，从而对市场形成了暂时的"垄断"。

而今，广州威尔曼公司故技重施，将此策略又一次用在了专利号为 ZL 98113282.0 的"抗菌组合药物"发明专利无效宣告请求程序中，令专利复审委员会的程序再度"搁浅"。同时，该专利还因为多次卷入财产纠纷，被江苏省苏州市中级人民法院执行财产保全。该专利的权属纠纷和财产纠纷，使得涉及该专利的无效宣告请求案自 2014 年起被中止至今。

2.3.5　扩展市场——专利圈地

在阅读分析国外制药企业的专利申请时，通常会发现其通过一件或几件相关专利申请针对一种有效药用成分提出十几种，乃至几十种相关的适应症。不禁会产生这样的疑问，这种有效成分真能够治疗这么多种疾病么？这世间是否真有"包治百病"的灵药？大家的想法一定是："怎么可能"。

然而，世事难料，适应症专利是链接有效药用化合物和其市场应用的关键一环，直接决定了专利成药说明书中所涉及的治疗适应症，也由此决定了医生在处置过程中使用该药物的范围，一定程度上揭示了该药所能进入或占据的市场。

前面讲述的"重磅炸弹"药物格列卫虽称不上"包治百病",但其基于激酶抑制剂的母核结构的治疗机理自2001年获批首个适应症至今,共获批了10个适应症,分别包括费城染色体阳性的慢性髓性白血病急变期、胃肠基质肿瘤(2001,2008)、甲状腺癌(2002)、表达BCRP的癌症(2004)、肺动脉高压(PAH)(2008)、α-碳酸肝酶调节的眼科疾病(2008)❶等,其中还包括多种"罕见病"。经过众多适应症专利重度保护的格列卫,令一众竞争对手难以望其项背。自2010年开始,格列卫每年的全球销售额均超过40亿美元,这种巨大的商业成功与其专利圈地的行为不无关系。

"个体化医疗""精准医疗""肿瘤免疫疗法"正是时下医药领域最流行的话题。说到"肿瘤免疫疗法",就不得不提到基于此种原理已经上市的相关药物——PD-1和PD-L1抑制剂/抗体。

PD-1是程序性死亡受体1,是一种已知的重要免疫抑制分子,常被称为"免疫哨卡",其与PD-1结合可以诱导T细胞受体介导的淋巴细胞增殖和细胞因子分泌。肿瘤细胞表面表达的PD-L1与激活的T细胞表面表达的PD-1相结合,从而关闭杀伤性T细胞对肿瘤细胞的识别,介导肿瘤细胞的逃逸。

自发现该机制以来,众多的企业、科研机构纷纷投入基于上述原理的相关药品的开发,目标对象即为PD-1抗体或PD-L1抗体,并且基于其干扰关闭杀伤性T细胞识别肿瘤细胞的功能,能够预期其对于多种肿瘤均能够起到治疗或预防的效果。目前已有3家公司的相关药品上市,分别为百时美施贵宝的PD-1抗体药物Opdivo和默沙东的PD-1抗体药物Keytruda,以及罗氏的PD-L1抗体Atezolizumab。

百时美施贵宝的Opdivo首先于2014年分别在日本和美国获批黑色素瘤适应症,紧接着,在2015年又被美国FDA批准用于非小细胞肺癌和转移性晚期肾细胞癌的治疗;2016年5月17日,百时美施贵宝宣布美国FDA批准Opdivo用于治疗经典霍奇金淋巴瘤(cHL)。目前,处于审批阶段的适应症还有头颈癌、胶质母细胞癌和胃癌。此前,一些生物医药产业分析人士预计这一药物的销售峰值将可能达到50亿美元,而更多适应症的适用将再度推高其销售峰值达60亿美元甚至更多。

默沙东的Keytruda暂时落后,仅2014年获得美国FDA批准用于治疗黑

---

❶ 括号中的年份表示获批适应症的时间。——编辑注

色素瘤，但默沙东并未甘拜下风，甚至开展了史无前例的 1000 人的 I 期临床试验，并已发布 Keytruda 目前在三阴乳腺癌（TNBC）和非小细胞肺癌（NSCLC）临床已取得积极数据，并在胃癌及其他类型癌症中表现出治疗潜力；根据默沙东在 2014 年第 56 届美国血液病学会年会（ASH）公布的一项 Ib 期临床试验（KEYNOTE‑013）初步结果，使用 Keytruda 治疗 24 周后，经典霍奇金淋巴瘤（cHL）患者的总缓解率达到 66%。

2016 年 1 月，以色列科学研究人员通过小白鼠试验发现，PD‑1 抑制剂可减少阿尔茨海默病患者脑细胞中毒蛋白 beta‑淀粉样蛋白的含量，改善记忆力。

2016 年 5 月 18 日，罗氏 PD‑L1 抗体 Atezolizumab 获得美国 FDA 提前 4 个月批准用于转移性/复发性膀胱上皮癌适应症的治疗，其下一个获批适应症目标为非小细胞肺癌，并有多个适应症已推进至 Ⅲ 期临床阶段，包括三阴乳腺癌、肾细胞癌等。

在这种发展情势下，科学技术更迭换代的时间逐渐缩短，"包治百病"的药似乎即将呼之欲出，各大制药"高手"之间的对决绝对是速度与实力的较量。对百时美施贵宝、默沙东、罗氏的专利布局进行分析发现，其均针对适应症进行了广泛的布局，在药品上市前做好了对市场容量进行抢占的充分准备。未来各个制药企业在"肿瘤免疫治疗"领域鹿死谁手，我们拭目以待。

2.3.6　技术迭代——产业升级

企业成立伊始，通常会具有较为专注的经营领域或者产品线，但随着行业市场竞争的深入和企业自身的发展壮大，企业可能做出改变或拓展经营领域，或者进一步延伸产品线以推出不同类型新产品的战略性改变。企业在真正实施市场策略改变之前，通常已经进行了先期的市场调研以及充分的前期研究以提供技术支撑。正所谓"市场未动，专利先行"，在企业为领域拓展而进行的技术铺垫中，专利的先期布局就成了领域拓展的重要标志和成功拓展的重要保障。

以岭药业在"连花清瘟"获得了极大的成功后，选准社会热点和市场空白，将"连花"系列产品进一步推向饮料领域，先后申请了外观设计专利连花清菲植物饮料（CN201430083909）、清桑茶（CN201430306522）、清霏茶（CN201530203302），分别取"清肺""清嗓"等谐音，针对 2014 年开始出现的大面积雾霾进行了针对性推广尝试，充分延展了"连花"这一品牌的价值。这就是通过战略化的运用专利实现企业自身拓展领域的一个典型案例。

又如，德国威玛舒培博士药厂（Schwabe）自成立以来，一直专注于银杏叶制剂技术以及银杏提取物的研发，其银杏提取物历经 4 代的发展，目前的第 4 代产品"金纳多"已经成了世界上最成功的植物提取物药物。然而其第 1 代银杏叶制剂由于有效成分含量较低而仅仅能够作为一种银杏叶茶饮品。不过威玛舒培博士药厂经过多年的持续研究，不断改进专利技术，进行严密的专利网布局（见表 4 - 2 - 2），在持续提高植物制剂的活性成分含量的同时大幅度降低了有害成分含量，从而极大提升了其银杏制剂产品的内在价值，最终获得了能够清除自由基、保护神经细胞的药物"金纳多"。也就是说，威玛舒培博士药厂通过不断的研发和有效的专利布局，将一个最初仅能够作为饮料的银杏制剂拓展为一种药物，大大提高了产品的技术价值和市场价值，使企业占据了先期的竞争优势，从中可以看出，专利运用对企业领域拓展和产业升级有积极的促进作用。

表 4 - 2 - 2　威玛舒培博士药厂公司银杏制剂专利网的技术发展脉络❶

申请时期	提取物、提取方法	新用途	新剂型
1968 ~ 1971	DE1767098B[1]：治疗外周血管疾病的有机溶剂提取银杏提取物，该提取物制备的注射剂	DE2117429B[1]：有机溶剂和聚酰胺柱提取银杏提取物的方法，治疗外周血管疾病的用途	—
1983	US4892883A[1]：含具有协同作用的白果内酯和黄酮的银杏提取物，治疗神经疾病的用途	—	—
1989	US5399348A[1]：一种副作用小的银杏叶提取物，其中含有 20% ~ 30% 黄酮苷，2.5% ~ 4.5% 总银杏内酯（A，B，C，J），2.5% ~ 4.5%（wt）白果内酯，少于 10ppm 的烷基酚，少于 10% 原花青素。US5322688A[1]：US5399348A 银杏提取物的制备方法。DE3940095A[1]：银杏提取物，含有 14% ~ 22% 黄酮苷，1.6% ~ 3% 总银杏内酯 A，B，C，J，1.4% ~ 2.7% 白果内酯，少于 10ppm 的烷基酚		—

❶ 刘伟，等. 解读 SCHWABE 公司银杏叶制剂专利网 [J]. 中国中药杂志，2014，39（17）：3384 - 3388.

续表

申请时期	提取物、提取方法	新用途	新剂型
1990 ~ 1992	—	US6022889A[1]：银杏叶提取物或白果内酯在抗焦虑、抗抑郁中的用途	US5512286A[1]：不会引起血清沉淀和/或血细胞凝集的银杏提取物注射剂
1996	—	—	US6399099B1[2]：一种含有溶解度高的银杏叶提取物的口服泡腾制剂
1999 ~ 2001	AU745660B[2]：采用超滤方法制备的水溶性干燥的银杏叶提取物，不含增溶剂	—	CNI1447698B[2]：热稳定性的银杏提取物注射注，将提取液和缓冲液分开保存，使用时混合
2006 ~ 2008	US2006251744A1[3]：除去银杏叶提取物中烷基酚的方法。CN101175506B[2]：采用树脂洗脱降低银杏叶提取物中4′-O-甲基吡哆醇和/或双黄酮的含量的方法。CN101175505A[3]：CN101175506B 的改进方法	CN101903033[1]：治疗和预防老年痴呆症的用途，以 180 ~ 300mg（每天 1次）为给药剂量	—
2011 ~ 2012	—	EP2494979A1[3]：银杏叶提取物治疗和预防动脉硬化和手术后动脉硬化综合征	WO2012146592A1[3]：含银杏提取物的控释片

注：1）专利已失效；2）专利未结案；3）专利权有效。

2.3.7　企业并购——领域扩张

并购一直在全球生物医药产业中扮演着重要角色，据统计，从 1995 年至 2005 年，全球排名前 20 位的药厂大部分都曾经历超过 100 亿美元的并购案，例如 2008 年罗氏以 440 亿美元并购基因泰克、2009 年辉瑞以 642 亿美元并购惠氏、2014 年诺华以 145 亿美元收购葛兰素史克的肿瘤用药业务❶。企业实施并购的原因多种多样，其中包括技术因素，也有关于扩大市场、完善销售网络以及税负财务等方面的考虑。而能够完美彰显技术价值的专利和具有完

---

❶ 周延鹏，等. 智富密码：知识产权运赢及货币化［M］. 北京：知识产权出版社，2015.

善布局的专利组合，也已渐渐成为企业并购的核心目标，专利因素日益成为并购的推动性力量。

医药领域并购的发起者常常是行业巨头，不考虑非技术因素的情况下，行业巨头常常采用并购策略的原因主要有两点：①药物研发耗资巨大，成本回收周期很长，即使是巨头企业也很难针对所有感兴趣领域进行均匀投入，因此针对企业感兴趣但研发基础相对薄弱或者缺乏研发基础的领域，为了实现迅速的技术领先或者研发方向的调整，就会针对在该技术和产业化方面更加领先的企业进行收购，如此前提到的罗氏收购生物制药领域的领头羊基因泰克，有效弥补了自身在生物药领域的不足，依靠基因泰克公司优秀的技术和产品，罗氏在抗体药物领域获得了绝对的优势；②药物领域特别是生物制药领域，技术发展日新月异，大量掌握先进技术的创新型小公司层出不穷，很多巨头企业出于增强技术储备，保证公司长期发展前景的战略意图，常常会选择一部分小公司加以收购。在技术因素主导的并购中，专利会起到极其重要的作用。因为小公司只有通过良好的专利撰写、申请和组合策略，才能够更好地保护公司的核心产品或核心技术，一方面保证了技术价值的实现，以专利的形式实现对技术的独占以体现小公司在技术方面的独特优势，更好地吸引并购方的注意。另一方面由于专利诉讼（特别是在美国）通常耗资巨大、耗时很长，因此跨国药企对于外购技术相关的法律情况（如专利权属、侵权风险等情况）非常重视，产权清晰、权利范围稳定合理的专利技术会在很大程度上避免不必要的诉讼纷争，即使存在侵权风险，也可以采用其他策略如交叉许可等方式解决。因此专利就成为一座桥梁，连接了具有技术优势的小公司与行业巨头，以并购的方式实现了技术整合和产业升级，进一步延伸了专利的价值。

辉瑞的明星产品立普妥（通用名：阿托伐他汀钙片）是一种他汀类血脂调节药物，属于 HMG – CoA 还原酶抑制剂，于 1997 年初获准上市，累计销售额约 1500 亿美元。但该药物早期研究的领先者是 Warner – Lambert 公司，该公司所拥有的 US4681893 和 US5273995 是阿托伐他汀的基础专利，并且在立普妥上市之前，Warner – Lambert 公司陆续已经完成了中间体及其制备方法（US4681893、US5298627）、产品（US5273995）、4 种晶体（WO9703958A1、WO9703959A1）、非晶型产品（WO9703960A1）、部分组合物（WO9416693A1、WO9716184A1）的专利申请。也就是说，Warner – Lambert 公司在技术研发的基础上，对药物进行了全方位的专利布局，构筑了完善的专利组合，从而保证了其技术价值的充分实现，彰显了该企业在专利技术上的突出优势[1]。辉瑞在当时也在跟进阿托伐他汀的研究，并且非常看好立普妥的前景，但是由于 Warner – Lambert 公司在研发方面已经具有明显的领先优势，其他公司如果想进行相关研究或者开发新药也很难避开 Warner – Lambert 公司的基础专利，因此辉瑞最终于 2000 年 2 月以 824 亿美元的价格并购了 Warner – Lambert 公司，从而开启了立普妥的传奇之路。

此外，2015 年 12 月，阿斯利康以 40 亿美元收购 Acerta 公司股权的55%。被收购前，Acerta 公司一直在业界默默无闻，也并没有上市的药品。通过阿斯利康与 Acerta 公司签订的协议可知，Acerta 公司吸引阿斯利康的主要因素是其在研的 BTK 抑制剂 Acalabrutinib 已被 FDA 授予治疗套细胞淋巴瘤孤儿药资格，并且在 I 期、II 期临床试验中针对慢性淋巴细胞白血病患者取得了良好的应答率。同时值得注意的是，Acerta 公司在 2013 ~ 2014 年申请了11 件专利，其中多件涉及 BTK 抑制剂的治疗用途，如 WO2015110923A2 涉及利用 BTK 抑制剂治疗慢性淋巴细胞白血病的用途，这也是 Acalabrutinib 药物的核心用途；WO2015181633A2、WO2015020901A1、WO2016024227A 则分别涉及利用 BTK 抑制剂治疗骨肉瘤、黑色素瘤、B 细胞信号相关疾病、胆囊癌等其他疾病的用途，由此可见，Acerta 公司围绕着其核心药物布局了一系列的用途专利申请，从而保证了其技术价值的充分实现，奠定了其技术的独占性优势，对于非常重视法律事务的跨国药企，这无疑具有极大的吸引力。

对于资金实力雄厚的跨国大型药企，通过并购技术领先的公司完善自身的技术以及产品线，是一种非常有效的发展模式，可以以相对较低的成本获得长期的持续发展保证。对于并购对象而言，其展示自身技术实力的最佳方式就是专利。通过有规划的专利申请、实施和保护，建立有吸引力的专利组合资产，吸引具有相同关注点的大型药企，从而通过并购实现专利技术的良好整合。

2.3.8 技术标准化——行业控制

标准是为了在一定范围内获得最佳秩序，经协商一致制定并由公认机构批准，共同使用和重复使用的一种规范性文件。标准的作用在于改进产品、过程或服务、防止贸易壁垒、促进技术合作。技术标准属于标准的一种，主

---

[1] 肖西祥. 从阿托伐他汀看药企并购中的专利策略及药企的专利防御策略［J］. 中国发明与专利，2014（6）：29 – 33.

要是对产品的加工和生产方法的法则、指南等作出规定，经过政府或者公认机构的批准，在生产过程中达到反复使用的目的。因此标准本身属于公知技术或者是对公知技术的系统性总结，并不强调技术的先进性。标准设置的目的在于促进技术的成熟、产业应用和推广，属于公有领域，具有一定的公益性质。而专利技术从性质和目的而言，与标准具有显著的不同。专利技术申请人基于现有技术所进行的符合发明授权标准的创新，通常在技术先进性上要高于现有技术，同时专利制度能够赋予专利权所有人一定的独占性，可以防止他人未经授权使用专利技术，因此与标准的公益性具有显著的不同，具有明显的私人领域属性。

从传统观念来看，专利和标准实际上是互斥的，在传统产业中标准的制定确实很少涉及专利。然而随着科技的发展，产品包含的专利技术越来越多，不含专利技术的产品越来越难以满足市场的需求，专利对标准的影响越来越大。据统计，专利申请对标准具有正向促进的显著作用，每一件专利申请能够导致 0.009 份标准的出现❶，因而越来越多的技术标准包含了专利技术。而且通过将一些强制性的技术标准与专利结合，渐渐成了具有技术优势的企业推广其专利技术，并获得高额许可利润的盈利方式，同时也成了一种发达国家或地区在国际贸易中为了保护自身利益设置技术性贸易壁垒的方式。专利标准化实际上已成了企业专利战略的重要组成部分，甚至可以说标准成了专利追求的最高形式。专利进入标准，可以加速技术扩散，使得一项先进的专利技术从仅仅为企业自身实现技术独占性并获取利润的工具，上升成为业界所共同遵守的标准，使专利所有企业成为推动产业技术进步甚至开辟新的细分技术领域的核心力量，从而奠定企业在行业中的地位。

按照技术标准颁布的主体不同，技术标准大致可以分为国际标准、区域标准、国家标准、行业标准、地方标准、企业标准六类。我国的国家标准和行业标准又分为强制性标准和推荐性标准，由于药品属于一种特殊的商品，其质量密切关乎广大人民群众的生命安全和身体健康，法律对药品生产有着强制性的规定，所有的药物标准均是强制性标准。根据我国《药品管理法》的规定，药品必须遵循国家药品标准和按照国家药品监督管理部门批准的生产工艺进行生产。此时，如果将专利技术纳入药品标准中，将专利权利要求的所有技术特征都记载于药典中，这样任何药品企业为了生产符合标准的药

---

❶ 王加莹. 专利布局和标准运营：全球化环境下企业的创新突围之道 [M]. 北京：知识产权出版社，2014.

品，就必须按照颁布的药品标准进行生产，此时生产出来的药品也就自然落入了标准涉及专利的保护范围内。如果在未经许可的情况下，其他药品生产企业就构成了专利侵权。

广西南宁邕江药业公司于 2000 年 3 月 24 日获得发明名称为"一种治疗颅脑外伤及其综合症的药物组合物"的发明专利（ZL95109783.0），专利有效期从 1995 年 8 月 24 日起至 2015 年 8 月 24 日止。该专利的权利要求书请求保护一种治疗颅脑外伤及其综合症的药物组合物。广西南宁邕江药业公司获得专利授权后为实施其发明专利，参与了广西壮族自治区食品药品检验所"复方赖氨酸颗粒"质量标准的制定，在标准制定过程中申明标准采用的组方为其发明专利说明书公布的 5 个实施例之一，该实施例也在专利权利要求的保护范围内。2001 年 3 月 7 日，国家食品药品监督管理局正式颁布了"复方赖氨酸颗粒"的质量标准及使用说明书。在标准颁布的同时，还附有复方赖氨酸颗粒生产企业的名单，包括广西南宁邕江药业公司与河南省天工公司。2006 年，广西南宁邕江药业公司发现河南天工公司生产了一种"贝智高"复方赖氨酸颗粒，其各组分的成分含量和适应症均落入了专利 ZL95109783.0 的保护范围，广西南宁邕江药业公司认为该药品已构成侵权，从而将被告河南天工公司诉至法院。经审理后法院认为，即便国家所制定的国家标准采用的是广西南宁邕江药业公司所提供的专利技术或标准，且广西南宁邕江药业公司知道河南天工公司是生产复方赖氨酸颗粒的厂家，也并不表示广西南宁邕江药业公司已默许他人实施其专利，他人要实施专利仍应取得广西南宁邕江药业公司的许可，因此判定被告河南天工公司侵犯了广西南宁邕江药业公司专利 ZL95109783.0 的专利权。

专利标准化是企业在更高层级上实现专利价值的方式。但是一件专利技术在成为国家标准、地区标准或者行业标准之前，还要经过被确立为事实标准的阶段。事实标准是指没有任何官方或准官方标准设定机构批准的情况下成功地使产业界接受它而形成的标准。事实标准是单个企业或者企业联合在市场中通过大量使用而形成的公认的企业标准或行业标准，虽然没有相关标准化机构参与制定和推广使用，但是市场会像一个标准化组织那样筛选不同的技术，以实现各种技术之间的兼容性最优、标准化成本最小的目标。事实标准在很多时候会向法定标准转化，当该技术已经在业界具有显而易见的标准地位时，政府或者标准化组织有时候会将一种事实标准确立为行业通用的技术标准。进一步讲，事实标准和法定标准在某种程度上也是相对而言的，在一定范围内的法定标准，在更大范围内则可能只是事实标准，如果该标准的影响力足够广，则有可能被进一步采纳，在更大范围内被制定为法定标准。因此，很多企业在执行专利标准化战略时，会不断完善自身专利技术，将其确立为事实标准，从而获得市场的实际控制权，这也有利于最终将事实标准纳入法定标准。银杏叶提取物纳入欧洲各国和美国药典的标准化过程就是一个典型案例。

金纳多（ginaton，EGb761）是德国威玛舒培博士药厂（Schwabe）经过多年的持续研究得到的第4代银杏叶提取物制剂。威玛舒培博士药厂从成立起就一直专心研究银杏叶提取物产品，开发出多代性能不断改善的银杏叶提取物制剂产品，是世界上最负盛名的"植物药专家"，在植物药市场具有绝对的领先地位。金纳多的成分含量满足以下条件：①提取浓缩比例为50∶1；②银杏叶酸的含量 <5ppm（1/10万单位）；③含24%的银杏黄酮、6%的萜类（3.1%的银杏内酯、2.9%的白果内酯）。只有经过27道严格把控的操作工序得到的银杏提取物才能保证达到上述要求。威玛舒培博士药厂的专利US5399348、US5322688、DE3940095即涉及上述提取工艺，保护了如何优化浓缩银杏提取物中黄酮、内酯类成分比例（达到50倍）并降低引起致敏等不良反应的操作工艺❶。金纳多各种成分上述配比不仅发挥了每个单一成分的特殊药理作用，也发挥了多成分的协同作用，取得了良好的治疗效果，取得了极大的市场成功，2009年威玛舒培博士药厂的银杏提取物制剂的年销售额达到了20亿美元。

金纳多的含量标准原是威玛舒培博士药厂制定的企业标准，由于该产品在市场上所取得的压倒性优势，实际上被业界广泛接受为第4代银杏叶提取物的事实标准，后来德国E委员会采纳了该标准，于1994年7月19日以法律形式确立为国家标准。德国最高卫生主管机构（BGA）的公定书中明确记录金纳多应符合以下几项内容：①提取浓缩比例50∶1，即50份干燥银杏叶中提取1份银杏叶提取物；②24%的银杏黄酮苷；③6%萜类；④银杏叶酸 <5ppm（1/10万单位）。该标准即参照金纳多的各项参数而制定。随后该标准的影响力超越了德国范围，被其他欧共体成员国所接受，进一步转变为其他国家范围内的事实标准。1999年8月，欧共体药品审查委员会兽用药品委员会发布银杏总结报告（EMEA/MRL/668/99终稿），对其中银杏酸作了规定，

---

❶ 刘伟. 解读 Schwabe 公司银杏叶制剂专利网［J］. 中国中药杂志，2014，39（17）：3384－3388.

EMEA 同时强调该标准同样用于人。随后该标准也被北美国家所采纳❶。至此，由于金纳多专利技术的先进性和在市场上的绝对领先地位，逐步从企业标准上升到欧洲各国和美国药典中所记载的法定标准，有效地实现了专利标准化的目的。

2.3.9　专利联盟——价值共享

专利联盟又称专利池（Patent Pool）或专利联营，是指两个或两个以上专利所有人之间的协定，用以相互或向第三方授权他们的一件或多件专利，或者是交叉授权标的的知识产权集合体。专利联盟通常由某一个技术领域内两家或两家以上拥有核心专利的厂商通过协议结成，因此其本质是一种或一系列协议❷。

构建专利联盟的主要目的在于解决或者避免由于专利侵权或专利有效性的争议所引起的专利诉讼，由于专利联盟能够整合联盟成员的专利，并且可以低成本进行联盟内交叉许可或直接使用专利池内的专利，因此极大程度地避免了成员企业在实施自身专利技术时可能面临的专利壁垒和侵权风险，促进了专利技术的实际转化运用。此外，开放式专利联盟还可以通过对外许可的方式，依据联盟内部制定并采用统一的许可费标准，并按照专利资产份额占比或其他具体约定等将许可收入按比例分配给成员企业。由于专利联盟之外的企业在技术实力上通常无法与专利联盟进行竞争，因此在进行对外许可谈判时，专利联盟也将处于明显的优势地位，从而获得明显更优的谈判成果。因此专利联盟实际上还能够扩大成员企业收取专利许可的范围和简化专利许可的程序，从而增加成员企业的许可收益。因此，从专利价值实现角度而言，专利联盟的形式就已经超越了专利权人自身运用专利的层级，实现了不同利益体之间专利资源的共享和有机整合，提高了专利资源的利用率，专利联盟横跨不同企业建立了专利价值的实现平台。

在通信电子领域，随着技术的发展，专利申请量激增，逐渐出现了被称为"专利丛林"的现象，各大企业很难在实施自身技术的同时保证不侵犯他人的权利，为了最大限度地降低诉讼和专利许可成本，各种类型的专利联盟广泛出现并且至今也已有多年的运营经验，如 MPEG - 2 专利联盟和 GSM - Motorola 专利联盟等。医药领域的情况却显著不同，医药领域专利申请的密

❶　洪坦，周红梅. 金纳多对中国植物药发展的启示［J］. 中国医药导报，2007，4（35）：98 - 99.
❷　刘辉，刘瑾. 专利联盟与技术标准联盟的异同比较［J］. 商业时代，2012（24）：117 - 118.

度相对较低，主要产品的核心专利数量较少，制药企业在实施自身技术时并不会面临数量过多且难以预计的专利壁垒，因此目前制药企业之间很少组建类似于通信领域的专利联盟。

虽然并不常见，但是制药领域中经过多年的产业实践也建立了一种内涵稍有不同的专利联盟，典型的代表如 SARS 专利池和药物专利联盟（或药品专利池，MPP）。与传统意义上建立专利联盟的目的不同，这类专利池的建立更多的是一种政府主导的行为，其目的更多地考虑了人道主义救助的因素。2003 年 SARS 爆发，为了快速应对这种疾病，世界卫生组织（WHO）建立了一个实验室网络来分离致病病毒并测定它的基因序列。其中两个实验室各自独立地测定了 SARS 冠状病毒基因序列，并分别申请了 SARS 基因序列专利。在进一步的研究过程中，许多研究机构又提出了更多的专利申请。为了解决专利冲突和促进研究，世界卫生组织成立 SARS 协调小组促进各相关研究机构达成共识，签署组建专利池协议，形成 SARS 专利池。该专利池由美国国家卫生研究院（NIH）管理，确保疫情出现时能够及时利用该技术与治疗方法。可见，SARS 专利池建立的目的在于保证人类面对 SARS 危机时能够利用不同实验室的研究成果进行应对，保证全人类的健康利益。

药物专利联盟的成员则包括不少大型制药企业，并已通过多年成熟的运作产生了很高的现实效益。药物专利联盟由联合国艾滋病防治署（UNITAID）创建于 2010 年，总部设在日内瓦。作为联合国下属的公共卫生组织机构，其设立目的和宗旨是使得中低收入国家更容易获得艾滋病、病毒性乙肝和肺结核等疾病的治疗，到目前为止，药物专利联盟已经与包括百时美施贵宝、吉利德科学公司、罗氏、默沙东、美国国家卫生研究院在内的 7 名专利权所有者就 12 项抗 HIV 逆转录病毒药物以及 1 项抗乙肝病毒药物签订了协议。协议允许仿制药生产企业在协议所含药品的专利期内，在所有的低收入国家以及 55%～80% 的中等收入国家中生产并上市抗艾滋病药物，通过这种方式，药物专利联盟帮助仿制药企业克服了原研药物的专利壁垒，使得仿制药企业能在专利保护期内就开始生产新上市的疗效显著的抗艾滋病药物，使那些在经济困难国家的病人以可接受的价格获得宝贵的救命药品。此外，药品专利池还与专利权人签署一些特别协议，如药物专利联盟与罗氏就签署了协议，约定罗氏对其在 138 个国家提供的 HIV 相关巨细胞病毒感染治疗药物降价 90%。因此药物专利联盟保证了联盟成员能够将自己新上市的药物以仿制药形式提供给中低收入国家的政府和病人，承担了人道主义的社会责任。虽然加入药物专利联盟会让专利权人损失一些销售收入，但考虑到药品专利池所针对的对象是中低收入国家，在专利期内，这些国家的药品销售额在全球总销售额中的占比通常较低，相比于其所获得的国际赞誉，这些制药企业实际上付出的成本并不算高，这也是药物专利联盟能够多年来稳定运营的利益基础。

总之，药物领域目前并未出现类似于通信电子领域的专利联盟，但是随着技术的发展，特别是在生物制药领域，已经积累了大量新生物靶点的基因专利，不能排除成为产业界新药研发的壁垒，例如拥有基因靶点专利的生物技术公司可能阻止其他公司开发靶向该位点的药物。美国专利商标局在其题为《专利池：为生物技术专利的获取问题提供解决方案》的白皮书中探讨了建立基因专利池能够带来的好处，如消除阻碍型专利对产业的影响，降低多方许可的交易成本等。同时业界也存在大量的反对意见，有人认为生物领域通常不存在太多的阻碍型专利，而且即使存在也通常会使用专利许可的方式解决，交易成本也并非很高等❶，因此药物领域是否适合成立传统意义上的专利联盟有待探讨。不过药物专利联盟的形式则是制药领域的独创，通过放弃部分经济利益，使得仿制药生产商能够以低成本制备专利药品，在全世界范围内提供给中低收入国家的病人。从这个意义来讲，专利价值也以一种独特的方式得以呈现，专利从一种服务于企业盈利的商业手段，变成了践行人道主义精神的利器，进而回归了制药行业的医疗服务本质，真正做到了对全世界的每一位病人负责。

2.3.10　专利开放——科技进步

在通信、电子和汽车等技术领域，由于专利申请的密度越来越高，专利权人已经很难保证在不侵犯他人专利权的情况下自由实施技术，反而专利权人却能阻止其他人制造、销售和使用被该项专利所覆盖的商品或服务。因此当一项复杂的技术应用需要引用多个权利人所拥有的大量专利，便产生了"专利丛林"问题，导致专利利用率不高，进而影响了企业的研发热情和创新能力，从长远来看会损害产业的发展。2014年，特斯拉宣布将开放特斯拉全部专利，鼓励所有汽车制造商都来关注、使用特斯拉的专利技术，从而使开放专利这种战略模式获得了世人的瞩目。实际上除了特斯拉，谷歌、IBM

---

❶ 张羽. 构建基因专利池的利弊分析：以美国基因专利池为样本［J］. 太原大学学报，2014，15（3）：47-51.

也曾经采用过开放专利的策略，IBM 开放其 500 项美国专利以及所有的非美国版本，惠普公司将其电池回收技术专利捐赠给世界可持续发展商业理事会开展的"生态专利普及计划"，Google 以免费开源许可证的授权方式与代表广泛的联盟组织共同开发的安卓操作系统，从中可以看出，已经有部分巨头企业开始在谋求一种合作中竞争，在竞争中开放的新兴专利战略模式。通过开放专利，特别是基础性专利，可以降低行业的进入壁垒，激发更多企业的研究热情，提高整体产业的创新能力，对产业未来的长期发展具有很大的帮助❶。

不过在制药领域，由于专利丛林现象并不显著，而且药物基础专利事关企业的命脉，因此少有企业真正采用开放专利。宝洁曾经采用过这种方式，其在 20 世纪 90 年代末开始越来越多地把专利捐赠给第三方。这是因为意识到它们所创造的技术比它们所能应用到产品中的技术要多，因此决定打开大门，让其他机构能使用其专利技术。后来宝洁将其 196 项专利以及所有相关的有可能成为一种新的"超级阿司匹林"的药物（一种新的对胃没有副作用的药物）的专利权捐赠给了它们认为最合适的受赠者——美国范德比尔特大学。但是宝洁公司捐赠的并非公司的核心专利，也并非企业的主要经营战略，因此通过这种捐赠的方式并不会损害公司的利益，并且还在一定程度上减轻了公司维持专利权的负担，因为捐赠方不用再为所捐专利支付维持费，同时还能获得捐赠税收抵减，从而以较小的代价推动了产业的创新。不过总体而言，医药领域企业对于开放专利的态度普遍比较保守，目前并未得到广泛的应用。

此外，之前提到的药物专利联盟能够促使联盟成员的专利权在中低收入国家能够被以低成本使用，其目的并非实现商业利益的最大化，而是实现一种人道主义的公共医疗救助。这在某种程度上也是专利开放的一种方式，即通过类似 MPP 这样的非营利性专利池，向特定目标（如中低收入国家的仿制药公司）开放了专利。MPP 成员通过开放专利展现了企业的责任感，在更大范围的人群中收获了更好的名声。由于药物与人类的健康具有密切关联，并且涉及巨大的利益，通过类似 MPP 这种非营利性专利池，出于人道主义救助精神，实现一定程度上的专利开放应该是符合多方利益的一种做法，有可能被更多的借鉴和采用。

---

❶ 易嘉翔. 开放式创新下跨国公司开放专利策略研究 [D]. 石家庄：河北师范大学，2015.

2.4　中小型制药企业——实施量力、转化尤佳、合作运营、战略转型

中小型制药企业不具有大型企业的资金和技术实力，那么其在专利制度这个游戏规则下应该如何实现其专利的高价值？

2.4.1　专利许可策略

专利许可的最终目的是将专利资本转化为金融资本，专利权人应当综合考虑其自身的市场地位、研发实力、资本实力、相关产品的特性、市场开发潜力以及被许可人所在地域的专利保护强度等因素来选择合适的专利许可模式。通常来讲，专利权人应考量专利保护的是创新型的核心专利还是平台型的基础专利？专利技术是行业领先技术还是行业标准？专利技术的商业化程度如何？市场前景是否明朗？被许可方是否与自身的市场布局存在竞争？综合考量以后再决定专利许可策略。

1. 独占许可适用于创新型技术

当专利保护的是创新型核心技术，通常会采用独占许可的方式。例如我国江苏恒瑞医药公司将与 PD - 1 抗体相关的专利有偿许可给美国 Incyte 公司，江苏恒瑞一直致力于肿瘤免疫治疗领域并取得了 PD - 1 抗体 SHR1210，该公司于 2014 年在国内提交了新药临床申请。江苏恒瑞通过将相关专利独占许可给美国 Incyte 公司，获得了高额的许可费用；但是由于江苏恒瑞在国内还要继续开展相关药物试验，因此只许可美国 Incyte 公司获得除中国大陆、香港、澳门和台湾地区以外的全球独家临床开发和市场销售的权利，从而合理地保护了己方在国内的市场。另外，由于该专利属于产品开发的核心技术，被许可方也更倾向于采取独占许可的方式获得许可，虽然被许可方需要支付更高的许可费，但独占许可的方式能够规避其他竞争者的进入，有利于被许可方的技术开发和市场规划。

2. 普通许可适用于平台型基础技术

当专利保护的是平台型基础技术时，通常会采用普通许可的方式。2012 年，Marino Biotech 公司将构象限制性核酸技术（conformationally restricted nucleotide，CRN）相关专利普通许可给诺华，CRN 技术相当灵活，可以用来创造稳定、高活性的寡核苷酸药物，尤其是单链和双链寡核苷酸，诺华将这一平台技术应用于单链及双链寡核苷酸药物的开发，其并不需要独占许可或排他许可的方式，只要能够获得该技术的普通许可用于自己药物的开发即

可。对于专利权人 Marino Biotech 公司来说，其还可以将该平台技术许可给其他有需要的公司再获得专利许可费，进一步提高专利的经济价值。

3. 打包多项专利技术捆绑式普通许可

当专利权人拥有行业领先技术的专利或者是行业标准的制定者时，同时这些专利资源是被许可人进行生产、销售等经营活动必不可少的条件时，可以采用多项专利技术打包捆绑的方式进行许可。2002 年，3C、6C 联盟在我国收取专利许可费，就是将专利权人的若干专利捆绑在一起对我方进行许可；此策略于许可方而言能够获得更大的经济利益；而于被许可方而言，应对打包方式许可的专利技术进行适当甄别，谨防其中夹杂过期或无关专利，使自身经济利益遭到损害。另外，在这种情况下，专利权人通常会采用普通许可的方式将专利权许可给多个被许可方，从 2005 年开始意大利 Sisvel 公司即通过普通许可的方式向我国 200 多家企业收取专利许可费。

4. 前景不明，主动寻求专利许可

当专利技术的商业化程度不高，市场前景不明朗时，宜采用主动寻找被许可方的途径。例如我国的中药行业为走向国际化，可以采用专利许可的方式与国外制药企业合作，借助于对方强大的资金实力和临床研究、药品注册、市场运作等方面丰富的经验，以更加开放的姿态与其进行专利许可。

另外，根据实际需要，专利权人可以采用不同的许可策略相结合的方式进行专利许可。当被许可方与专利权人的市场布局存在潜在竞争时，可以采用部分地域许可并结合独占许可、排他许可、普通许可的方式；复旦大学与美国 HUYA（沪亚）公司针对 IDO 抑制剂进行的专利许可，美国 HUYA（沪亚）公司即是在除中国大陆、香港、澳门及台湾之外的地区获得了专利独占许可，这样既可以保证被许可人美国 HUYA（沪亚）公司在授权的区域内排除竞争对手，也可以保护专利权人复旦大学在自身市场布局中的利益。

专利权人在寻找专利许可对象时，除了以传统的商业合作进行专利许可之外，还可以通过技术交易平台进行专利许可，甚至可以通过侵权诉讼启动专利许可合作。天津药物研究院即是通过中国技术交易所进行技术交易公告，采用公开竞争的方式征集"龙加通络胶囊新药证书转让和相关专利独占许可使用"受让方，从而成功地将相关专利独占许可给天津世纪天龙药业有限公司。通过侵权诉讼而达成专利许可的案例也不胜枚举，由于 LTE 方面专利费用的问题，苹果和爱立信在美国发生了专利诉讼，最终，双方达成一份全球范围内的专利授权协议，同时终止专利侵权诉讼；此外，包括非专利实施实体（NPE）在内的专利运营公司通常也会通过专利侵权诉讼的方式达到专利许可的目的，如果其发现专利存在被侵权的事实，通常首先会主动向侵权方提出专利许可的建议，要求其支付相应的专利许可费，如果双方意见未能达成一致，专利运营公司则有可能提起专利侵权诉讼，通过诉讼程序向专利侵权方施压，并最终达到专利许可的目的。

2.4.2　专利转让时需考虑的因素

由于专利转让的是专利的所有权，专利转让完成后原专利权人将不再享有专利权，这将导致专利权人与该项专利技术中相关的行业领先地位受损，继而有可能影响专利权人的市场占有率，失去行业领先优势，因此，在进行专利转让时专利权人需要谨慎地对将要转让的专利以及专利受让人进行分析，以确保专利的转让不会对自身的发展带来严重影响。

1. 专利技术本身是基础专利还是外围专利

专利性质的不同会影响其在整个技术领域所处的地位，基础专利通常是整个行业进行改进或者研发的关键，属于技术更新换代的基础，因此，一般不考虑转让基础专利；但是，针对一些外围专利，专利权人可能不会将其进行转化或者二次创新，这些专利与专利权人的整体布局并无大碍，或者外围专利的前景、发展空间有限，此时，可考虑对外围专利进行转让。

2. 专利技术所处的生命周期

专利技术通常可以划分为四个阶段：导入期、发展期、成熟期和衰退期；发展期和成熟期属于技术逐渐完善并稳定的时期，专利技术也有较为明朗的市场前景，专利权人不宜对该阶段专利进行转让；但是在导入期或者衰退期，专利技术处于前景不明或者产品饱和的状态，专利权人可以考虑对该阶段的专利进行转让。

3. 受让人与专利权人的关系

如果专利权人和受让人不存在明显的竞争关系，例如专利权人是高校、科研院所等，而受让人是生产型企业，二者在市场竞争中通常不存在交集，此时专利权人对专利转让可采用宽松态度；如果专利权人和受让人存在市场竞争关系，此时专利权人对专利的转让应持保守态度，因为专利权转让之后很可能被竞争对手制约己方的发展。

4. 专利受让人的影响

专利转让属于专利权人和受让人双方的行为，专利转让的成功亦须考虑专利受让人的态度。专利权的稳定性、有效期、市场前景等因素都会影响受让人的决定，专利权不稳定、专利即将到期或者市场前景不明都会阻碍专利转让。如果专利权不稳定，转让之后存在被无效的风险，被无效的专利权视为自始即不存在，但对于已经履行的专利转让合同通常不具有追溯力，此时，原专利权人无需向受让人返还专利权转让费，而受让人还需承担专利权被无效的风险。

另外，受让人需要专利转让时可能是为了自身发展需要，还有可能是面临侵权诉讼的危机。2012年4月，微软花费约10.6亿美元购买美国在线（AOL）的约800件专利和相关申请，微软愿意进行此次专利转让的原因在于：美国在线的专利涉及即时消息、电子邮件、浏览器、搜索引擎、多媒体技术等，这些技术与微软自身的业务有高度相关性，并且，美国在线的专利有相当部分源于著名的地图供应网站Mapquest，因此这种转让有助于微软与谷歌地图业务进行竞争；微软为了自身业务的需要，不惜花费高价完成了专利转让。2011年8月，谷歌花费125亿美元收购摩托罗拉（Motorola），其中即包括25亿~35亿美元用于收购摩托罗拉拥有的17000件授权专利和7500件申请，谷歌的这一举措不仅是出于业务的需要，更是因为面临着苹果储备北电公司专利所带来的专利诉讼威胁。为了促进专利转让，专利权人除了提高专利价值之外，还应当密切关注行业动态，主动寻找合适的专利受让方。

5. 专利转让费

作为专利买卖行为，专利转让的最终目的是专利权人获得专利转让费，受让人获得专利权；作为一种市场交易行为，专利转让费就是双方所关注的焦点。专利转让费不仅与专利的法律价值有关系，还受到专利技术的市场前景、直接相关的研发成本以及间接研发成本的影响；专利技术的研发投入不仅包括了该专利研发成功的费用，还有在研发初期可能投入的大量失败的尝试，这些间接成本也应适当纳入专利转让费的考虑范畴。

虽然专利权人通常不会将行业领先水平的专利技术进行转让，但受让人往往是对法律价值高、技术水平先进、市场前景好的专利技术有兴趣进行专利转让，此外，综合考虑专利转让费以及专利权人自身的发展规划可以促成专利转让。例如，电子科技大学的中国发明专利（CN1019720B）涉及半导体功率器件，其提供了一种新型结构的耐压区（Composite Buffer，CB），在CB层上再制造功率器件，这样可以得到性能更优良的各类功率器件，其耐压与导通电阻的极限关系建立在一个新的基础上，可以大大缓解导通电阻与器件耐压的矛盾，被同行誉为"硅极限的突破"及"MOS功率器件的里程碑"，该申请在国内获得授权，同时在美国进行了专利申请（US005216275A）并获得授权；鉴于该专利的行业领先地位，美国得克萨斯州的 Power MosFET Technologies LLC（PMT）等多家公司均与电子科技大学多次接洽，请求转让该专利，电子科技大学最终与 PMT 达成转让合同，完成了专利转让。这也充分说明，专利权人只有提高已方专利的价值，才会赢得受让方的青睐，获得好的转让效果。

2.4.3　专利融资的影响因素

专利融资能够获得现金流，实现专利的价值，但是，专利的价值评估、风险把控以及法律政策的支持程度都会影响专利融资的成败。

1. 价值评估是核心

无论是何种专利融资方式，其核心均是专利的价值评估，专利的价值决定了融资的模式以及效益；在进行专利质押融资时，发明专利权的授信额度不超过评估值的25%，实用新型专利权的授信额度不超过评估值的15%；在进行专利证券化时，特殊目的机构（SPV）需对专利进行恰当的评估以决定是否向企业融资并向原专利权人支付何种对价，在选择专利、构建专利池时需要评测筛出具有较大发展前景和经济价值的专利。针对专利价值的评估会受到多种因素的影响，不仅包括专利本身的属性，例如专利的类型、有效期、保护范围、保护地域、有无诉讼或无效宣告请求、申请人类型、发明人数量等，还要考虑专利的先进性、可替代程度、成熟度以及实施难度、技术的生命周期等，此外，还要结合市场份额、未来的收益、同行业竞争等市场因素从而对专利价值进行评估；仅靠一个主体往往难以对专利权的价值作出准确和综合的判断。因此，在进行专利融资时，专利权人需要选择正确的价值评估方法或者选择专业的评估机构，才能成功进行专利融资。

2. 把控风险是重点

对风险的把控也是影响专利融资的重要因素。专利融资是一个复杂的融资过程，属于风险分配和风险控制的过程，风险管理也是专利融资的基础；由于专利的专业性、复杂性、不稳定性以及不可比较性，给金融机构对风险的把控带来难度，这也会打击金融机构开展专利融资的积极性。专利质押融资一般只能以预期现金流作为担保，不确定因素很多，再加上专利创新的高风险性，金融机构通常出于风险最小化原则而限制授信额度。针对此种情况，可以建立风险分摊机制、完善信用担保体系，并建立完善的风险监控体系，持续有效地监督和管理资金利用情况、资金流向，以降低金融机构开展专利融资所承担的风险；还可以引入保险机制，促进专利融资中的银行和保险合作，发挥保险对专利融资的保障作用，对专利融资中发生的风险，由银行等融资服务机构、担保公司、保险公司和资产评估公司事先约定，共同分担，降低专利融资风险。

3. 法律支撑是关键

法律政策的支持也是影响专利融资成败的关键。我国是发展中国家，虽然在处理专利权权益的法律制度方面已经有了《专利法》《担保法》《物权法》和《专利权质押登记办法》等，然而专利融资在我国仍然属于一个新生事物，相对于专利融资实践中面对的一些复杂而又具体的问题，我国的法律制度还存在相当程度的空白；例如，针对专利信托就没有可以依据的法律，目前我国还没有针对专利权信托的登记条件、登记主体、登记程序和登记内容等作出规定，于法无据，还没有出台专门针对专利权信托的法律法规或规章制度，这使得专利权信托这一法律关系的存续性缺乏相应的法律依据，武汉国际信托投资公司的专利信托业务就是由于缺乏支持专利信托和专利资产证券化的法律制度和经济环境而宣告失败，当时并没有支持专利信托和发行受益权凭证的任何法律和政策。我们应积极借鉴发达国家的先进经验，结合我国实际，建立高效、安全、规范的融资规则，对相关法律和制度进行调整，尽快为专利融资提供制度保障，以保证专利融资行为的合法性和可行性。

2.4.4 企业专利实施面临的问题和对策

专利只有通过实施，才能够从抽象到物化，转变为现实生产力。专利实施不仅有助于实现技术的价值增值，阻滞竞争对手，完成对市场的充分占领，为企业带来收益；还能够使企业前期研发投入得到回报，为企业持续开展研发提供了资金保障，进而实现循环式的激励创新。

那么，国内企业在实施专利技术的过程中都面临哪些问题，又应该采取哪些对策呢？

1. 专利技术先进程度、成熟程度不足

自改革开放以来，我国科学技术水平日新月异，不断攀升，但在医药领域，距世界发达国家还存在一定差距。在知识产权被充分重视和在市场竞争中发挥重要作用的今天，反映在专利技术上的先进程度、成熟程度不足，成了一些企业实施专利技术的障碍。

在这种情况下，企业首先应当密切关注市场需求和实时动态，在企业对于自身经济运转状况、生产技术条件、市场开拓能力、预期市场占有量等进行充分评估和准确认知的条件下，可以考虑同高校、科研院所甚至跨国制药企业进行合作，采用委托研发、直接承接其已有专利技术或合作开发的方式，对企业自身技术进行改进升级，或选择具备市场竞争力的专利技术进行实施。有的放矢、持续创新、合作共赢将是未来提高国内企业专利实施效率和质量，为企业带来回报的有效方式。

2. 专利法律价值有待整体提升

企业在进行技术创新的过程中，有时会忽视查新检索和对竞争对手专利保护范围的分析和解读，以及缺乏对于专利布局的整体考虑。虽然获得了技术较为先进的专利授权，但却在未来实施过程中埋下隐患，可能招致竞争对手的围追堵截，或严重影响技术产品在研发、生产、销售不同阶段的价值与价格的匹配程度。

要改善这种局面，首先需要将技术自由实施/运作（FTO）管控贯彻到技术创新乃至专利实施的每一个环节。如有必要，可建立具有领域针对性的数据库，实时跟踪行业技术发展状况，对竞争对手或潜在竞争对手进行重点关注。对于威胁企业相关技术或产品的专利，详细分析其与自身技术的关联程度、相似程度、风险程度，判断是否存在侵权风险。

由于各个国家、各级法院对于专利权保护范围的解释规则、等同实施方式的认定存在差异，当确实存在一定侵权风险时，应针对项目的具体情况确定侵权分析的范围和尺度，给出合理的风险提示。并可对于侵权风险专利，从权利要求解释角度、权利稳定性角度、现有技术抗辩角度、专利无效角度多层次予以关注，例如对侵权风险专利是否面临无效宣告请求挑战的最新法律状态以及无效宣告请求过程中实际面临或可能面临的无效风险进行分析，即从其权利稳定性中获得借鉴或者突破。

另外，除了对于侵权风险专利挑战的反击，在允许的条件下还可以针对其保护范围进行合理的规避设计；同时在一定程度上能够站在巨人的肩膀上，借鉴其技术优势，攻克一些自身难以突破的技术难关，通过规避设计形成曲线救国策略，完成对市场容量的分割或占有。

若侵权风险专利不易主张无效，同时也难以进行规避设计，则可以考虑企业自身优势，采用多种方式与竞争对手达成合作关系。

在做好FTO工作的同时，积极学习借鉴跨国制药企业的专利布局模式、专利申请和保护策略；在拥有先进技术时，主动成为棋盘上的操纵者，努力摆脱被动挨打局面，使技术创新与知识产权保护、运用并驾齐驱，才能有效提升企业商业利益实现的机会和成功率。

2.5 科研机构和个人——实施乏力、转移为主、合作开发、战略 储备

科研机构和个人由于实施乏力且对于专利技术转化能力有限，专利转移和合作开发等途径将成为其专利价值实现的主要形式。

2.5.1 专利拍卖

传统的专利转让主要是专利权人和受让人通过双边谈判的机制进行，通过谈判能够实现信息的充分共享，并且在谈判机制以及交易结构上也十分灵活。但是，传统的交易方式也存在一些问题，①由于双方需要反复进行谈判，增加了交易成本，包括时间成本以及机会成本等；②由于缺乏公开且透明的市场交易行为，成交价往往不能反映技术的公平市场价格；③交易方往往是专利权人和某一受让人，无法聚集其他感兴趣的买家，因此无法产生竞价，会造成成交价格偏低的情况，甚至无法成交。

专利拍卖是通过市场竞价交易的方式来实现专利权的转移，可以改变传统的一对一转让方式，具有覆盖面广、公平竞价、合理出售等特点。专利拍卖利用了拍卖这一古老的营销模式，成为一种快速的专利转让方式，并且拍卖过程的匿名机制保护了某些私密信息的扩散，给拟转让专利的专利权人和潜在的受让人提供了新的沟通和技术转移渠道，有利于科技成果的转化。

专利拍卖是一种公开、透明的交易方式，各类市场主体均可平等参与，它拥有传统专利转让所不具备的"快速""竞价"的独特优点。通过拍卖竞价可以避免交易的主观随意性，最大限度地实现专利经济价值。

1. 专利拍卖的发展概况

作为一种新兴的专利转让方式，专利拍卖在美国已经成为一种较为成熟的专利技术交易模式，其中，美国经营知识产权的海洋托莫公司（Ocean Tomo）的专利拍卖活动最为成功。2006年4月，海洋托莫公司在美国旧金山举办了第一次现场专利拍卖活动，400件专利被分为78个拍卖标的，涵盖了通信、医药、半导体、汽车、金融服务等领域，吸引了微软、通用电气、杜邦等企业的参与，最终26个标的成交，成交金额达300万美元。海洋托莫公司的专利拍卖的成功，使得这种专利技术转移方式引起了人们的注意，并逐渐成为美国一种较为成熟的技术交易模式，但这并不是专利拍卖的首次尝试。早在1993年，美国联邦税务局即通过专利拍卖的方式来抵扣企业的欠税；1995年，三星电子以365万美元买走了美国破产企业——磁盘驱动器生产商

Orca Technology 公司被拍卖的专利。

目前，专利拍卖已成为专利技术转化的一个重要途径。继 2006 年第一次成功进行专利拍卖之后，海洋托莫公司每年都会在美国进行两次现场拍卖；美国国家航天航空局也采用专利拍卖的方式促进其专利转化；2007 年，位于德国汉堡的知识产权拍卖有限公司（IPA）主持了欧洲首届知识产权拍卖会，此次拍卖共有 83 件估值超过 500 万欧元的标的参与了拍卖，最终成交金额为 50 万欧元；2010 年，印度也在艾哈迈德巴德举行了第一次专利拍卖，涵盖了饮料、杀虫剂以及药物等领域；2012 年，柯达公司向法院递交申请，就涉及存储、图像分析、捕捉、处理相机、智能手机等领域的 1100 多项专利进行专利拍卖；2011 年，加拿大北电公司对 6000 多余项专利进行拍卖，经过多轮竞价，由苹果、爱立信、微软、索尼、RIM、EMC 组成的财团 Rockstar 最后以 45 亿美元的价格买下，其中，苹果出资 20 亿美元，爱立信和 RIM 共支付 11 亿美元，微软和索尼共支付 10 亿美元，EMC 出资 4 亿美元。

随着我国专利申请量和授权量的不断增加，国内的知识产权服务机构、技术交易平台机构以及专业拍卖机构也开始尝试了专利拍卖这种交易模式。2004 年，上海市知识产权服务中心、上海市技术交易所、上海中天拍卖有限公司和上海知识产权园联合举办了首届专利高新技术成果专场拍卖会，拍卖标的涉及了医药、轻工、建材、环保、保健品等领域的尖端技术，拍卖会一共成交了 8 项专利技术，总成交额为 1215.05 万元，其中，第二军医大学研制的知母总皂苷片成为此次拍卖会上的最大一笔交易，成交金额为 670 万元。2008 年，上海市举行了专利交易周专利拍卖会，共有 8 项专利参加拍卖，拍卖标的总金额达 3386 万元，拍卖标的金额前 3 名均为生物医药专利，其中"冻干重组人角质细胞生长因子－2"以 1800 万元的高价卖出。2009 年，上海市再次举办专利拍卖会，共成交 6536 万元，来自生物医药、新材料、节能环保等领域的 5 项专利项目成功拍卖，其中，成交单价最高的是"重组人角质细胞生长因子－2"专利，成交价为 2900 万元。2006 年，沈阳市知识产权局、沈阳市技术产权交易中心和辽宁省拍卖行共同承办了沈阳市专利技术拍卖会，涉及高精度热压氮化硅陶瓷球轴承及其制造方法、多轴螺栓拧紧机、多功能一体式焊接切割设备以及高耐磨、抗静电型聚氨酯材料 4 项专利技术成功拍卖，4 个项目成交价总计 343.5 万元。2010 年，中国技术交易所对中国科学院计算技术研究所的 70 项基于智能信息、无线通信、集成电路及物联网等领域的专利进行拍卖，来自国内的 8 家企业最终竞得 28 件标的，总成交金额近300万元。2011年，中国技术交易所举办第二届专利拍卖会现场拍卖活动，16项标的成功竞拍，竞拍金额100余万元。2012年，中国技术交易所举办第三届专利拍卖会，对涵盖互联网、集成电路、人机交互、物联网、视频处理、网络安全与管理及下一代互联网等应用方向的信息计算技术领域专利（专利包）进行拍卖，成交标的87项，成交金额425.5万元。2013年，中国技术交易所和天津药物研究院合作，将生物医药领域涵盖新化合物、新工艺、制剂、新用途共计30件发明专利进行了专利拍卖（见表4-2-3）。

表4-2-3　我国近十年专利拍卖重要事件

时间	地点	组织方	成交额	重大交易技术
2004年	上海	上海市知识产权服务中心、上海市技术交易所、上海中天拍卖有限公司、上海市知识产权园	8项专利技术，共计1215.05万元	知母总皂苷（670万元）
2006年	沈阳	沈阳市知识产权局、沈阳市技术产权交易中心、辽宁省拍卖行	4项专利技术，共计343.5万元	机械加工、高耐磨、抗静电型聚氨酯材料
2008年	上海	上海市知识产权服务中心、国家专利技术上海展示交易中心、上海拍卖行有限责任公司	8项专利技术，共计3386万元	冻干重组人角质细胞生长因子-2（1800万元）
2009年	上海	上海市知识产权服务中心	5项专利技术，共计6536万元	重组人角质细胞生长因子-2（2900万元）
2010年	北京	中国技术交易所、中国科学院计算技术研究所、北京海淀中科计算技术转移中心、北京国信兴业拍卖行有限公司、北京集佳知识产权代理有限公司	28项专利技术，共计300万元	智能信息、无线通信、集成电路及物联网等领域
2011年	北京	中国技术交易所、北京国信兴业拍卖行有限公司、北京集佳知识产权代理有限公司	16项专利技术，共计100余万元	信息技术领域
2012年	北京	中国技术交易所、中国科学院计算技术研究所、北京海淀中科计算技术转移中心、北京集佳知识产权代理有限公司	87项专利技术，共计425.5万元	信息计算技术领域，单项成交最高额200万元
2013年	北京	中国技术交易所、天津药物研究院、天津泰普医药知识产权储备流转中心	未知	生物医药专场，涵盖新化合物、新工艺、制剂、新用途

由表4-2-3可知，我国专利拍卖主要发生在北京、上海、沈阳等地，并且需要知识产权服务机构、技术交易平台以及专业拍卖机构的通力合作。

涉及生物医药领域的专利拍卖成交额普遍较高；比如，2004 年上海的专利拍卖涉及知母总皂苷的专利交易额达 670 万元，2008 年和 2009 年上海的专利拍卖，涉及重组人角质细胞生长因子 -2 拍出了最高价，并且，2008 年上海专利拍卖标的金额前 3 名均为生物医药专利，2013 年，中国技术交易所与天津药物研究院开展了生物医药专场专利拍卖，这充分反映了专利在生物医药行业的重要性，在生物医药领域进行专利保护往往更具价值，专利转化也更具前景。

2. 专利拍卖的流程

专利权作为一种无形资产，其拍卖程序与有形资产拍卖相似，都需要经过筹备、招商、公告/预展、竞价/签约以及后期服务的阶段。通常来说，专利权人首先向拍卖主办方提交意向拍卖专利清单，在确认专利可进入招商环节后，专利权人与主办方签署委托服务协议，招商结束后，主办方会发布拍卖公告并确定拍卖时间、地点和标的；最终确认的拍卖标的会在现场拍卖环节进行应价竞标，成交标的需签署成交确认书，进行价款结算及权属转让等手续的办理。以下以海洋托莫公司为例，对专利拍卖流程作简单介绍，如图 4 - 2 - 2 所示。

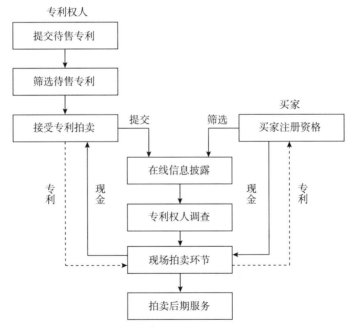

图 4 - 2 - 2 海洋托莫公司专利拍卖流程❶

---

❶ 刘鹏，方厚政. 美国海洋托莫公司的专利拍卖实践及启示［J］. 科技与管理，2012，14（5）：84 - 87.

专利权人向拍卖方海洋托莫公司提交有意拍卖的专利清单，公司对提交的专利进行评分筛选以确定专利是否适合拍卖，买方需要提前注册，获得竞买资格；通过审核的专利和竞买人信息提交数据库，海洋托莫公司对专利权人进行尽职调查，最后进行现场拍卖。如果专利在现场拍卖中流拍，海洋托莫公司会鼓励专利权人和买家私下协商，买卖双方仍要支付中介费。

3. 影响专利拍卖的因素

专利拍卖虽然是进行专利转让的有效方式，但是在实际操作中，仍有多种因素影响着专利拍卖的成交率，例如信息不对称、专利价值难以评估、中介市场的成熟度等。

首先，专利文献中包含大量的法律信息和技术信息，这些复杂的信息使得竞买人无法充分了解所要拍卖的专利，而买方出于信息保护考虑也不愿公开他们对专利的期望值，因此，专利权人和竞买人可能被信息阻碍隔绝开来，导致信息不对称。这种信息不对称导致竞买人无法深入了解拍卖专利的价值，而专利权人也无法准确掌握竞买人的真正需求，从而导致流拍。

其次，专利本身的价值对拍卖的成功与否至关重要，但是，每件专利都涵盖了"个性化"的技术，其价值难以评估。例如专利类型、权利要求的项数、技术特征的多寡、保护范围的大小、专利的有效期、专利引证率、权利的稳定性、是否涉及诉讼/复审/无效、专利技术的市场前景等，都会影响专利的价值；此外，专利技术的产业化需要经过实验室小试、实验基地中试、工业化测试及产业化等多个阶段，也存在太多不可预期的情形，进而影响了专利价值的评估。专利价值难以评估会导致专利权人的心理价位和竞买人给出的竞买价相差悬殊，往往经过多次流拍之后，专利拍卖的价格才会逐渐修正到一个合理的范围内。

最后，中介市场的成熟度也会影响专利拍卖的成交率，如何汇集专利需求双方的资源并进行合理的整合，是专利拍卖成功进行的基础。鉴于专利拍卖的特殊性，一个成熟的中介机构不仅能够完成资源整合，还要能够客观对专利权人的专利进行价值评估，从而为买卖双方在专利价值这一关键因素上做到信息对称。

专利拍卖在我国已经进行了很多有益的尝试，并且也取得了很多成绩，专利权人可以通过这一专利转让模式实现专利的价值。在专利拍卖过程中，信息不对称是影响专利价值度评估的重要因素，也是影响专利拍卖成交概率的关键原因；在实际操作过程中，专利权人或者竞买人也可以通过相关技术部门，预先利用专利分析的手段对专利价值进行评估，从而为专利拍卖的顺利进行奠定基础。

2.5.2　专利质押

专利质押属于权利质押，是指以专利权中的财产权作为质押的标的物，将专利权移交给债权人占有，专利权作为债权的担保，当债务人不履行债务的情况下，债权人有权把折价、拍卖或者变卖该专利权所得的价款优先受偿。在专利权出质期间，质权人没有权利许可他人使用或转让该出质的权利，质权人只有占有和保全该专利权的权利，维持专利权本身的一切费用应由出质人承担，如专利年费等。通过专利质押融资，可依法将专利权作为质押物，向商业银行等金融机构申请贷款。

我国于 1995 年施行的《中华人民共和国担保法》第 75 条规定："依法可以转让的商标专用权、专利权、著作权中的财产权可以质押"，明确规定了专利权等知识产权可以作为权利质押的标的；《中华人民共和国担保法》首次规定了专利权的质押制度，为专利权质押贷款提供了基础。我国于 2007 年颁布的《中华人民共和国物权法》第 223 条规定："债务人或者第三人有权处分的下列权利可以出质：（五）可以转让的注册商标专用权、专利权、著作权等知识产权中的财产权"，这一规定首次在我国确立了专利权质押融资制度。2010 年，国家知识产权局颁布了《专利权质押登记方法》，完善了我国专利权质押融资的法律依据。

2005 年末，湖南省湘潭市率先对科技融资进行了积极有益的探索；中国人民银行湘潭市中心支行主动与政府部门协商，创造性地制定了专利权质押贷款办法，与 3 家企业签订了专利权质押贷款合同；这一尝试打破了传统融资的担保模式，开创了我国专利权质押融资的先河。2008 年开始，国家知识产权局开展知识产权质押融资试点工作，推动了我国专利权质押融资的快速增长；2015 年，我国专利权质押融资金额突破 560 亿元，惠及 2000 余家企业。2015 年，国家知识产权局出台了《关于进一步推动知识产权金融服务工作的意见》，进一步加快和完善了知识产权金融服务机制，力争到 2020 年全国专利权质押融资金额超过 1000 亿元，业务开展范围至少覆盖 50 个中心城市和园区。

我国医药生物领域专利权质押融资也取得了一些可喜的成绩，2006 年，柯瑞生物医药技术有限公司凭借其蛋白多糖生物活性物质的发明专利权在交通银行北京分行质押贷款 150 万元，该发明专利的评估价值为 600 万元；

2010 年，天津药物研究院凭借其发明专利"血府逐瘀滴丸及其制备工艺"向银行申请质押贷款，最终成功获得了 500 万元的贷款，该专利的评估价值为 1300 万元；2014 年，重庆华森制药有限公司凭借其 3 项发明专利（治疗肠易激综合征的中成药及其制备方法、一种铝碳酸镁片、一种都梁复方中药软胶囊）成功从中国农业银行重庆荣昌支行拿到 2000 万元的贷款，这 3 项发明专利估值为 6000 余万元（见表 4 - 2 - 4）。

表 4 - 2 - 4　2008～2015 年专利权质押融资金额统计

年份	2008	2009	2010	2011	2012	2013	2014	2015
专利权质押融资金额/亿元	13.84	74.49	70.66	90	141	254	489	560

目前，我国已经基本建成了以实现知识产权价值为目的的多层次、多元化、多渠道的专利质押融资体系，质押融资模式主要包括以下 3 种模式。

政府补贴模式：政府鼓励企业或专利权人直接用专利证书来进行质押，政府补贴融资成本，制定相应的扶持政策向获得专利质押贷款的中小企业提供贷款贴息，推动和鼓励专利质押融资工作的开展。

政府担保模式：政府扮演担保人的角色，帮助银行分担转移风险，减轻银行对专利权质押融资的顾虑。例如具有政府背景的专业中介机构为企业专利质押融资提供贷款担保，企业将其拥有的专利作为反担保质押给担保机构，然后由政府指定的商业银行向企业提供贷款，贷款风险主要由政府部门承担。

政府引导模式：在这种模式下，全部风险由发放专利质押贷款的商业银行承担，政府只是为银行推荐优质的科技型中小企业，这是一种市场化程度很高的模式；另外，政府会向银行推荐专利权评估机构，并对所管辖范围内的专利权和融资的企业进行预审后再向银行推荐。

2.5.3　专利证券化

专利证券化是指发起人将缺乏流动性但能够产生可预期现金流的专利（基础资产），通过一定的结构安排对基础资产中风险与收益要素进行分离与重组后出售给一个特设机构，由该机构以专利的未来现金收益为支撑发行证券融资的过程。专利证券化是以专利权为支撑，面向资本市场发行证券进行融资的金融交易，能够将专利资产按照一定的标准进行组合，以该资产组合为基础在金融市场发行流动性与信用等级较高的证券。

专利证券化是资产证券化在专利领域的延伸，也是一种金融创新，其一般步骤为：专利权人将专利申请权、许可收费权等未来收益权转移给特殊目的机构（SPV），SPV 将专利未来收益权汇集成组，使其作为发行证券的基础，转换成证券出售给投资者，然后 SPV 将投资者支付的价金支付给专利权人（见图4－2－3）。

图4－2－3　专利证券化流程❶

美国是最早实行专利证券化的国家，著名的案例是 Royalty Pharma 公司运作的耶鲁大学 Zerit 专利证券化案例。1985 年耶鲁大学发明了一种治疗艾滋病的新技术，并获得了发明专利；1987 年，耶鲁大学和美国制药企业 Bristol－Myers Squibb（BMS）公司签订了专利独占许可协议来研制一种名为 Zerit 的新药；耶鲁大学为了进行项目融资，于 2000 年与 Royalty Pharma 公司签订了专利许可收费权转让协议，将 2000～2006 年的 Zerit 新药专利许可费的 70%以 1 亿美元不可撤销地转让给 Royalty Pharma 公司；为了支付这笔转让费，Royalty Pharma 公司对 Zerit 新药专利许可收费权进行了证券化处理，发行了 5715 万美元的优先债券、2200 万美元的次级债券和 2790 万美元的受益凭证，剩余的 30%专利许可费由耶鲁大学保留；BMS 公司作为专利被许可人，每季度必须向耶鲁大学支 30%的专利许可费，然后支付 304.5 万美元的优先债券，再支付 120 万～133 万美元的次级债券，最后将剩余利益分配给持有受益凭证的受益人。另外，Royalty Pharma 公司还运作了一桩 13 种药品专利许可应收款进行证券化处理的案例，该公司先后购买了 13 种药品专利许可收费权，构建了一个相对稳定的、以药品专利许可费为核心的资产组合，发行了 2.25 亿美元的可转换金融债券，债券分为 7 年期和 9 年期两种。

此外，日本于 2003 年也开始尝试专利证券化——Scalar 专利证券化交易。Scalar 公司是日本一家处于创业阶段的中小企业，其主要业务是光学镜头业务并拥有多项光学技术专利；Scalar 公司将 4 项专利权排他性许可给 Pin Change 公司；Scalar 公司将这些许可使用合同的未来收益权转让给了由一家信托银行控股的 SPV 并以许可使用合同的未来收益为基础发行了债券、优先

---

❶ 袁巍. 我国发展专利资产证券化的可行性分析［J］. 天津职业院校联合学报，2008，10（6）：124－127.

证券和受益凭证，实际获得融资 20 亿日元。

由此可见，专利证券化具有以下优势：①迅速融资，专利权人通过证券化的方式将专利未来的许可使用费迅速变现，不需像传统的专利许可那样经过较长时间才能够获得全部许可费；②大量融资，从专利证券化的实践来看，专利证券化的融资额能达到其价值的 75%，远远大于其以该专利质押所获得的贷款，并且专利证券化发行的 ABS（Mortagage – Backed Securities）的票面利率比银行支付的知识产权担保贷款利率低 22% ~30%，降低了融资成本；③安全融资，在专利证券化的过程中，发起人在基础资产上设立信托，由受托人 SPV 进行管理和处分，SPV 起到隔离风险的作用，在证券化交易后，融资者仍然可以保有和管理专利，可以持续提升其价值，对于 SPV 而言，只享有基础资产名义上的所有权，基础资产的实际收益由投资者享有，大大降低了专利证券化过程中的风险。

2.5.4　专利信托

专利信托是指专权利人基于对受托人的信任，将其专利及其衍生权利委托给受托人，由受托人按委托人的意愿以自己的名义，为受益人的利益或者特定目的，进行经营管理、运用或者处分该专利的行为。

在专利信托中，专利权人以出让部分投资收益为代价，将专利委托信托投资公司经营管理，信托投资公司对受托专利的技术特性和市场价值进行深度挖掘和适度包装，并向社会投资人出售受托专利风险投资收益期权，或者吸纳风险投资基金，构建专利转化资本市场平台，从而获取资金流（见图 4 – 2 – 4）。

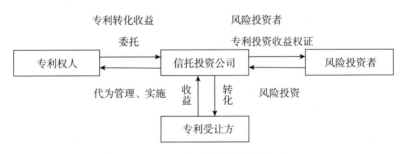

图 4 – 2 – 4　专利信托框架流程❶

专利信托将专利的创造和经营相互分离，专利权人将专利交付给信托管

---

❶ 封文辉，等. "专利信托"业务的现实意义及展望［J］. 电子知识产权，2001（5）：53 – 55.

理以实现自身利益，是实现专利经济价值的有效手段，基于专利财产权的性质、专利信托融资的风险特点以及风险可控性分析，可以采取专利信托贷款模式、专利股权投资信托融资模式和专利基金信托融资模式进行专利信托产品的开发❶。

　　随着专利无形资产的日益壮大，各国逐步把专利权纳入信托的标的范围。美国的 Alexander Arrow 最早提出，专利资产与金融资产非常相似，可以进行信托管理。2004 年 12 月 29 日，日本 UFJ 信托银行率先在日本开展专利信托业务，接受了来自日本东京一家小公司的专利信托业务，该信托的专利权是一种用于铲土机的液压管的制造方法。2000 年 10 月 25 日，为了解决"专利转化难"的难题，武汉国际信托投资公司在全国率先推出专利信托业务，其专利信托模式如图 4 - 2 - 5 所示；武汉国际信托投资公司作为受托人，利用其资金、信息和经验的优势，为专利权人与专利受让方搭建了技术转让平台，并通过向投资者发行受益权证的方式进行融资；在此期间，对一项无逆变器不间断电源专利进行了信托，武汉国际信托投资公司作为受托人，发行了面值为 6 元的受益权证，但由于缺乏支持专利信托和专利资产证券化的法律制度和经济环境，该业务在历时两年后于 2002 年 12 月 20 日正式终止。2010年，中国技术交易所、北京国际信托有限公司、北京中关村科技担保有限公

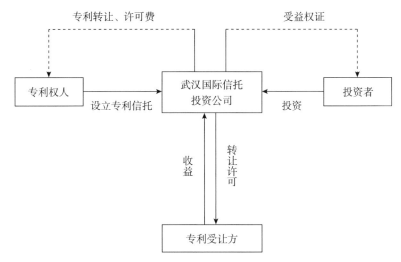

图 4 - 2 - 5　武汉国际信托投资公司专利信托模式❷

❶　张晓云，等. 专利信托融资模式的设计与应用［J］. 知识产权，2012（6）：72 - 74.
❷　袁晓东. 专利信托的功能及其运用领域［J］. 科学学研究，2007，25（4）：640 - 645.

司和北京中小企业信用再担保有限公司在北京中关村联合提出科技成果转化集合信托计划，该计划以解决中小企业融资难和支持科技成果转化为目的，以构建促进科技成果转化的融资模式为手段，为我国专利信托业务的开展提供了支撑。

2.5.5　专利入股

专利入股是指以专利技术成果作为财产作价后，以出资入股的形式与其他形式的财产（如货币、实物、土地使用权等）相结合，按法定程序组建有限责任公司或股份有限公司的一种经营行为。

《公司法》第 27 条规定："股东可以用货币出资，也可以用实物、知识产权、土地使用权等可以用货币估价并可以依法转让的非货币财产作价出资。"该规定给出了允许专利技术入股的基础。在进行专利技术入股时，需对专利的价值进行评估，可以包括以专利权入股、专利实施权入股以及专利申请权作价入股，当然，进行专利入股的必须是专利的合法权利人。利用专利技术入股后，专利所有权并未发生转移，但是投资各方可共同开发实施专利技术、共同经营、共担风险、共享利润。

2007 年 10 月 22 日，中都国脉（北京）资产评估有限公司接受中国石油勘探开发研究院的委托，对该院拥有的发明专利技术"超高分子量两性离子聚合物的制备"进行评估，成功用技术入资注册成立新公司。1999 年 2 月，国家人类基因组南方研究中心与新疆友好（集团）股份有限公司共同投资组建了上海申友生物技术有限责任公司，其中，国家人类基因组南方研究中心即采用了专利技术入股的方式。

专利的价值、预期收益、入股企业的管理水平和企业信誉等都是影响专利入股的制约因素，李云婷针对生物技术专利入股时的影响因素分析发现：生物科技企业在选择入股方时会考虑"预期收益""入股价格"和"市场占有率"；科研单位在选择入股方时会考虑"专利的外溢性""经营管理水平"和"信誉关系"；而生物科技企业进行专利入股时会考虑经营因素和收益因素，最终目的是在确保安全、风险最小的情况下开发市场份额，获得预期收益❶。

---

❶ 李云婷. 生物技术专利入股及价值评估问题探讨 [D]. 泰安：山东农业大学，2013.

2.6　小　　结

本章探讨了高价值专利的运用方法。专利的运用途径包括专利的实施、专利商业化以及专利的战略化三个层次，这三个层次由低到高，体现了专利不同层级的价值实现。专利实施可以将知识产权的内在价值通过可见可流通的产品的方式固化下来，是实现专利价值的最基础方式。商业化则体现专利本身作为一种资产的性质，专利的商业化属性使其可以通过多种途径进行商业化运作，比如可以进行专利许可、专利转让，还可以通过专利担保、专利信托、专利证券化、专利质押贷款以及专利入股等方式以专利权为资本进行融资，使得专利权人能够更有效地使用和配置专利资产。专利的商业化运用进一步丰富了专利的应用手段，提升了专利价值层次。专利的战略化运用进一步赋予了专利在企业整体经营战略中的独特地位，通过专利相关资源的整合和战略机会的探寻，帮助企业在激烈的市场竞争中找到最佳的应对方式，赢得竞争优势。此时，专利的价值实现就与企业的命运息息相关。因此战略化就成为更高层级也更加重要的价值运用方式。

在专利的运用过程中，通过专利挖掘和专利撰写得到的专利以及围绕核心专利形成的专利组合是所有操作的客体对象和成功运用的根本保证，但随着专利运用主体的不同，专利的具体运用行为势必也会有所区别。因此本章针对医药领域中常见的三类主体：大型制药企业、中小型制药企业和科研机构提出了有关专利运用方式的不同建议。对于大型制药企业，一方面依托自身强大的资本基础，布局前沿技术，同时自行实施进行产品转化。另一方面为了保证其市场地位，可以通过构建强大的专利网辅以诉讼的方式打击竞争对手，同时通过并购、标准化、专利联盟甚至专利开放的方式，获得战略的领先地位。对于中小型制药企业，由于受到资本的限制，因此可通过专利许可、转让的方式规避自行实施的风险，或者利用优秀的专利技术进行融资，获得自行实施所必要的资本支持。对于科研机构而言，由于其自身很难具备自行实施的条件，因此更多的是采用商业化的方式将专利变现，及时补充科研资金，形成"研发—转化—资金—研发"的良性循环。

专利的价值需要通过运用来体现，一项专利如果在其生命周期中一直处于沉睡状态，专利证书终究会成为一张废纸。随着专利在现代产业竞争中地位的提升以及企业专利意识的觉醒，专利也逐渐被认可成了一种可以盈利的企业资产，因此如何有效地运用和盘活这些专利资产就成了企业需要重视的问题。本章提出的专利运用方式基本上涵盖了目前的主流方法，并且针对不同的主体提出了个性化的建议，相信会对相关主体有所帮助。随着经济社会的发展，可以预期必将诞生更多更加灵活的专利资产运用方式，使得专利权人有了更多实现专利价值的路径选择，从而最终在专利的辅助下走向成功。

第 **5** 章

高价值专利培育管理体系

第1节　技术挖掘管理体系

1.1　技术挖掘管理体系概述

技术挖掘是从技术研发中提炼具有专利保护价值的技术创新点的过程，广义上可包括立项规划、技术成果收集和专利化，具有高度的系统性。由于技术挖掘是形成专利权的基础，因此技术挖掘管理也可以视为所有专利管理工作的发端。技术挖掘管理的基本目标是：通过系统化的人员组织、制度规范，实现研发成果的专利价值最大化。

企业从事技术挖掘管理的主体是制定并组织实施技术挖掘规划的人员。创新性企业的经营发展高度依赖于专利技术，而技术挖掘管理人员承担着实现技术专利化的重大责任，因而应当在企业决策中拥有充分的话语权。从国内外众多知名医药企业的管理实践可知，技术挖掘管理人员不能局限于企业专利部门的负责人，应当包括上至企业的最高管理者，下至一线技术挖掘工作人员的多层次的有机体。企业的最高管理者是知识产权规划的制定者，统筹包括技术挖掘在内的专利工作。专利部门负责人处于中间层次，负责调配组织工作人员，制定技术挖掘工作制度与规范，决定重要技术成果及其专利的处置方式。技术挖掘工作人员处于基层，他们一方面管理需要形成专利的技术成果，协调研发人员与专利代理人做好对接，另一方面也是技术挖掘管理的客体。除此之外，技术挖掘管理的主体还包括参与技术挖掘的各相关方，包括研发部门负责人、合作科研机构负责人、代理机构负责人等。

技术挖掘管理工作的客体包括从事技术挖掘的工作人员、技术挖掘的过程和待专利化的技术成果本身。从事技术挖掘的工作人员包括专利工程师、研发人员和专利代理人。其中，同时具备技术背景和法律知识的专利工程师是技术挖掘的核心人员，优秀的专利工程师具有良好的沟通能力，熟悉企业的研发路径，能够统筹技术挖掘工作全局。企业研发人员是技术成果的产出者，对技术的理解最为深刻，研发人员的积极参与，可以从源头上提高技术成果输出的质量和效率。专利代理人长期从事专利法律工作，熟悉专利申请规则，在技术成果专利化方面经验丰富，专利代理人参与技术挖掘工作，有助于保证专利申请文件的撰写质量。由于技术挖掘是一项由三类主体共同参与的系统性工程，因此管理的重点在于根据人员配备，建立严密的组织体系，明确各方的权责分工，确立相互之间的协作方式，确保技术挖掘工作的高效开展。

"不以规矩，不能成方圆"，技术挖掘过程的复杂性与系统性，决定了配套规章制度的必要性。技术挖掘制度的宗旨在于激发研发人员的创新热情，维系部门协作的有效运转，实现技术成果的价值转化。为此，企业的技术挖掘管理制度需要渗透到工作的整体流程之中，塑造科学严谨的工作体系，尤其对影响专利价值的重要节点，相应的技术挖掘制度不仅要规定具体的事项，还需要规范完成事项的程序。由于药物技术日新月异，新兴热点频出，技术挖掘管理制度还应具有一定的灵活度，能够在实践中及时发现并修正自身冗繁或空缺的部分，不断提高制度的前瞻性和完备性。

1.2　挖掘高价值专利的内在要求

专利的价值涵盖技术、法律、市场三个层面，其中技术价值是培育高价值专利的基石。医药企业往往可以凭借"重磅炸弹"级专利药物获取巨额利润，可见医药领域的专利价值高度依赖于技术自身，企业有必要围绕技术充分挖掘专利。

现代药物的开发已更倾向于开放的合作模式，不再局限于闭门造车式的独立研究。20世纪中后期，几乎所有的制药企业均专注于后期化合物的筛选，而这一渠道已变得越来越狭窄。取而代之的是疾病生物学导向的研发模式，只有了解疾病的生理病理学进程，才能找到更准确的治疗靶点，提高药物研发的成功率和市场价值。诺华的格列卫与罗氏的赫赛汀是两个突出的例子，格列卫是世界上第一个 BRC－ABL 激酶抑制剂，开启了肿瘤的分子靶向治疗时代；赫赛汀则能显著抑制 Her2 蛋白高度表达的乳腺癌细胞的生长，是第一个在乳腺癌中显示有切实疗效的抗体药物。无论是格列卫还是赫赛汀，都是基于开创性靶点的发现而开发出的药物，具有突出的核心技术价值。疾病生物学主导的药物发现还包括生物标志物的发现和药物筛选方法本身，有利于原研企业从源头掌控技术的应用。目前，这种平台化、多维度的研发模式已渐成主流。为了适应这种变化，制药企业比以往更积极地介入学术界的研究，也更乐于与细分领域的专业研发型公司展开合作。因此，面向高价值专利的技术挖掘工作需深度关注新生物技术的发现发展过程。

在获得核心药物专利后，进行后续专利布局则可以进一步提升专利的组合价值。格列卫、赫赛汀取得成功后，诺华和罗氏又对已有药物进行了二次开发，包括积极扩大适应症或推进产品的迭代升级等，专利技术价值随之不断提升，企业的领先地位得以保持。

技术成果是专利价值的基础，高水平的专利化则是实现专利价值的保障。如赫赛汀在专利撰写之前，基因泰克（已并入罗氏）对已经公开的现有技术进行了充分的调研，了解相关技术的申请现状，合理规避现有技术，通过适当的概括，多角度、多方向实现了宽范围的保护。同时分层次、逐级递减地限定权利要求的范围，为后续实质审查过程提供了修改空间。

由此可见，与传统技术挖掘主要对内进行不同，高价值专利技术挖掘的外延更为宽泛，要求企业的专利管理人员具有更广阔的行业视野和更精湛的法律分析技能，才可以承担高价值专利技术挖掘管理工作，其主要包括：①专利技术信息监测：新技术与竞争对手的技术追踪，参与研发立项与专利布局规划；②外部技术挖掘管理：合作机构交流，指导研发方向，收集创新构思与技术成果；③内部技术挖掘管理：跟踪研发项目，收集创新构思与技术成果；④专利化管理：筛选评估技术成果，专利预审，撰写技术交底书或专利申请文件，确定审查意见答复策略，获取专利权。

1.3 技术挖掘管理的组织结构

高价值专利的培育牵涉知识产权、技术研发、市场开拓、战略规划等多个方面，还可能需要外部合作单位的参与。为此，企业需要根据自身的管理模式、工作需要设计与之匹配的顶层架构，以实现各方的顺畅协作。

1. 高价值专利技术挖掘管理的顶层设计

企业的最高管理者是技术发展规划的关键制定者，能够从全局把握企业的定位和发展方向，统筹协调各部门的协作关系。企业的知识产权工作应当是一把手工程，以确保资源的有效调配和支持。

从实践来看，为统筹技术挖掘工作的日常开展，最高管理者可以设立各相关部门主要负责人参与的议事机构，如专利委员会等，确立长效的工作机制。例如，可由专利事务部牵头，联合公司研发人员、新药研发管理部、项目管理部等相关部门，成立多方参与、具有管理核心地位的知识产权议事机构，建立知识产权战略研讨决策例会制度负责研发方向确定、发明披露审查、专利布局等重大事务的决策协商，制定实施与公司商业竞争策略相匹配的知识产权战略，提高知识产权战略决策能力，以知识产权为导向优化企业技术创新路径、资源配置和业务链条。

2. 高价值专利技术挖掘管理的组织形态

企业的知识产权工作可以采用多种架构，目前尚无放之四海而皆准的固定模式，如由技术研发部门主管专利管理的组织形态，由综合法务部门主管的组织形态，由营销部门主管的组织形态，由战略规划部门主管的组织形态，还包括独立的专利管理组织形态[1]。各种形态组织架构各有侧重，其中常见的3种模式如表5-1-1所示。

表5-1-1　知识产权组织导向

组织导向	研发导向	法务导向	综管导向
组织归属	设置于研发技术部门	设置于法务部门	独立部门
组织属性	偏重技术研发	偏重法律事务	偏重集成管理

（1）研发导向的组织形态

目前，我国医药企业主要采用的是研发导向的机构设置方式，即在研究院下设专利事业部，由专利事业部负责技术挖掘等工作。这样的设置有利于专利管理人员与技术部门深度融合，及时了解企业研发动向，充分利用企业内部的技术成果。然而，由于专利部门从属于研发部门，使得时效性极强的专利信息难以快速进入最高决策层的视野，尤其是高价值专利培育还需要法务、市场等多个部门的配合，采用这一模式会导致部门间横向协作烦琐，导致高价值专利的培育受到一定限制。

（2）法务导向的组织形态

将专利部门设置于法务部门下是另一种常见的知识产权管理模式，这一模式对从业人员的法律背景要求较高，适合面临复杂法律环境的企业。如某

---

[1]　袁真富. 专利经营管理［M］. 北京：知识产权出版社，2011.

跨国制药企业，其知识产权负责人直接向公司总裁汇报工作。法务部下设多个不同事业部，其中包括知识产权部门，主要负责处理所有与公司业务有关的知识产权事务，如专利、商标、商业秘密以及其他相关事务。这一模式的优势在于有利于专利获权的后续法律事务的处理，如专利诉讼、侵权纠纷、许可谈判等。然而此种架构的专利部门同研发部门易发生脱节现象，不便于专利部门直接快速地掌握研发动态，在技术挖掘方面可能存在沟通不畅、滞后延迟等问题，不利于高价值专利的培育。

（3）综管导向的组织形态

为高效地运转专利，德国拜耳采用独立部门模式——成立拜耳知识产权有限责任公司。该公司是集团内的知识产权部门，与法务部门等平级，其定位为专业的知识产权服务类公司，负责拜耳集团内所有的知识产权相关业务。拜耳涉足医疗保健、农作物科学及高科技材料三大领域，各子公司管理相对独立，使得知识产权事务繁杂分散。拜耳采用这一模式的好处在于涵盖了拜耳集团所有知识产权事务，有利于掌握知识产权资产概况，统一操作标准。同时，将知识产权部门划分为独立部门，不再受制于研发部门和法务部分，使得知识产权专业人员的地位有所提升，其提出的专业化建议也更容易被参考和接受，工作热情更加高涨。但采用这一模式同样存在与研发部门距离较远，技术挖掘不足的隐患。为应对该问题，拜耳将知识产权有限责任公司的办公地分别设立在德国的孟海姆，柏林的舍纳费尔德，以及位于法兰克福南部的埃施博恩，其中孟海姆有拜耳作物研发中心、医药保健研发中心，柏林有拜耳的医药公司，而勒沃库森有聚合物研发中心。拜耳通过将知识产权有限责任公司办公地点设置于集团研发中心所在地，搭建了按技术、产品类别管理知识产权的矩阵式管理架构，便于两部门紧密合作，直接交流❶。

由此可见，对于子公司众多、产品线长、知识产权事务复杂的创新型企业，采用独立专利部门的管理模式好处较多，有利于提升知识产权部门的地位，激发工作热情，实现知识产权为导向的统一管理、协调发展。在实践中，专利部门可以实施矩阵式的管理架构（见图 5 - 1 - 1），灵活执行技术挖掘、法务运营等事务。

---

❶　汪晶. 我国大中型高新技术企业知识产权管理体系新构想［J］. 法制与社会，2014，8（J）.

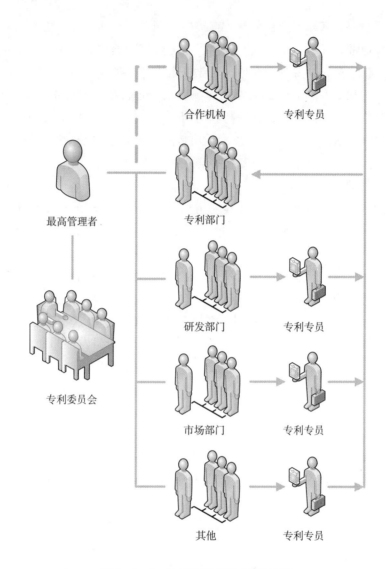

合作机构　　专利专员

最高管理者

专利部门

专利委员会

研发部门　　专利专员

市场部门　　专利专员

其他　　专利专员

图 5 −1 −1　知识产权矩阵式管理架构

3. 高价值专利技术挖掘管理的组织职能与人员要求

高价值专利的技术挖掘涉及多部门的合作，在设置独立专利部门的架构下，应建立专利部门主导、其他部门协作的专利管理模式，如图 5 − 1 − 2 所示。企业在实施技术挖掘时，既可以成立具有明确分工的工作小组，也可以根据不同项目采用纵向负责体制。以下阐述专利部门的建设要求。

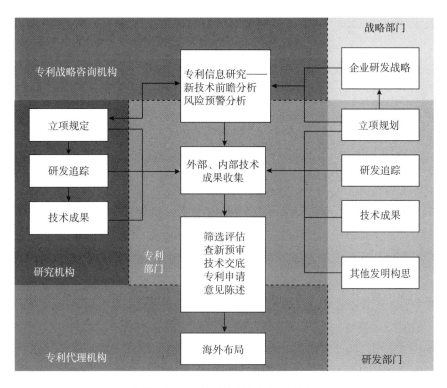

图 5 - 1 - 2　技术挖掘组织协作流程

（1）专利信息研究

从以往"重磅炸弹"级药物的专利研究可以发现，此类药物大多将高技术起点作为其价值体系的基石。如前述的格列卫、赫赛汀，甫一问世就带着新靶点应用、首创药物类型等光环，使得两药物能够跳出同类竞品的"红海"，开创属于自己的天地。国内医药企业对知识产权的重视程度参差不齐，很多企业新药研发时通常由企业的战略部门和研发部门主导，而专利部门往往仅承担立项可行性的辅助分析，从而导致专利部门话语权较低，影响立项的知识产权评议效率，容易出现立项后发现项目获得专利保护的可能性低或研发产品存在专利侵权风险，最终导致项目半路夭折。另外，立项完成后，若缺少专利部门的分析研究，还容易出现专利信息实时追踪不到位，出现新的侵权风险等问题。随着医药企业国际化进程的加快，海外企业更加重视中国市场，国内企业也逐步走向世界，专利全球化竞争态势加剧，专利信息分析缺失带来的问题将更加明显。

鉴于此，企业的专利部门应当具备专利信息宏观研究的能力。在论证立项方向之初，就针对现有技术发展进程、自身特点和竞争对手情况，深入分析专利信息，明确发展机遇与风险，从专利角度提出技术研发路径的建议，通过前瞻性的专利布局规划，最大化专利价值。在立项后期或项目执行中，实时跟踪专利发展态势，对可能的风险点作出预警，并因势利导，调整技术研发的方向。总之，专利信息研究是企业参与国际竞争的必备素质，专利部门需尽早强化此项技能，帮助企业建立高价值专利导向的研发模式，实现由辅助到合作再到主导的地位提升。

实施专利信息研究，需要研究人员具有深厚的技术基础与宽广的行业视野，还需要掌握必要的专利法律知识；同时，专利信息研究工作还需要与其他部门的人员合作，要求研究者具有较好的沟通协调能力。为此，专利部门需要筛选合适人员承担此项工作，在条件允许的情况下，可由专利部门负责人直接主导，从技术、法律等多维度选择人才，搭建满足专利信息研究要求的团队。对于重大的立项研究，还可招募具有研发背景的行业专家，通过系统的专利培训使其了解基本的专利知识，进一步提高团队的技术融合度。对于开拓新技术领域的情况，还可选择外聘专家，如资深专利代理人、专利咨询顾问等承担此项工作。

（2）对内技术成果的收集

企业内可进行专利化的成果一般分为两种，即立项规划中的可专利技术和研发中新出现的创新构思。项目规划中的技术成果是专利形成的最主要来源，专利部门可在项目立项规划之初，通过项目负责制的方式指派专人负责。在立项阶段，专利工作人员可以就项目的专利化前景和专利布局规划与研发人员充分沟通和阐述，以利于研发人员后续工作中及时总结研发成果，形成专利申请。在整个研发过程中，专利部门有针对性地分解技术要素，如治疗靶点、化合物结构、抗体序列、制备方法、纯化方法、中间体、晶型、衍生物、制剂、第二用途等，并及时跟踪反馈阶段性技术成果。在结题阶段，对已有技术成果进行整理，查漏补缺，形成完整的技术成果库。项目规划外的创新构思，主要来自为应对项目研发中出现的实际问题而采取的解决方案。此类技术成果往往具有很好的应用价值，需要依靠部门间的充分交流和研发人员的主动配合收集利用。专利部门可以采用专利俱乐部（patent club）等多种形式，方便项目内研发人员分享创新构思，促进技术成果的收集。

对内收集技术成果或创新构思是技术挖掘的基础，企业应当高度重视，并在专利部门内指派专人进驻或跟访项目组；对于研发部门内设有专利小组的，也可由参与该项目的研究人员兼任，并与专利部门充分交流。承担此项工作的人员，需要充分了解企业及其技术研发的现状，主要包括：①企业的战略规划和发展方向，自有产品的特点和专利情况；②行业竞争态势，竞争产品的优势、劣势及专利情况；③项目规划，包括研发内容和可形成专利的技术要素；④研发部门的架构设计、研发能力，研究人员的基本情况。

从事对内收集技术成果的人员也应当具备一定的沟通能力，鼓励研发人员将分散、隐性的创新构思表达出来，在与研发人员交流中及时发现潜在创新成果。此外，还需要工作人员具有与项目契合的技术背景，能在研究关键节点影响项目的进展，必要时可以促使有限的研究资源向高价值的可专利性成果方向倾斜。

（3）对外交流合作

与外部单位合作，增加了专利管理的复杂程度，这不仅体现在权属合同订立、研发人员调配等方面，也体现在技术挖掘管理的触角向外延伸。合作之初，企业专利部门就应当在合作框架协议内，与对方的专利部门充分沟通，明确双方的权利义务、职责分工、知识产权归属等。由于科研机构的专利部门一般较为薄弱，难以从行业发展的角度指导研发进程。企业专利部门应当在立项选择、项目推进实施、成果形成等各个环节参与研发过程，及时发现创新要素并收集整理，以备专利化。

相比企业自有的研发部门，外部科研合作单位与专利部门相隔更远，为实现充分的沟通，应当指派专人跟踪项目进展，定期参与对方的研发例会，及时分析专利化的可能性并给出便于实际操作的方案。合作机构通常与企业研发部门联系紧密，对于设置专利小组的研发部门，技术挖掘可由负责相同或相近项目的专利专员担任。由于不同单位存在文化、制度、习惯等各方面差异，外联人员需要更高的沟通能力和更加积极主动的工作热情。

（4）技术成果的专利化

将已获取的技术成果转化为受保护的专利是专利部门的基本职能，该部分工作需要较强的专利法律基础和专利申请实务经验，可由企业专利部门主导完成。如可安排参与技术成果收集的人员接续承担专利化工作。如果前期技术成果收集由研发人员兼任，则应安排专利工程师负责对接。

就人员素质而言，承担技术成果专利化的人员应当掌握深厚的专利法律知识，熟谙专利申请流程，并具有丰富的专利实务经验。由于专利化的执行具有高度的系统性，工作人员应熟悉转化流程并严格执行，对于其中的关键节点，如筛选评估、技术交底书评审、申请文件审核、修改策略等，由于其会对技术成果的最终保护效力产生重大影响，应当邀请技术研发和市场管理专家共同决策。

1.4 技术挖掘的管理制度与规范

1.4.1 技术挖掘管理制度概述

1. 技术挖掘管理制度的模式

从制度设计的角度来说，总体可以分为两种模式。一种模式是制定统一、全面的高价值专利培育管理制度，规定技术挖掘、法律维护和专利运营等多种相关事项。对于规模小、业务简单的企业，采用这种模式比较合理。另一种模式是将纲领性的内容集中在一份综合性文件中加以规定，而将具体的、操作性强的内容放在特定的文件中规定，如在制定高价值专利培育管理总则的基础上，对涉及技术挖掘的各个方面，规范细节问题，指导具体操作。企业专利事务繁多，应采用后者以适应复杂工作的需要。

2. 技术挖掘管理制度的基本结构

企业制度架构可分为高价值专利培育管理办法总则和适应性细则，操作规范，其基本机构如表 5 - 1 - 2 ~ 表 5 - 1 - 5 所示。

表 5 - 1 - 2　高价值专利培育管理办法

章节	基本内容
总则	制定目的，适用范围等
管理机构	专利工作的领导机构、执行机构与辅助机构，各机构的权责、协作关系等
技术挖掘	技术挖掘规划制定，专利信息研究办法，技术成果提交与评估办法，专利申请办法等
法律维护	专利维护、无效异议、专利侵权维权与应诉等
专利运营	专利资产评估标准，专利许可与转让办法，专利质押融资等
其他与附则	专利奖励办法、数据库管理制度，制度解释权，实施日期等

表 5 - 1 - 3　专利信息研究操作规范

章节	基本内容
总则	制定目的，适用范围等
管理机构	专利工作的执行机构与权责、与其他相关机构的协作关系等
信息的范围	专利或技术信息的定义、范围、分类等
信息的研究	信息的检索分析基本方法，必要检索数据库等
附则	制度解释权，实施日期等

表 5 - 1 - 4 技术成果收集与提交操作规范

章节	基本内容
总则	制定目的，适用范围、技术成果的定义等
管理机构	技术成果提交机构、收集管理执行机构、技术成果评估机构的权责、各相关机构的协作关系等
过程管理	技术成果收集与提交的程序，技术成果管理制度等
附则	制度解释权，实施日期等

表 5 - 1 - 5 专利申请操作规范

章节	基本内容
总则	制定目的，适用范围等
管理机构	专利申请工作的执行机构与权责、与其他相关机构的协作关系等
评估管理	价值评估程序等
查新预审	技术成果的检索分析基本方法，必要检索数据库等
专利申请	技术交底书与专利申请文件的撰写规范，专利申请程序等
意见答复	审查意见答复程序等
附则	制度解释权，实施日期等

针对上述管理办法依据高价值专利技术挖掘的规律设计，企业在日常实施中可根据实际情况进行调整。

1.4.2 技术挖掘配套操作规程

1. 技术挖掘规划的制定规范

技术挖掘是企业将技术成果转化为专利资产的必要步骤，具有长期性、系统性的特点，制定前瞻性规划尤其重要。企业应当将技术挖掘规划作为整体战略的一个环节，综合考虑行业现状和企业发展方向，制定相应的技术挖掘规划，形成一份具有指导意义的文件。技术挖掘规划应当包括挖掘的目标、人员等基本要素，重点突出专项药物研究的挖掘（见图 5 - 1 - 3）。在实际操作中，可以按照高价值专利培育管理办法定期组织商议，会后由专利部门起草阶段技术挖掘规划，经最高管理者核定后正式发布。

对于企业而言，对于正在开发的重点药物进行针对性专利挖掘非常重要。企业可以在定期的规划书中作出详细规定或在实际立项时提出专门计划。关键技术是技术挖掘规划的核心内容，应当在规划书中加以明确，此外还可包括申请时间、地域、衍生技术专利布局等更为细化的内容，具体如图 5 - 1 - 4

所示（详见文前彩插第 8 页）。

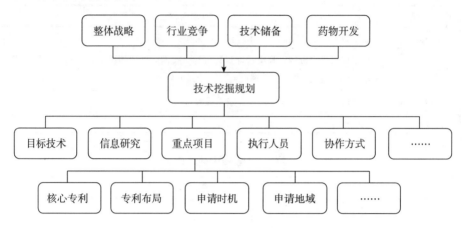

图 5 - 1 - 3　技术挖掘规划书结构

一般而言，形成技术成果后，研发部门应当在两周内提交专利部门会商，对于晶型等常规的外围技术，应在 12 月内完成后续的研发，其他类型的研发具有不确定性，可视具体情况而定。从地域的角度看，美国可以对治疗方式的商业应用进行保护，可针对美国单独挖掘给药方案类技术方案，印度对药物衍生物专利的新颖性要求严格，因此已有药物的常规衍生物，如盐、酯、晶型、异构物等衍生物专利可不进入印度。

2. 专利信息研究的操作规程

专利信息研究是企业技术研发的重要支撑。从研究对象来看，可以分为新技术前瞻性分析和针对具体技术的专利风险预警。

新技术前瞻性分析侧重宏观分析，有助于企业提高立项的准确性。对企业开始关注的技术领域，首先对其相关专利的时间、地域、技术类型、主要竞争主体的专利布局、重要专利技术发展脉络、技术功效矩阵等主要指标进行统计，根据结果，评价这一领域的竞争环境、市场需求、技术发展趋势，最后结合企业的自身技术储备和研发实力，预判在这一领域的发展前景。

当企业确定某一药物的研发方向后，还需要对该研发方向进行深入而全面的自由实施研究。由于这一阶段没有形成具体的技术方案，预警侧重于研发方向上重要风险点的排查和追踪，可以在前期宏观分析的基础上，进一步检索相关专利，去除噪音信息后对可能的风险专利进行精读，分析其权利要求的保护范围，确定法律风险，并对研发部门发出预警与专利运营建议，具体的流程如图 5 - 1 - 5 所示。事实上，专利的风险预警贯穿研究的整个过程，因此对前期发现的风险专利，应当持续跟踪其法律状态和保护范围的变化。

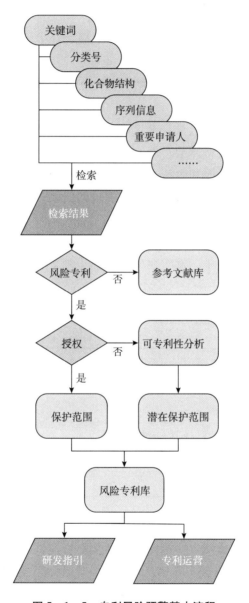

图 5 - 1 - 5　专利风险预警基本流程

由于专利信息研究工作要求全面的技术、法律能力，企业也可与外部专利信息研究的专业机构合作。对于合作机构出具的研究报告，可按照上述指标进行验收，确保项目质量。

3. 技术成果收集的操作规程

药物研发是一项漫长的工程，而技术挖掘贯穿了研发的整个过程。在立项阶段，技术挖掘侧重于前瞻性布局（见第 4.2.1 节）。在研发过程中，则需要技术挖掘人员从日常研究的点滴中，提炼具有智慧火花的技术贡献并将其专利化。

研发记录是记载研发人员日常工作的技术文件，通常包括研究目的、研究方法、研究结果、心得体会、理论推断等。研究记录一方面作为技术成果的载体，另一方面作为专利申请文件的原始文件资料，是技术挖掘的第一手材料。研究人员在项目研究取得阶段性或短期成果时，应及时总结，形成研究记录，其撰写规则与格式可如表 5 - 1 - 6 所示。研发记录需定期整理入库，企业按照内部机密文件管理，规定阅读的权限范围。技术挖掘人员可在与研究人员充分沟通的基础上，浏览研发记录，并定期形成阅读报告，以便于追踪项目进展❶。

表 5 - 1 - 6 研究记录基本框架

类目	主要内容
卷首	项目名称或代号，参与人员的姓名及分工，开发日期等
目的	执行研发任务的目的，在项目研究中的意义等
方法	简要实验方法等
结果	客观数据、图片等，包括实验失败的结果
讨论	实验过程的心得体会，依据结果的理论推断等
其他	技术挖掘人员作出的批注等

技术挖掘人员除了从已有的研发过程中挖掘技术成果外，还应当鼓励研发人员主动提交创新构思，这对发现项目隐含的或非项目技术成果而言事半功倍。创新构思提交的形式可如表 5 - 1 - 7 所示，形成统一规范的格式，便于后期加工。

---

❶ 杨铁军. 企业专利工作实务手册 ［M］. 北京：知识产权出版社，2013.

表 5 - 1 - 7　发明构思提交样表

名称：*					编号：	
所属项目：*						
提交日期：*						
提交人：*	姓名：		电话：		E - mail：	
	姓名：		电话：		E - mail：	
创新构思简述：*						
基本创新点：						
可解决的技术问题与技术效果：						
应用前景：						
发明信息：						
本发明的技术领域：（包括适用的疾病，药物类型）						
技术分类：	□治疗靶点		□活性物质		□制备方法	
	□药物制剂		□制药用途		□联合用药	
已有技术及其缺陷：						
本发明是否依赖自有技术：	□是现有技术：					
	□否					
本发明是否依赖他人技术：	□是现有技术：					
	□否					
竞争对手及竞争性技术：	□是竞争对手及竞争技术：					
	□否					
应用中是否容易被获知：	□是					
	□否					
本发明是否需尽快申请：	□是					
	□否					
发明内容详述：（包括完整的技术构思，与现有技术项目相比的改进点、技术优势、技术效果，优选实施方案等）						
备注：						

在实际操作中，应当多举措、多维度促进研发人员提交创新构思，例如：

（1）专设接口：在企业协同管理平台的工作流程子栏目里专设创新构思提交系统，并在主页面向研发人员作定向推广。

（2）降低门槛：复杂的表格设计将使得不熟悉创新构思提交系统的研发

人员望而却步。在初次提交时，可仅要求填写少量必要信息（标＊的地方），在确定为可行的发明构思后，详细内容可再与技术挖掘人员讨论后完善。

（3）简化审核：复杂的审核机制同样构成创新构思的提交障碍。初次提交的审核应当扁平化，为研发人员创造宽松的外部环境。

（4）培养习惯：在创新构思提交系统运行中，应当配套相应的激励机制，使得研发人员乐于使用提交创新构思，并逐渐形成习惯。

研发结题阶段的技术挖掘针对性更强，需要将项目规划充分落实，查漏补缺，形成完善的专利布局。对此，技术挖掘人员可将已有的技术成果按项目进展情况进行排列，并与项目规划进行比照，分析缺失专利的原因及补救措施，并最终形成书面报告，记录在案。对于相比项目规划新增的技术成果，也可以分析其形成原因和利用价值，为以后的收集工作提供参考。

4. 技术成果专利化的规程

高价值专利培育要求充分发掘企业的技术优势，并提供完备的法律支持。具体到技术成果的专利化，表现为建立系统化的流程体系，包括科学评议成果价值、专家预审法律风险、策略化修改申请文件，并最终形成保护范围稳定、适当的专利权（见图 5-1-6）。

从研发部门收集的技术成果涉及不同的领域、项目或类型，解决不同的技术问题，并且提交人员的技术水平和专利素养也参差不齐，因此有必要进行分类整理。技术挖掘人员可以参照创新构思提交表的模式，对技术成果进行规范化的描述，通过软件读取表格中的各个栏目，如所属项目、所处领域、技术分类等信息，直接录入数据库。

筛选评估是专利化的关键步骤之一。通过筛选，可以过滤技术创新有限、应用价值不高的杂质，聚焦真正具有高价值专利化潜力的创新构思。由于筛选评估的过程涉及企业与研发人员的实际利益，应当与研发部门共同研讨，必要时邀请市场部门参与。研讨中需要按照高价值专利培育的规律，综合考虑技术、法律、市场三方面的因素。技术方面包括创新构思是否为重大创新，是否存在可替代技术；法律方面包括通过前期的检索，预判其是否可自由实施，创新高度是否达到可专利化的程度；市场方面包括预期市场规模，对竞争对手是否形成障碍，是否具有专利运营的潜力等。对于技术的保护类型，如专利、商业秘密，研讨会中也可一并讨论，判断其实施是否容易被竞争对手获取，或者侵权是否容易被发现并进行维权举证。具体标准如表 5-1-8所示。

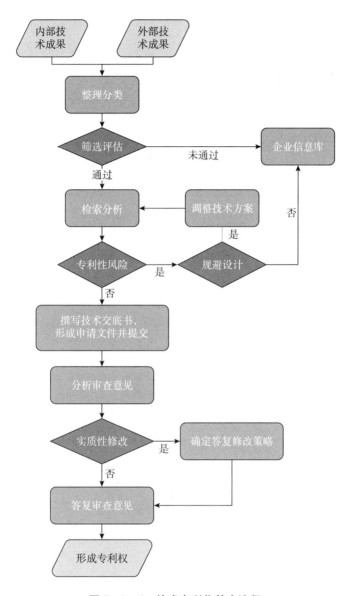

图 5 - 1 - 6　技术专利化基本流程

　　出于对技术成果的尊重，创新构思评估的最终结果，可以由研发部门决定。评估结果中的 A 类技术属于企业的战略性成果，对未来发展具有决定性的意义。B 类、C 类技术的重要性依次降低，但可提高企业的技术优势或形成新的产品，对竞争对手形成牵制。A、B、C 三类技术均具有保护价值，应按照主次申请专利，一方面对 A 类重点关注，尽全力获取高价值的核心专利，另一方面布局 B 类、C 类专利，形成高价值的专利组合体系。D 类技术本身价值不高，可录入企业信息库进行分享。对于确定为商业秘密的技术（X 类），应加密处理，并限定获取权限。

表 5 - 1 - 8 技术评估标准表

	治疗靶点	活性物质	制备方法	药物制剂	制药用途	联合用药	其他
A	新的治疗机理、治疗靶点、生物标志物及其检测方法、药物筛选方法等	新的化合物或生物药物等，在细胞实验等水平已表现出突出的活性	已有药物的新制备路径，相对其他企业的制备技术形成显著的成本优势	药物新给药途径及新剂型，显著提高生物利用度，患者顺应性等	企业自有专利药物或非专利药物的第二制药用途	企业自有专利药物或非专利药物的联用给药方案，显著提升治疗效果	—
B	已有治疗靶点的具体结合位点、基于已有生物标志物的诊断试剂及其方法等	已有药物的新晶体、盐、水合物、前药、溶剂化物、异构体等，具有更好的活性	已有制备途径的重要改进，如新的合成中间步骤，生物药物关键培养基和培养条件等	药物制剂处方改进，大幅提高给药效果，或新的制剂制备方法，提升成本优势	企业自有专利药物或非专利药物的治疗方案，其他企业专利药物的第二制药用途	其他企业专利药物的联用方案，显著提升治疗效果	—
C	具有一定的技术优势，可用于形成专利组合或对竞争企业形成障碍						
D	技术优势较小，专利化困难或市场价值不高						
E	创新构思存在错误，如技术描述不符合逻辑，不能达到预期效果等						
X	应作为商业秘密保护的创新构思，价值评估分类参照上表，如 X - A，X - B，X - C，不同价值的商业秘密可设定相应的密级，并设定解密申请专利的时间表						

确定需要申请专利的技术，应从法律的角度精雕细琢，具体表现为设立预审程序，对每一项拟申请技术进行检索和分析。检索是实施预审的基础，与前期的宏观分析与风险预警不同，这一阶段更侧重于针对某一项具体技术方案的新颖性、创造性进行审核，检索范围更为全面，涵盖专利文献、非专利文献、一般网络证据等。对于重要技术的检索过程有必要加以控制，确保达到最低的检索限度，具体的检索记录样单如表 5 - 1 - 9 所示。

表 5 - 1 - 9　检索记录样单

检索编号：			
检索日期：			
技术分类：	□治疗靶点	□活性物质	□制备方法
	□药物制剂	□制药用途	□联合用药
关键词：			
关键词扩展：	□同义词	□上下位概念	□功效描述
	□英文缩写	□数值参数	□结构序列
IPC/CPC：			
通用数据库：			
化合物数据库：			
生物序列数据库：			
检索过程摘要：			
文献附表：			

在获得对比文件后，则需要从专利审查的角度，按照专利法的相关条款和次序，对技术方案的可专利性逐一深入分析（见表 5 - 1 - 10）。如出现影响技术可专利性的风险，则需要反馈研发部门，共同商讨规避方案，提高创新高度，最终形成具有获权前景的技术方案。

表 5 - 1 - 10　技术方案可专利性预审标准汇总

法条	基本内容
《专利法》第 2 条	本法所称的发明创造是指发明、实用新型和外观设计。 发明，是指对产品、方法或者其改进所提出的新的技术方案。 实用新型，是指对产品的形状、构造或者其结合所提出的适于实用的新的技术方案。 外观设计，是指对产品的形状、图案或者其结合以及色彩与形状、图案的结合所作出的富有美感并适于工业应用的新设计
《专利法》第 5 条	对违反法律、社会公德或者妨害公共利益的发明创造，不授予专利权。对违反法律、行政法规的规定获取或者利用遗传资源，并依赖该遗传资源完成的发明创造，不授予专利权
《专利法》第 25 条	对下列各项，不授予专利权： （一）科学发现； （二）智力活动的规则和方法； （三）疾病的诊断和治疗方法； （四）动物和植物品种； （五）用原子核变换方法获得的物质； （六）对平面印刷品的图案、色彩或者二者的结合作出的主要起标识作用的设计

法条	基本内容
《专利法》第 26 条第 3 款	说明书应当对发明或者实用新型作出清楚、完整的说明，以所属技术领域的技术人员能够实现为准；必要的时候，应当有附图。摘要应当简要说明发明或者实用新型的技术要点
《专利法》第 22 条第 4 款	实用性，是指该发明或者实用新型能够制造或者使用，并且能够产生积极效果
《专利法》第 22 条第 2 款	新颖性，是指该发明或者实用新型不属于现有技术；也没有任何单位或者个人就同样的发明或者实用新型在申请日以前向国务院专利行政部门提出过申请，并记载在申请日以后公布的专利申请文件或者公告的专利文件中
《专利法》第 22 条第 3 款	创造性，是指与现有技术相比，该发明具有突出的实质性特点和显著的进步，该实用新型具有实质性特点和进步
《专利法》第 26 条第 4 款	权利要求书应当以说明书为依据，清楚、简要地限定要求专利保护的范围
《专利法实施细则》第 20 条第 2 款	独立权利要求应当从整体上反映发明或者实用新型的技术方案，记载解决技术问题的必要技术特征
《专利法》第 26 条第 5 款	依赖遗传资源完成的发明创造，申请人应当在专利申请文件中说明该遗传资源的直接来源和原始来源；申请人无法说明原始来源的，应当陈述理由
《专利法》第 20 条第 1 款	任何单位或个人将在中国完成的发明或者实用新型向外国申请专利的，应当事先报经国务院专利行政部门进行保密审查。保密审查的程序、期限等按照国务院的规定执行
《专利法》第 9 条	同样的发明创造只能授予一项专利权。但是，同一申请人同日对同样的发明创造既申请实用新型专利又申请发明专利，先获得的实用新型专利权尚未终止，且申请人声明放弃该实用新型专利权的，可以授予发明专利权。两个以上的申请人分别就同样的发明创造申请专利的，专利权授予最先申请的人

　　检索分析后的技术方案需要形成技术交底书，提交专利代理所后再进一步撰写成专利申请文件。为便于掌控专利申请文件的修改走向，技术交底书应尽可能按照专利申请文件的格式进行撰写（见表 5 - 1 - 11）。其中，清晰描述技术方案是重中之重，必须保证文字记载清楚、完整，技术术语使用得当，没有歧义。围绕技术方案，还应介绍现有技术缺陷，以及本技术方案区别于现有技术的有益效果，包括药物效果提升、生产成本降低等。为支撑上述技术方案的保护范围，还应当提供优选实施例和对比实施例，明确效果差

异，分析产生有益效果的原因。

表 5 - 1 - 11　技术交底书基本框架

类目	基本要求
专利名称	简要介绍技术主题
技术领域	本技术方案所处的领域
背景技术	本部分包括基本技术发展状况，主要技术文献等，重点突出与本技术方案有关的缺陷，指出需解决的技术问题
发明目的	罗列本技术方案要解决的技术问题
发明内容	清楚、完整地描述技术方案，并根据检索分析的结论进行适当的上位扩展，形成倒金字塔型的技术架构，作为代理人撰写权利要求书的基础
有益效果	罗列本技术方案所产生的技术效果
优选实施例	详细记载优选的技术方案，记载实验条件、步骤、数据等具体内容
对比实施例	详细记载参比和劣选的技术方案，并将其效果与优选实施例形成对照
其他	附图与附图说明，说明核苷酸和氨基酸序列表等

企业在完善技术交底书后，将其交由代理所撰写申请文件，专利部门需与研发部门共同会商确定最终的提交文本。在专利申请过程中，专利审查部门仍可能提出审查意见。审查意见包括两种类型，一种仅指出形式问题，如文字、标点符号等错误，对于此类问题，仅做适应修改即可克服。另一种则指出实质性问题，如本专利申请的技术方案不具备创造性等，则需要分析审查意见提出的观点及依据，针对性地提出答复建议，在与研发部门商讨后，提交意见陈述与修改文件。经过与审查部门的多次交锋后，最终形成稳定的专利权。

第 2 节　专利维护管理体系

2.1　专利维护管理系统的作用

各国专利制度普遍存在"禁止修改超范围"的规定，一旦专利申请授权，其保护范围就相对固定。专利的技术价值、市场价值、法律价值会随着各维度影响因素的改变以及对不同层级专利需求的满足而发生变化。因此，在医药高价值专利的价值实现过程中，专利权的维护管理属于不可或缺的工作。

2.2 专利维护的体系构建

专利维护管理除了维持专利权有效外，还包括应对异议挑战和保护创新利润的职能。因此专利维护管理工作可从专利维持管理、无效异议应对管理、侵权维权管理以及侵权应诉管理四方面展开。

2.2.1 专利维持管理

专利权的维持管理就是对维持专利权有效状态的持续和措施的管理[1]。按照专利状态的不同，专利维持管理可分为两种：一是对专利申请状态的持续管理，二是对专利生效状态的维持管理。

专利维持管理通常由企业内部的专利管理人员担任执行主体，并在第一时间判断是否需要维持专利的有效性以及采用怎样的维持手段。必要时，相关的技术研发人员、市场销售人员、财务管理人员也要参与到专利维持的管理中，为决策提供辅助意见。专利代理机构通常会参与专利申请的材料提交、缴费等程序性事务，因此专利代理机构也会参与到专利维持管理的工作中。

1. 专利维持与放弃的评估

目前专利保护应用最为活跃的领域包括电子通信和医药领域。电子通信领域由于技术的更新迭代速度快，专利多以专利组合的交叉许可或转让的方式加以应用。而药物专利的生命周期普遍较长，医药专利在布局上具有数量相对较少、撰写质量要求高、布局更为系统的特点。因此，医药高价值专利维持管理更需体现"维持无需条件，放弃需要充分理由"的管理思路。

在专利申请以及授权的不同阶段，放弃专利的事由也不尽相同。在专利申请阶段，可能因为不具备"三性"等问题且无法克服，或者在提交申请后技术已经被淘汰，缺乏市场前景而放弃专利申请。在授权后专利技术已经被淘汰，或权利人无意进行技术的产业化实施、商业化等行为导致专利权被放弃。

具体到医药领域的高价值专利，在前期的专利布局和挖掘管理工作中已经投入充分的准备工作，上述工作能够有效避免在申请阶段或者授权后放弃医药高价值专利情况的发生。但是基于药品研发的高风险属性，仍然存在临床试验失败无法实现产品上市，导致放弃专利权的情况。因此在技术研发、临床申报以及上市后的不良反应监控等环节都存在专利被放弃的可能。遇到

---

[1] 杨铁军. 企业专利工作实务手册 [M]. 北京：知识产权出版社，2013：211.

此种情况时，建议企业进行审慎的评估，最终确定是否启动放弃程序。

2. 专利权维持管理的操作流程

依据知识产权管理机构在组织中的地位，知识产权管理结构大致可分为三种情况：直属于最高管理者，隶属于研究与开发部门，或隶属于法律部门（见图5-2-1）。不论采用何种类型的组织结构，在专利权维持管理的操作流程中均需要从专利、技术和市场三个方面进行综合考虑。企业可以根据自身组织结构选择执行分析评估工作的具体部门。

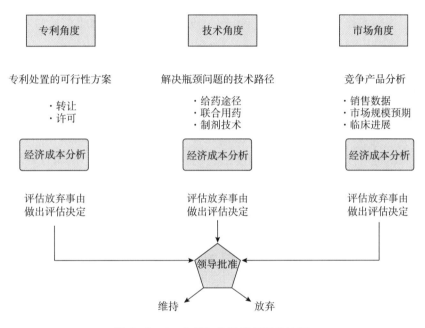

图5-2-1 专利权维持管理操作流程

就专利角度而言，相关部门可以通过专利的大数据分析寻找合作伙伴进行专利运营。寻找能够进行后续开发的潜在对象，即使研发遇到技术瓶颈也可以考虑维持专利的有效性。此外专利的大数据分析也可以帮助技术人员寻找解决技术瓶颈的突破口。

从技术角度来看，技术人员通常能够找到多种方法应对技术瓶颈，例如通过改变给药途径、制剂技术或者联合用药等方法克服技术问题。不同方法路径所面临的风险以及资金投入都有所不同，因此在技术角度需要对不同技术路径进行比较分析之后才能得出评估结论。

从市场角度来看，市场角度需要关注竞争产品的开发动态，从类似产品的销售数据、市场预期以及竞争药物的临床申请进展等角度进行综合评价。

最终，公司决策层需要综合专利、技术和市场三个维度的评估结论作出维持或放弃专利的最终决定。一旦错误地做出放弃决定就很难再恢复该专利的生命状态。因此放弃专利权时，在专利、技术和市场三方面都应具备放弃的充分理由。

2.2.2 无效异议应对管理

专利无效宣告程序是专利制度体系中的重要制度，是企业专利运用的常用手段。无效宣告请求一旦成功，其法律后果是专利权自始无效。专利无效宣告程序最大作用是作为侵权抗辩的手段，此外还能应用于清除专利障碍，获得市场准入资格或者作为商业纠纷谈判的施压手段。

创新型制药企业和仿制药企业是全球医药市场中的一对竞争主体。全球制药行业仍然处于专利药与非专利药分庭抗礼的态势。创新型制药企业通过系统的专利布局保护创新成果，并利用各国的专利保护期延长制度，最大限度地获得市场独占期。而仿制药企业不仅可以在创新药物专利到期后快速上市获利，也可以运用多种专利制度挑战创新药物的专利权，从而有效缩短创新药物的专利保护期。就技术类型而言，仿制药企业通常在制剂、晶型、联合用药等方向进行专利布局，同时也会对上述创新药物的制剂、晶型、联合用药等专利发起无效宣告挑战。基于高价值专利技术的药物在全球化销售中面临不同地域的专利挑战程序。例如在欧洲授权后9个月内遭受异议或者在欧洲具体国家经历无效程序；在美国可能面对单方复审程序、双方复审程序、授权后复审程序❶。因此拥有高价值专利的医药企业应当建立专利权遭遇无效或异议挑战的管理体系。

1. 无效的常见条款

经过实质审查后的已授权专利也可能存在各类缺陷，一些较严重的缺陷会被法律的明确规定作为无效理由。无效宣告请求人在提出无效宣告请求时，具体无效理由的数量不受限制，但一些特定的无效理由需要必要的证据支持，并且应当结合证据阐述理由。需要特别指出，无效宣告请求是一种专业性、技术性非常强的行政程序，企业在运用这一手段时有必要委托专业律师或专利代理人以求达到最佳的应对效果。

实践中相当一部分无效理由不会被经常使用，我国医药领域的无效案件中常见的无效理由如表5-2-1所示。

---

❶ 诸敏刚，等. 海外专利实务手册（美国卷）［M］. 北京：知识产权出版社，2013：56-61.

表 5 - 2 - 1　医药领域常用无效理由汇总

分类	条款	主要内容	需要证据	使用频率
客体问题	法第 2 条	是否属于保护客体	无需	一般
	法第 20 条第 1 款	是否按需要经保密审查	无需	很少
	法第 5 条	发明创造不得违反法律、社会道德、妨害公共利益	无需	很少
	法第 25 条	疾病的诊断或治疗方法	可能需要	经常
撰写及程序问题	法第 26 条第 3 款	说明书清楚、完整，公开充分	可能需要	经常
	法第 26 条第 4 款	权利要求保护范围清楚，得到说明书支持	可能需要	经常
	法第 33 条	申请文件修改不到超出原申请范围	可能需要	经常
	细则第 20 条第 2 款	独立权利要求书缺少必要技术特征	可能需要	一般
	细则第 43 条第 1 款	分案申请不得超出原始申请范围	可能需要	一般
实质性缺陷	法第 22 条第 2 款	新颖性	必须	经常
	法第 22 条第 3 款	创造性	必须	经常
	法第 22 条第 4 款	实用性	可能需要	很少

*条款中提及的法和细则是指专利法和专利法实施细则。

　　各国的无效或异议程序中，无效理由存在差异。欧洲专利公约第 100 条规定了授权后 9 个月内提出的异议理由为：申请的主题不能授予专利、发明公开不充分、申请的主题范围超过原始提出时的范围；而单一性和撰写不清楚不构成异议的理由[1]。在欧洲各国的无效阶段，具体的无效理由由各国的国内法作出相应的规定，情况复杂且成本较高，因此仿制药企业多选择欧洲专利授权的异议程序以减少无效宣告的额外成本。美国的单方复审程序和双方复审程序需要以出版物公开为由，对专利的新颖性和创造性提出质疑，而不能涉及其他理由。在授权后的复审程序中容许提出任何美国专利法上可以提出的专利无效理由，包括：本领域技术人员不能实施、说明书不支持、不可专利的技术主题、不满足授权的条件，例如基于出版物公开或使用公开对

---

[1]　The European Patent Convention，Art. 99 - 100，15th Edition，October，2013.

新颖性和创造性提出的挑战❶。因此，建议企业人力资源管理部门在岗位设置上针对重点国家和地区设置专职应对管理人员。

2. 无效宣告的应对流程

不论无效异议程序的挑战者来自哪个国家、出于何种目的，在医药高价值专利的有效性遭遇挑战时，知识产权部门均应当主动出面并牵头处理。一旦放弃应对，企业将在无效异议程序中处于被动地位，难以对高价值专利的有效性进行主动控制。因此在无效异议的应对管理中，也需要坚持"维持无需条件，放弃需要充分理由"的管理思路（见图5-2-2）。

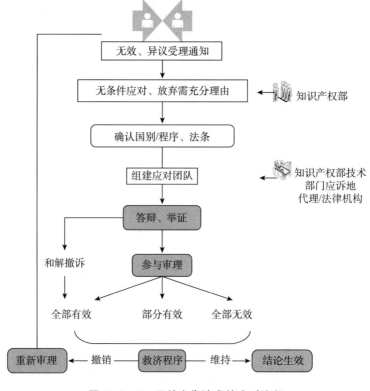

图5-2-2　无效宣告请求的应对流程

高价值专利药品在全球销售中可能面临不同地域的专利挑战程序。因此知识产权部需要明确专利挑战发起人的国别、程序以及具体法条，从而有针对性地制定应对策略。

---

❶　左萌. 美国专利无效制度及最新变化的研究［J］. 电子知识产权，2012（11）：28-32.

企业知识产权部门的应对团队既需要熟知专利法等实体法，也需要了解行程诉讼等程序法的相关内容。同时应急团队还需主动引入熟悉无效异议国法律体系的专利律师或专利代理机构提供专业的咨询服务，从而争取有利的应对结果。

虽然知识产权部或者专利律师熟知专利法的相关内容，但是对技术问题的整体把握不及研发一线的技术人员。技术部门能够依据应诉需要及时提供第一手的实验数据和原始的科研档案，这些材料在个案的审理过程中具有非常重要的作用，因此技术部门在专利权遭遇挑战时也会发挥重要的作用。

2.2.3　专利侵权维权管理

随着创新药物的上市销售，专利的市场累积价值也会不断增加，成为医药市场的"重磅炸弹"产品，在价值累积过程中，创新药物受到仿制药企业的关注将越来越高。通常药品上市需要经历漫长的审批程序，审批进程信息会从不同渠道被陆续披露，因此仿制药企业一般不会直接实施专利保护的技术方案，而是先寻求扫除专利壁垒。除了发动专利挑战扫清市场准入障碍之外，还可能通过规避设计的方式实现类似产品的上市，但在规避不当的情况下就容易出现侵犯创新药物专利的情形。

1. 专利侵权维权管理流程

专利侵权维权管理流程基本包括 8 个基本单元，分别是：侵权行为监控、组建应急团队、确认专利权有效及侵权确认分析、收集证据、发送警告函、申请临时禁止令、开展和解谈判、发起侵权诉讼或行政处理。其中的发送警告函、申请临时禁止令并非必经程序，企业可以依据具体情况作出调整。具体流程如图 5 - 2 - 3 所示。

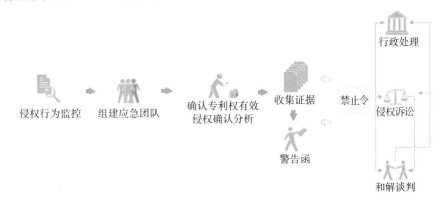

图 5 - 2 - 3　专利侵权维权管理流程

2. 具体流程及人员协作

（1）侵权行为监控

注册审批是药品上市销售的必经途径，药品上市需要获得行政部门的审批后方可上市销售。基于上市产品信息的可查询性以及专利数量相对集中的特点，相对于其他领域，医药高价值专利的侵权监控工作相对容易开展。侵权监控工作的重点在于关注各国药品的上市审批信息以及竞争对手的研发动态，也可以尝试从不同渠道获得药品注册审批信息。

（2）应急团队组建

应急小组通常由专利律师、知识产权主管领导、知识产权管理部和专利发明人（或相关技术人员）组成。其中知识产权部进行整体工作的统筹管理。专利律师可以是企业内部律师也可以是社会律师，需要具备医药领域的技术背景，主要对专业的法律问题出具咨询意见并参与后续的诉讼程序。在技术层面难以确定侵权事实是否成立时，通常需要专利权人或研发人员对技术问题出具相关意见，辅助侵权救济程序的开展。例如，通过反向工程确定药物晶型、辅料组成配比等无法从市售药品直接获得的信息。

（3）确认专利权有效及侵权确认

确认专利权有效性的分析工作包括：①对于发明专利，检查年费是否缴纳，专利权是否有效；②从新颖性、创造性、实用性等角度分析授权专利权的稳定性。步骤①通常由企业知识产权部负责，步骤②可以由知识产权部、专利律师或专利咨询服务机构分别独立完成，通过结论相互印证，确保侵权维权工作的顺利开展，同时也能为竞争对手可能发起的无效异议提前进行准备。在侵权确认方面，应急小组认真比对、分析对方技术与己方的专利技术，确认对方的技术特征是否确实落入己方专利的保护范围，确定专利侵权是否成立。在应急小组确认公司的专利权有效、专利侵权成立后着手下一步工作。

（4）证据收集

知识产权管理部提交公司享有专利权的证据，包括专利登记簿、专利证书、专利申请文件、许可转让合同等。知识产权管理部收集侵权者情况，包括侵权者确切的名称、地址、企业性质、注册资金、人员数目、经营范围等情况。知识产权管理部组织市场、法务等相关部门收集侵权事实的证据，包括侵权物品的实物、照片、产品目录、销售发票、购销合同等。知识产权管理部组织专利律师、财务部、投资部等收集损害赔偿的证据。赔偿金额由知识产权主管在咨询专利律师后确定。一般赔偿金包括以下几种：①要求赔偿的金额是本公司所受的损失，证据证明因对方的侵权行为，自己专利产品的销售量减少，或销售价格降低，以及其他多付出的费用或少收入的费用等损失。②侵权者因侵权行为所得的利润。证据主要是侵权者的销售量、销售时间、销售价格、销售成本及销售利润等。《最高人民法院关于审理侵犯专利权纠纷案件应用法律若干问题的解释（二）》第27条规定：权利人因被侵权所受到的实际损失难以确定的，人民法院应当依照《专利法》第65条第1款的规定，要求权利人对侵权人因侵权所获得的利益进行举证；在权利人已经提供侵权人所获利益的初步证据，而与专利侵权行为相关的账簿、资料主要由侵权人掌握的情况下，人民法院可以责令侵权人提供该账簿、资料；侵权人无正当理由拒不提供或者提供虚假的账簿、资料的，人民法院可以根据权利人的主张和提供的证据认定侵权人因侵权所获得的利益。③不低于专利权人与第三人的专利实施许可中的专利许可费。知识产权管理部提供已经生效履行的与第三人的专利许可合同。④权利人、侵权人依法约定专利侵权的赔偿数额或者赔偿计算方法，并在专利侵权诉讼中主张依据该约定确定的赔偿数额。公司法务部门或知识产权管理部提供双方约定的赔偿条款的协议文本。

（5）发出警告函，要求对方停止侵权行为

警告函的直接作用在于制止被告方的侵权行为，具有快速、低成本、试探性，有助于赔偿计算的优势。但是警告函的应用也有一定的缺陷❶。例如，侵权者可能转移相关证据导致侵权证据无法收集，也可能提前准备从而逃避败诉判决的执行，例如掠夺性开发市场、销毁或篡改重要证据、转移财产甚至宣告企业破产。如果专利权人在发出警告函时缺乏充分的事实依据甚至捏造事实，并且通过媒体的方式向侵权人的商业合作伙伴进行发送，则潜在侵权人可能以不正当竞争为由发起诉讼，并要求专利权人承担相应的法律责任。因此，警告函的运用需要从证据、财产以及市场三个角度进行综合分析。

警告函的寄送方式应以能够获得寄送凭证的目的为准。警告函中应包括以下内容：①明确专利权人的身份，包括权利来源：申请获得授权、转让获得授权，或经专利权人许可等。②专利的具体情况，包括专利的名称、类型、获得权利的时间、专利的效力、专利权利的内容、公告授权的专利文件（包括专利证书、权利要求书、说明书、附图）。③如果是实用新型，还包括国

---

❶ 杨铁军. 企业专利工作实务手册［M］. 北京：知识产权出版社，2013：219.

务院专利行政部门出具的检索报告，以及公司自行检索后的结论。④被警告人侵权行为的具体情况（如制造、销售、许诺销售或使用等），包括产品的名称、型号、价格等。⑤将被指控的产品的技术特征予以简要归纳，并与专利权利要求进行比对，以明确被控产品落入专利保护范围。⑥告知被警告人必须立即停止侵犯专利权的行为，并阐明被警告人将要承担的法律责任，以及所依据的专利法及其实施细则的具体条款、相关司法解释的条款等。

（6）向法院申请临时禁止令

经咨询专利律师，如果有证据证明侵权人正在实施侵犯公司专利权的行为，如不及时制止将会使其合法权益受到难以弥补的损害，则在起诉前向法院申请临时禁止令责令停止有关侵害行为。申请临时禁止令需要准备的材料除了公司享有专利权和侵权事实的证明，还需要一份详细、专业的技术分析报告或者由技术鉴定部门出具的专家意见书以及财产担保的证明材料。此外，应急小组需要对侵权人正在实施的侵权行为向法院作出说明，以便法院确信如不采取有关措施将给其合法权益造成难以弥补的损害。

（7）和解谈判

应急小组出面与侵权人沟通协商，确认是否和解：例如要求侵权人签订专利实施许可合同或专利转让合同。如和解不成，将采用行政处理或诉讼来解决纠纷。

（8）解决方式选择

专利的侵权救济方式（解决方式）分为自助救济、行政救济以及司法救济三种。当事人自行协商处理的属于自助救济行为。不愿协商或协商不成的，专利权人或者利害关系人可以向人民法院起诉，也可以请求管理专利的工作部门进行处理。行政救济相比司法救济的优势在于方便快捷。但是行政救济的不足也非常明显。首先，行政救济的保护手段单一，只能责令侵权人立即停止侵权行为。司法救济的保护手段包括停止侵权、赔偿损失和消除影响，相对而言，司法救济的保护手段更加丰富、力度更大。其次，行政救济决定不具有终极性，对行政处理不服的当事人，可以按照行政诉讼法向人民法院提起行政诉讼。最后，管理专利的部门可以申请人民法院强制执行，但是行政部门并不具备执行停止侵权的职能。在自身专利遭遇侵权时，企业的应急小组会同财务部，商讨选择提交专利管理机关处理或通过法院诉讼解决，必要时可向司法部门报案。其中，要考虑的权衡因素包括诉讼金额、诉讼成功率、赔偿金额是否能挽回公司损失等，应当依据自身的情况和具体案件选择不同的救济途径。如果选择民事诉讼，知识产权管理部应积极配合专利律师的工作。不管采用哪种方式，应急小组都要积极准备所需材料。和解、诉讼和行政处理三种救济手段存在相互转化的可能，企业可结合实际情况综合选择。

3. 侵权诉讼的管理

在侵权诉讼过程中管辖法院和起诉时机的选择会影响诉讼结果。根据相关的司法解释规定❶，侵权纠纷的第一审案件由各省、自治区、直辖市人民政府所在地的中级人民法院，以及最高人民法院指定的部分中级人民管辖，另外最高人民法院还指定了少数试点基层人民法院进行管辖。除了级别管辖之外，还应考虑地域管辖。侵权行为地法院以及被告住所地的法院都有管辖权。其中侵权行为地包括侵权行为实施地以及侵权结果发生地。原告仅对侵权产品的制造者提起诉讼而未起诉消费者，侵权产品制造地与销售地不一致的，制造地的人民法院有管辖权；以制造者与销售者作为共同被告起诉的，销售地人民法院有管辖权；销售者是制造者的分支机构，原告在销售地起诉侵权产品制造、销售行为的，销售地人民法院有管辖权。在具体的司法实践中，建议选择审判经验丰富和日后判决容易执行的侵权行为地法院提起诉讼。

一般而言，为了将侵权的损失降到最低，医药领域高价值专利侵权案件提起诉讼的时机越早越好。当然，前提是已经做好全面的诉讼准备，收集了充分的证据。例如在威尔曼公司诉双鹤药业、白云山医药科技、誉衡药业等 10 多家大型医药企业专利侵权案中，从无效到终审判决，前后历时长达 9 年。从诉讼涉及的企业数量、标的额度和诉讼持续的时间长短，就可以想象企业投入的人力、物力以及案件审理耗费的司法成本❷。如果将专利诉讼作为达到企业战略目的的手段，则可以选择其他更有利于自身的策略时机。例如在专利即将到期时或者选择竞争对手临床试验的特殊节点发起侵权诉讼，实现延缓仿制药的上市，从而获得额外的市场独占时间。应当注意，侵犯专利权的诉讼时效为两年，自专利权人或者利害关系人得知或者应当得知侵权之日起计算。在选择诉讼时切勿超出诉讼时效，从而导致胜诉权的丧失。

4. 侵权维权的事后评估

侵权维权是维护医药企业创新利润的重要手段，在侵权维权程序结束后进行及时的评估总结，不仅能够对侵权救济工作进行全面了解，同时也有助

---

❶　最高人民法院关于审理专利纠纷案件适用法律问题的若干规定（2015）。

❷　魏保志，等. 从专利诉讼看专利预警 [M]. 北京：知识产权出版社，2015：2 - 12.

于医药企业总结管理上的劣势，全面提升高价值专利的管理能力。建议企业通过多角度评估以获得全面的结论，可以从成本收益评估、应急团队评估以及挖掘布局评估等方面展开。

成本收益评估能够直接反映出侵权维权的实际效果。在成本方面，除了考虑诉讼成本、律师费、公证费、取证费用等显性成本外，还要注意计算不易发觉的隐性成本，包括知识产权部额外付出的人力成本、禁止令中的担保利息损失。在收益部分通常会关注赔偿金额、市场独占期的预期收益、许可费用等易于计算的信息。此外，如果能够了解侵权责任人的投资损益，在争议终结后执行的和解或后续合作中能够取得有利的谈判筹码，从而迫使侵权责任方参与委托加工或者临床申报等合作事项，实现专利价值的提升。

应急团队评估侧重于承担事项完成情况，目的在于了解应急团队不同个体对具体工作单元的胜任能力。评估结果不仅能够评价企业内部知识产权员工的工作能力，也能够对外部合作伙伴的选择提供指导和借鉴。

面对侵权诉讼，被告通常会使用多种理由进行抗辩，例如无效抗辩、现有技术抗辩、不视为侵权抗辩、合法来源抗辩等。上述抗辩理由能够反映出在专利撰写或挖掘布局中的失误。因此诉讼后对挖掘布局的反馈评估，有利于企业发现知识产权工作的短板，并为提升相关工作的管理能力提供指导和借鉴。

2.2.4 专利侵权应诉管理

基于通过专利保护实现市场垄断目的，医药高价值专利在挖掘布局阶段和专利申请材料的撰写过程中通常会花费大量的精力进行现有技术检索，因而能够有效避免侵犯他人专利情况的发生。

进攻价值的专利的应用目的在于通过交叉许可、专利诉讼、诉讼对冲等手段，与强大市场先入者抗争获得市场准入机会，或者对替代品布局专利，干扰对手，阻断替代品。因此，进攻性专利的高价值需要通过对价方式加以实现，因而容易成为侵权的被诉对象。企业在进攻性专利的布局规划化时，需要对侵权应诉进行主动准备，并提前制定应诉策略。

1. 应诉的基本流程

知识产权管理部需要核实警告信或起诉状的内容，确认所谓的侵权行为是否发生、是否为公司所为。如果是本公司所为，则做好以下工作：

（1）准备工作。①知识产权管理部组织聘请本行业经验丰富的专利律师。②由专利律师、公司知识产权主管领导、知识产权管理部和专利发明人组成应急小组。

（2）分析该专利侵权是否成立。①知识产权主管领导组织知识产权管理部调查对方证据能否证明本公司确已生产了专利产品或使用了专利方法。②技术中心调阅侵权涉及的专利文件，确定该专利的保护范围。③技术中心核实公司的产品或方法，是否覆盖专利独立权利要求的全部技术特征，或在某些特征不同的情况下，它们之间是否构成等同；如产品或方法缺少一个或一个以上的独立权利要求中的技术特征，或尽管不缺少，但其中一个或一个以上特征不构成等同，则侵权不成立。④如果公司的行为是为生产经营目的使用或销售不知道是未经专利权人许可而制造并售出的专利产品或依照专利方法直接获得的产品，能证明其产品合法来源的，不承担赔偿责任，停止侵权行为即可。

如本公司的产品或方法确已构成侵权，则还要进一步对该专利权的有效性进行分析。

（3）分析该专利是否有效。①知识产权管理部调查涉案专利权是否仍在保护期内，专利权人是否缴纳了年费。②由专利律师调查专利是否缺乏新颖性、创造性。③如果根据以上分析结果，认为有可能宣告该专利无效，则应抓紧时间，在答辩期内，向国家知识产权局专利复审委员会提出无效宣告请求。同时，将无效宣告请求书复印件提交法院，请求法院裁定中止诉讼程序。

（4）积极采取和解措施。如果该专利权无法宣告无效，公司应及时停止侵权，并由应急小组积极争取与专利权人达成和解协议，减少损失。

（5）据理力争，应对诉讼。如果公司与对方在赔偿数额上无法达成一致，应作好应诉准备，尽量收集对自己有利的证据和法律依据，支持自己的主张。

在专利侵权诉讼中，专利权人及其利害关系人对被控侵权人的指控不一定成立。被控侵权人可以针对指控从多个方面进行抗辩。较为常用的抗辩事由除了专利无效抗辩、现有技术抗辩、诉讼时效抗辩之外，还包括合法来源抗辩、不视为侵权抗辩等事由。在医药领域各国普遍存在 Bolar 例外的相关规定。我国《专利法》第 69 条第 1 款第（5）项中相应规定了为提供行政审批所需的信息，制造、使用、进口专利药品或专利医疗器械的，以及专门为其制造、进口专利药品或者医疗器械的行为不视为侵犯专利权。在研发立项以及临床审批阶段遇到侵权诉讼时，企业可以充分利用各国专利法中关于 Bolar 例外的制度设计，维护自身合法权益。

2. 确认不侵权之诉

知识产权作为重要的无形资产，有时会被专利权人滥用。专利权人发现潜在的侵权行为之后，可以通过警告函、律师声明等形式向侵权人发出侵权警告，或者在侵权诉讼中利用撤诉的主动权发起立案但不要求实质性的审判，从而干扰被警告人的正常生产或者直接导致商誉受损。

《最高人民法院关于审理侵犯专利权纠纷案件应用法律若干问题的解释》第 18 条规定❶，权利人向他人发出侵犯专利权的警告，被警告人或者利害关系人经书面催告权利人行使诉权，自权利人收到该书面催告之日起 1 个月内或者自书面催告发出之日起 2 个月内，权利人不撤回警告也不提起诉讼，被警告人或者利害关系人向人民法院提起请求确认其行为不侵犯专利权的诉讼的，人民法院应当受理。

不侵权之诉能够使被警告人摆脱侵权警告的威胁，化被动应诉为主动出击，在赢得主动权的同时完成危机公关，在赢得合作伙伴信任的同时掌握自身发展的主动权。

如果医药高价值专利的应用目的在于通过规避设计自行实施或者通过反向布局交叉许可，企业则需要由被动应诉转化为积极准备。除了积极准备不侵犯专利权的相关证据，并对警告函进行主动回应之外，可以充分利用确认不侵权之诉的法律制度设计，选择对自身有利的管辖法院，赢得诉讼主动权；在应诉中充分利用调解程序，在诉前、诉中、执行环节等展开和解谈判，从而实现专利的进攻价值。

第 3 节　专利运营管理体系

专利运营涉及人才、信息、技术、市场、资本等多种因素，是一项复杂的系统工程，管理体系的建立能够使各因素有机整合在一起，保证专利运营有计划地组织、协调和控制，进而充分挖掘和实现专利中所蕴含的法律价值、技术价值和经济价值。专利运营管理体系应当包含硬件建设和软件建设两个方面，硬件建设包括管理机构的设置、管理人员的组织等，软件建设主要是管理制度，包括文件指导、政策支撑等，建立完善、健全的专利运营管理体系将有助于专利运营的系统化以及专业化。

---

❶ 《最高人民法院关于审理侵犯专利权纠纷案件应用法律若干问题的解释》（法释〔2009〕21 号）。

3.1　专利运营管理的作用

专利运营管理既是企业知识产权管理的重要组成部分，也是企业科学管理的重要组成部分，在企业管理中具有重要地位；通过专利运营管理，有利于激励专利技术的开发和创新成果的保护，提高企业的专利运用能力，整合内外部资金流、信息流、技术流，从而优化专利资产配置、实现专利价值，此外，还能够起到调动员工积极性、促进企业成长的作用。

管理层在进行专利运营管理时需做到管理有方法，保证管理的规范性、权威性、平等性和灵活性，如此才能使得管理体系有秩序、有条理的运行，专利运营取得有益的、高质量的成果，进而帮助企业获得一定的经济效益和社会价值。此外，有效的专利运营管理体系应当能够实现不同层次价值的需求，比如收回专利开发成本、获取专利技术资金利润、实现专利技术的整合，通过分层次、多模式的专利运营管理实现不同的专利价值。

3.2　专利运营管理的原则

企业应当结合自身特点，立足经营活动的全过程，在分析市场环境、技术环境、社会环境的基础上，从全局性、长远性考虑建立多层次、立体化的专利运营管理体系，总体来讲，应当遵循以下几点：

（1）整体性。专利运营管理体系是由多个部门按照管理目标要求，相互作用、相互制约而构成的综合性整体。首先，管理体系应当全面包括专利运营的各部门，如此才能达到管理体系的运行效果；其次，各部门又单独构成诸多子系统，每个子系统的组成部分应当是确定的，具有完整的形态。

（2）相关性。在建立和运行管理体系时，应认识到各要素之间的关系，比如人事、资金、技术、法律、市场等；专利运营管理体系的各个部门是联动的，某一个部门不可能脱离整个管理体系单独行动。企业应结合实际情况确定各子系统之间、子系统与整体之间以及整体与环境之间的结构和秩序，通过相应的机制使之运转。

（3）动态性。专利运营管理体系各个部门的组织结构并不是一成不变的，该体系属于一种开放型的系统，内部各系统之间相互配合，同时与外部进行大量的人才、技术、资金等信息的交换。随着企业所处市场地位的改变，还要适时调整原来的结构及运作方式，从而适应新的环境变化。

（4）有序性。专利运营管理体系的各个部门所发挥的职能是有序的，不同的部门会在不同阶段发挥作用或者某一阶段由某些部门发挥作用，此外，专利运营也是一个有序性的系统工作。管理体系的各组织部门应当是有序的，如此才能保证各部门在合适的时间进行合理的运行。

3.3 专利运营管理体系的构建

专利运营管理体系是一个多方参与的系统，包括企业、政府、研发机构、金融机构以及服务机构；涉及专利运营中的多种因素，比如人才、信息、技术、市场、资本等；涵盖多种组织机构，包括资本运作、专利评估、运营组织、文件指导以及政策支撑等，各机构相互协调，组成有机的整体。

3.3.1 主体与客体

专利运营管理的主体包括企业、政府、研发机构、金融机构以及服务机构等，它们并不是独立的，而是相互联动、相互作用，共同构成专利运营管理的主体，如图5-3-1所示。

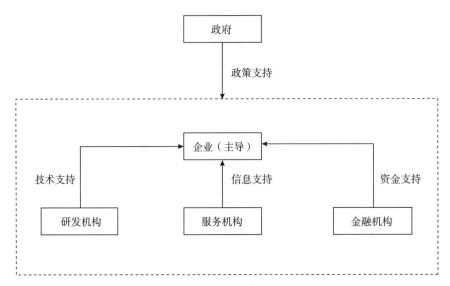

图5-3-1 专利运营管理各主体关系

专利运营管理体系中，企业是主导者，是专利运营的决策者，直接决定采用何种方式对专利进行运营从而实现其价值；通过专利运营管理，企业能够将专利转化为生产力或者现金流，提高产品或技术的市场竞争力，提升企业在产业链中的作用和地位。

研发机构是专利技术的重要产出者，企业可以通过合作或者专利许可/转让的方式从高校、科研院所等机构获得技术支持，这不仅能够提高自身竞争力，还能推动资源整合，促进研发机构的专利转化。

服务机构可以为企业提供信息支持，建立信息共享和交易平台，比如北京国知专利预警咨询有限公司可以为企业的专利运营提供信息咨询服务，中国技术交易所等中介机构可以为专利成果的供需、交流、交易等环节提供服务。

金融机构可以为企业提供资金支持，不仅能够保证在专利的研发、交易、转化期间提供充足的资金，还能在包括专利质押、专利担保、专利证券化、专利信托等形式的专利融资阶段为企业提供资金支持，促进专利运营。

政府在专利运营管理中，主要通过宏观调控为专利运营方提供政策支持，通过制定法律法规引导和影响专利运营行为。政策支持的对象可以是企业，也可以是研发机构、服务机构和金融机构；比如 2010 年颁布的《专利权质押登记办法》，推动了我国专利权质押融资工作的进行，为专利运营提供了政策支持。

专利运营管理的客体包括专利运营过程中的人、事、物，比如参与专利运营的管理人才、技术研发型人才、专利服务型人才、市场型人才、法律人才以及金融人才等，专利运营中所涉及的专利挖掘、专利组合、专利价值评估、专利许可/转让、专利融资、专利侵权诉讼以及参与专利运营的组织机构等。对于参与专利运营的人、事、物，必须严格管理，统一规划，相互协调，才能保证专利运营有条不紊地进行。

3.3.2　专利运营管理体系

企业专利运营管理体系的构建应当考虑专利运营的各个环节，比如资本的运作、专利价值的评估、运营方式的选择等因素，还要综合考虑企业内部指导、支撑政策从而构建相应的组织机构。总体来讲，专利运营管理体系应当包括以下子体系：资本运作体系、专利评估体系、运营组织体系、文件指导体系以及政策支撑体系；各子体系相辅相成，共同组成协调、统一的专利运营管理体系。

图 5 - 3 - 2 示出了专利运营管理体系中各子体系的角色定位。其中，资本运作体系是经济基础，是专利运营的资本保障；专利评估体系是技术基础，是专利运营的价值保障；运营组织体系是智慧基础，是专利运营的机构保障；文件指导体系是控制基础，是专利运营的软件保障；政策支撑体系是支持基础，是专利运营的制度保障。

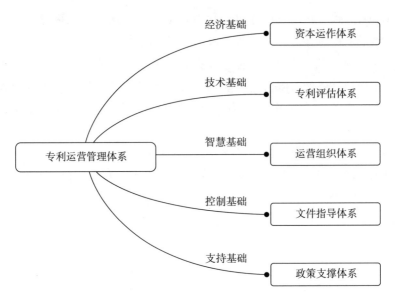

图 5 - 3 - 2 　专利运营管理体系中各子体系的角色定位

1. 资本运作体系

资本运作是专利运营的经济基础，不管是研发型企业，还是专门的专利运营公司，资本运作总是专利良好运营的保障，资本运作体系的功能主要体现在以下几个方面：

（1）内部专利开发

对于企业来说，自行研发获取技术成果是专利运营的基本技术来源。不管是国外企业诺华研发的药物格列卫，还是国内企业以岭药业研发的连花清瘟，这些都是企业自行研发的专利技术，保障了企业的技术竞争力和市场占有率。专利技术的开发通常需要巨额的资金投入，这对于医药行业而言尤为明显，资本运作体系一个重要的功能即是保障企业内部专利开发的资金运转，这是进行专利运营的基础。

（2）外部专利引进

自主研发是获取专利技术的一种途径，但存在研发失败风险，导致人力和物力的浪费。企业在获取专利技术时，也可以考虑引进外部专利，比如通过委托研发或者获得专利许可/转让的方式。这不仅可以避免企业的研发风险，还可以节约研发所带来的时间成本，最重要的是企业通过资本运作换取了专利技术。比如罗氏通过引进其他公司的专利技术，提高自身药物的价值。

（3）服务机构对接

不管是在内部研发新技术，还是引进外部专利技术，企业都需要掌握该技术领域的现有专利技术壁垒，了解已有的技术方案，进行规避设计，避开他人的专利布局，研发或引进真正有益的专利技术。此时，可通过专业的服务机构进行研发立项期的专利调查、研发过程的专利追踪、专利技术侵权分析等，在进行专利技术引进时，可通过专业的中介服务机构获取信息咨询。

（4）金融机构对接

不管是自己实施专利技术，还是对专利技术进行商业化运作，企业均无法避免大量的资金流通。比如，专利许可/转让时的许可费用或转让费用，专利融资时与银行、投资公司以及特殊目的机构等的资本流通。资本运作体系还应当发挥与金融机构对接的作用。

（5）研发激励措施

为了激励企业研发人员进行创新，积极创造具有高价值的专利技术，资本运作体系还应发挥对研发人员的激励作用；在专利运营实现高价值专利的价值之后，还应给予研发人员相应的报酬。

2. 专利评估体系

专利评估体系是专利运营的技术基础，不管是专利的分级管理、专利的维持/放弃、不同专利间的组合，还是专利商业化时的价值评估，都需要专利评估体系的支撑；良好的专利评估体系能够优化专利资源的配置，节约专利管理的成本，提高专利运营的价值。

（1）价值评估

价值评估是专利评估体系所发挥的最基本、最重要的职能。价值评估是专利运营的基础，不管是专利的实施、诉讼还是专利技术的商业化运作，第一步总是要做好专利价值的准确评估，企业应当利用完善、可靠的专利评估体系，从法律价值、技术价值和经济价值等角度对自身专利的价值进行准确的评估。然而通常企业需要通过服务机构进行专利价值的评估，服务机构虽然可能具有更多的专利价值评估经验，但是企业对自身专利技术的了解程度是服务机构所不能涉及的。

（2）分级管理

随着技术的发展更迭、市场布局规划的扩大以及专利保护意识的不断提高，企业所拥有的专利会越来越多，有些专利技术是企业主要的发展方向，有些专利技术可能处于相对次要的地位，对不同的专利进行分级管理可以提高专利运营的效率。专利评估体系可以基于价值评估对专利进行分级管理。比如针对先进性较高、技术发展依赖性较高、市场前景规模较大、保护范围比较稳定、不可规避性较高的专利技术应当置于较高的等级；反之，针对技术落后、依赖性较低、不可规避性较低并且市场规模较小的专利技术可置于较低的等级。

（3）专利的维持/放弃

专利之于企业，从根本上说是一种商业投资行为，专利权的维持需要成本，并且，随着保护年限的增加，专利维持年费逐渐增加。如果专利运营所带来的收益远不及专利的维持成本，应适时终止专利权的维持，节约投资成本。专利评估体系应基于企业自身规划、技术发展状况和市场前景的预期，判断是否维持或放弃某些专利。

（4）专利组合

将相互联系又存在显著区别的多个专利进行有效组合而形成的一个专利集合体，往往能够较单个专利发挥更大的作用，并且，专利组合在专利运营中通常能够体现更高的价值。通过专利评估体系应将不同专利的价值在时间和空间上进行组合，从而实现更好的专利运营。

3. 运营组织体系

运营组织体系是专利运营管理体系的核心，其涉及人员和组织机构的配制，是实现专利运营管理体系的智慧基础，根据专利运营中的各项事务可设置知识产权部、法务部、金融部、市场部和人事部。

图5-3-3示出了不同部门在运营组织体系中的职能定位。其中，知识

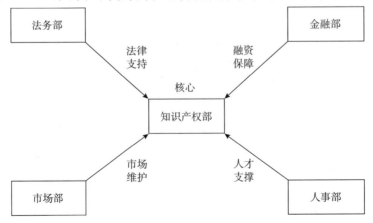

图5-3-3　不同部门在运营组织体系中的职能定位

产权部处于专利运营的核心地位，为专利运营提供最基本的专利资源保障，法务部为专利运营提供法律支持，金融部为专利运营提供融资保障，市场部为专利运营提供市场维护，人事部则为专利运营提供人才支撑。

（1）知识产权部

知识产权部主要负责与专利申请、引进、维护、管理等有关的事务，需配备专利人才，包括专利研发人才、专利管理人才以及专利运营人才。其中，专利研发人才负责企业内部专利申请工作，以及外部专利引进时专利技术的甄选工作等，需了解本领域的技术发展状况以及企业所布局的重点。专利管理人才负责专利日常维护、专利的价值评估、专利分级/组合以及与研发机构和服务机构的对接工作等。专利运营人才负责专利价值的实现，比如决定专利的实施与否，通过转让/许可、质押贷款、专利证券化、专利信托、专利入股等方式实现专利技术的商业化。

（2）法务部

法务部主要负责专利运营时的法律支持和法律风险防控，为专利运营提供全面的法律保障。法务部需配备综合法律人才，其不仅要了解专利法相关知识，还需掌握其他相关法律知识。主要职责包括专利运营时合同文本的制定、修改，参与合同的谈判、签订，对合同的履行进行监督；对专利运营中潜在的法律风险进行梳理、识别，并提出规避、化解方案；对侵犯己方专利权的行为进行调查、取证，并参与相关事项的协商、调解以及诉讼事务；负责企业内部/外部专利权属纠纷、他人诉己方侵犯专利权以及其他的专利纠纷事务等。

（3）金融部

金融部主要负责专利运营过程中相关金融业务，包括企业内部事务以及与外部金融机构的对接事务，需配备金融行业人才。主要职责包括专利技术商业化时，专利融资方案的拟定与评估；专利融资方案的组织、跟踪管理与监督；与银行及其他金融机构沟通渠道的建立、健全和维护；与其他企业进行专利转让、许可或专利入股时的金融业务沟通。

（4）市场部

市场部主要负责专利产品或专利技术的宣传/销售业务，需配备市场营销型人才。主要职责包括组织宏观环境与行业状况调研，进行产品或技术开发前的市场前景预测；制定营销策略，对专利产品或专利技术进行宣传、推广；挖掘新的目标客户，并维护与老客户的关系，持续提高市场占有率；密切关注市场上同类型的产品或技术，侦查可能侵犯己方专利权的行为。

（5）人事部

人事部主要负责专利运营中各类人员的管理，需配备人力资源管理型人才。主要职责包括根据企业发展规划制定专利运营相关人力资源规划；依据各部门需求招聘与配置相关专业型人才，并进行人员的培训与开发；基于专利运营效率的优劣以及专利价值实现的高低，进行薪酬管理和绩效考评；负责日常员工关系的管理。

在专利运营管理体系中，上述各部门并不是独立的，需要相互协调，形成统一的整体，才能保证专利运营的正常进行。比如企业在将专利许可给他人时，需要知识产权部对待许可的专利价值进行评估，法务部与对方进行接洽、询价并商谈许可合同事宜，还需金融部与对方接洽许可费用事项；又如，企业针对己方专利权制止市场侵权行为时，需要市场部侦查市场上的侵权行为以及侵权方、及时保留证据，知识产权部需对该侵权行为进行核实，法务部需要向侵权方发出律师函并进行调解，调解无效时与知识产权部一起进行诉讼事务。

4. 文件指导体系

文件指导体系是专利运营管理体系的基础性指导体系，是控制管理体系良好运转的基础。通过建立专利运营管理组织机构职能框架、编制全员岗位说明书和专利运营业务程序手册，可以使员工知道在进行专利运营时本人所处的位置以及其他的作业环节，能够提高专利运营的质量和效率，完善的文件指导体系应当包括指导性文件、作业文件、记录表单等内容。

① 指导性文件。对专利运营管理体系作概括表述，是专利运营管理体系的纲领性文件，应当明确专利运营管理的质量方针和质量目标，阐明体系内部各组织结构的权限、职责以及相互关系，对整个体系的全部要素进行描述，并介绍某项工作的一般程序性工作；指导性文件能够为管理体系的各项活动作出规定，协调整个管理体系的有效运行，还可以为体系的评价和审核提供依据。

② 作业文件。作业文件是指导性文件的支持性文件，是专利运营管理活动的运行准则和控制标准，是针对岗位操作的具体描述，作业文件应当包括作业规范、作业指导书、操作手册、外来文件、质量控制、反馈机制等内容。

③ 记录表单。记录表单是记载运行状态和运行结果的文件，能够反映专利运营管理体系运行过程和运行效果，是一种依据性的文件，应真实和准确

地记载相关信息；专利运营管理体系的记录表单可以包括专利申请控制、专利评估程序、专利侵权处理、专利工作管理、专利商业化管理、专利权奖惩等文件记录表单。

5. 政策支撑体系

政策支撑体系是专利运营管理体系中发挥导向性的模块，有助于引导员工参与专利运营中，促进专利运营的广泛开展，从而提高专利运营的效率。

为了在政策上支持专利运营管理体系，企业应建立基本的专利运营管理制度，可以遵循以下 4 个基本原则：

① 领导重视、全员参与：这是成功建立专利运营管理体系的根本，领导的重视能够激发员工参与专利运营工作的热情，促成全员参与的局面。

② 全面规划、持续改善：这是专利运营管理体系保持生命力的关键，管理体系并不是一成不变的，随着企业的发展和市场的变化，企业也应当相应地调整和改善政策，从而引导专利运营管理体系的改进。

③ 讲究实效、整体协调：这是企业对专利运营管理有效规划、决策以及监督的保证，企业需从专利运营的实际情况出发，在整体上对不同的组织机构进行协调。

④ 客观公正、奖惩分明：这是专利运营管理体系有效运转的保障，任何奖励政策或惩罚机制必须保证公正、客观、公平地对员工进行评价。

专利运营需要专业型的技术人才以及充足的资金保障，企业还应建立完善的人才培养机制以及资金保障策略，从而为专利运营管理体系提供充足的人力和财力支持。

参考文献

［1］ Yuanjia Hu, et al. Opening the black box of pharmaceutical patent value: an empirical analysis ［J］. Drug Information Journal, 2008, 42: 561–568.

［2］ 王宏军. 论作为排他权与支配权的知识产权——从与物权比较的视角 ［J］. 知识产权, 2007, 17 (5): 9–15.

［3］ 李丽. 企业专利价值取向与价值兑现 ［J/OL］. 中国知识产权, 2013 (79). http: //www. chinaipmagazine, com/journal – show. asp? id – 1788.

［4］ Richards Patent Law. What is the value of intellectual property? ［EB/OL］. ［2016 – 11 – 02］. http: //www. richardspatentlaw. com/faq/have – an – idea/what – is – the – value – of – intellectual – property/.

［5］ 董丽, 等. 我国制药企业专业价值链管理模型及各环节存在的问题分析 ［J］. 中国医药工业杂志, 2012, 43 (11): A104 – A110.

［6］ 张希, 等. 非市场基准的专利价值评估方法的理论基础、实证研究和挑战 ［J］. 软科学, 2010, 24 (9): 142–144.

［7］ 徐明. 通信领域专利的高价值 ［EB/OL］. ［2016 – 10 – 30］. http: // www. sipo. gov. cn/mtjj/2014/201412/t20141224_ 1051115. html.

［8］ 郑金武. 丰田 VS 特斯拉, 公开专利的博弈 ［EB/OL］. (2015 – 1 – 14) ［2016 – 10 – 30］. http: //news. sciencenet. cn/htmlnews/2015/1/311564. shtm.

［9］ 刘大明. 开放式技术创新环境中专利战略价值——基于价值星系的一种新解释 ［J］. 科技与企业, 2014 (1): 4, 7.

［10］ 毛金生, 等. 专利运营实务 ［M］. 北京: 知识产权出版社, 2013.

［11］ 张丛, 等. 传统药物专利价值评估体系探析 ［J］. 世界科学技术——中医药现代化, 2014, 16 (7): 1470–1475.

［12］ Smith GV, Parr RL. Valuation of Intellectual Property and IntagibleAsset ［M］. 3ed, New York: John Wiley, 2000.

［13］ E. F. Sherry, D. J. Teece. Royalties, evolving patent rights and the value of innovation ［J］. Res. Policy, 2004 (33): 179–191.

［14］ 马慧民, 等. 日美知识产权综合评价指标体系介绍 ［J］. 商场现代化, 2007 (31): 301–302.

［15］李昌峰，等. 榜单的力量：常见专利排行榜解析［J］. 专利文献研究，2005（1）：92－96.

［16］董涛. Ocean Tomo 300TM 专利指数评析［J］. 电子知识产权，2008（5）：40－43.

［17］官建成，等. 运用 h－指数评价专利质量与国际比较［J］. 科学学研究，2008，26（5）：932－937.

［18］国家知识产权局专利管理司，中国技术交易所. 专利价值分析指标体系操作手册［M］. 北京：知识产权出版社，2012.

［19］朱月仙，等. 国内外专利产业化潜力评价指标研究［J］. 国图情报工作，2015，59（1）：127－133.

［20］王鸿琦，等. 国外高校专利技术转化模式及对我国高校的启示［J］. 技术与创新管理，2014（4）：331－333.

［21］胡元佳，等. Lanjouw－Schankerman 专利价值评估模型在制药企业品种选择中的应用［J］. 中国医药工业杂志，2007，38（2）：A20－22.

［22］曹晨，等. 综合专利价值指数与药物经济价值的相关性研究［J］. 中国医药工业杂志，2011，42（7）：560，A63－A64.

［23］青蒿素药物专利布局动向课题组. 专利产业化，破解我国青蒿素药物专利产业化难题［EB/OL］.［2016－10－30］. http://www. weixinla. com/document/14963177. html.

［24］昆药再度牵手屠呦呦签约双氢青蒿素片治疗红斑狼疮项目［EB/OL］.（2016－09－21）［2016－10－30］. http://news. xinhuanet. com/health/2016－09/21/c_ 1119600498. htm.

［25］蔡惠明，等. 药物设计中的计算机辅助分子模拟法［J］. 药学进展，1990，14（1）：11－15.

［26］聂兰苏. 新药品价值评估研究［D］. 昆明：云南财经大学，2014.

［27］宋燕. 药品技术价值与经济价值的相关性分析［J］. 中国药业，2011，22（13）：1153－1155.

［28］Gerard M A. Drug patent and intellectual property rights［J］. Eur. J. Clin. Pharmacol.，2015（71）：403－409.

［29］Bessen J. The value of US patents by owner and patent characteristics［J］. Research Policy，2008（37）：932－945.

［30］赵晨. 专利价值评估的方法与实务［J］. 电子知识产权，2006（11）：24－27.

［31］苏月，等. "重磅炸弹"药物对全球药物研发趋势的影响［J］. 中国新药杂志，2014，23（12）：1354－1358.

［32］邓长银，等. 辉瑞公司专利产出与经济产出的相关性研究［J］. 中南药学，2011，9（6）：467－470.

［33］刘思齐，等. 立普妥的专利保护策略研究［J］. 中国新药杂志，2014，23（9）：

989 – 993.

［34］Pfizer's global Lipitor revenue 2014 ［EB/OL］．［2016 – 11 – 02］．http：//www. pfizer. com/system/files/presentation/2014_ Pfizer_ financial_ Report. pdf.

［35］王金明．全球专利药到期潮背景下的制药企业投资分析［D］．上海：上海交通大学，2014.

［36］Murray Aitken．Global outlook for medicines through 2018 ［EB/OL］．［2016 – 10 – 30］．http：//www. west – info. eu/britains – triple – fail – in – cancer – care/ihii_ global_ outlook_ for_ meds_ through_ 2018/.

［37］曾益新，等．分子靶向治疗：肿瘤治疗的里程碑［J］．癌症，2008，27（8）：785 – 787.

［38］卓士峯．慢性骨髓性白血病之进步：治疗及疾病监测［J］．内科学志，2013（24）：399 – 407.

［39］李满宇．慢性白血病的克星替尼类靶向药物之专利分析［J］．中国发明与专利，2011（8）：116 – 119.

［40］汤森路透．聚焦慢性粒细胞白血病［J］．药学进展，2014，38（2）：150 – 160.

［41］张景明，等．谈癌症治疗的抗药性［J］．台湾医界，2014，57（3）：15 – 20.

［42］Faderl S，et al．Chronic myelogenous leukemia：biology and therapy［J］．Annals of Internal Medicine，1999，131（3）：207 – 219.

［43］张金坚．谈百年来人类癌症治疗发展史［J］．台湾医界，2013，56（2）：39 – 44.

［44］史宁，等．小分子抗肿瘤蛋白激酶抑制剂的研究进展［J］．中国药学杂志，2011，46（23）：1784 – 1789.

［45］吴秉铨．胃肠道间质瘤（GIST）的基因突变检测：支持诊断和预测格列卫治疗反应［J］．中华普通外科学文献（电子版），2008，2（4）：54 – 55.

［46］吴俊男，等．胃肠道基质瘤之简介及治疗［J］．药学杂志电子报，2014，30（3）．

［47］杨柳青，等．GIST分子靶向药物疗效评价的新标准［J］．临床肿瘤学杂志，2008，13（10）：942 – 947.

［48］刘俊君，等．肠胃道基质瘤治疗趋势［J］．长庚药学学报，2012，19（4）：1 – 19.

［49］丁瑨．美国罕用药物法案及对中国的启示［J］．中国卫生政策研究，2014，7（2）：38 – 43.

［50］邢维伟．对诺华和正大天晴关于甲磺酸伊马替尼专利诉讼案的思考［J］．中国发明与专利，2015（4）：90 – 93.

［51］陈沄沄．印度《专利法》对其制药业的保护及启示［J］．江苏科技信息，2012：1 – 3.

［52］中国资金管理网．2015 年美国医药行业并购大盘点［EB/OL］．［2016 – 10 – 30］．http：//www. treasurer. org. cn/node/123260.

［53］张佳睿. 美国生物医药产业发展的经验及启示［J］. 商业研究，2015（12）：24－28.

［54］吴颖仪. 2014 全球畅销药 TOP10，总销售额达 830 亿［EB/OL］.［2016－10－30］.
http：//www. bioon. com/trends/news/609880. shtml.

［55］谁是最大的赢家？2014 年销售增长最多 TOP50 产品剖析［EB/OL］.［2016－10－
30］. http：//news. bioon. com/article/6667051. html.

［56］Ben Adams. 罗氏公司 2015 年上半年销售形势良好［EB/OL］.［2016－10－30］.
http：//article. yeeyan. org/view/251964/465125.

［57］朱舜亚，等. 三种中药处方对 SARS 相关冠状病毒体外抑制作用的初步研究［J］.
生物技术通讯，2003，14（5）：390－392.

［58］戴永海，等. "连花清瘟散"：防治禽流感的名方［C］. 中国畜牧医学会中兽医学
分会 2013 年学术年会，2013：68－70.

［59］首个获批 FDA 临床试验的感冒中成药连花清瘟进入二期阶段［EB/OL］.（2016－
01－06）［2016－10－30］. http：//news. bioon. com/article/6676937. html.

［60］连花青瘟胶囊. 中国科技项目创新成果鉴定意见数据库［EB/OL］.（2016－11－
04）［2016－10－30］. http：//dbpub. cnki. net/grid2008/dbpub/detail. aspx？QueryID
＝7&CurRec＝1&recid＝&filename＝SNAD000000244204&dbname＝SNAD&dbcode＝
SNAD&pr＝&urlid＝&yx＝&uid＝WEEvREcwSlJHSldRa1FhdkJkdjAzb1IwWU1kRW
IwTFB5ai8xejJaTm5OVT0＝＄9A4hF＿YAuvQ5obgVAqNKPCYcEjKensW4ggI8Fm4gTk
oUKaID8j8gFw！！.

［61］连花清瘟胶囊隆重上市［N］. 中国中医药报，2004－06－30.

［62］尹薇. 两种治疗 SARS 的中药进入临床研究［N］. 中国医药报，2003－07－03.

［63］曹文庄. 防治 SARS 药物快速审批工作介绍［C］. 抗击"非典"与医药发展专题研
讨会，2003.

［64］以岭药业半年报［EB/OL］.［2016－10－30］. http：//www. yiling. cn/tzz/dqbg/.

［65］史清文，等. 天然药物化学研究与新药开发［J］. 中草药，2010，41（10）：
1583－1589.

［66］李文清. 我国中药资源开发利用现状及进展［J］. 四川畜牧兽医，2013（10）：
35－37.

［67］Seiji NAGUMO, et al. Saponins of anemarrhenae rhizome［J］. 药学杂志（日），1991，
111（1）：306－310.

［68］马百平，等. 知母中呋甾皂苷的研究［J］. 药学学报，1996，31（4）：271－277.

［69］Noboru Nakashima, et al, Isolation of pseudoprototimosaponin A Ⅲ rhizomes of Anemar-
rhenaasphodeloides and its hypoglycemic activity in streptozocin－induced diabetic mice
［J］. Journal of NaturalProducts, 1993, 56（3）：345－350.

［70］Jianying Zhang, et al. Effect ofsix steroidal saponins isolates from anemarrhenae rhizomeon platelet aggregation and hemolysis in human blood ［J］. Clinica Chimica Acta, 1999 (289)：79 – 88.

［71］薛冠华, 等. 广东省老年痴呆流行病学研究 ［J］. 实用医学杂志, 1997, 13 (6)：371 – 372.

［72］张华荣, 等. 海南省老年前期与老年期痴呆流行病学调查研究 ［J］. 海南医学, 1996 (3)：207 – 208, 211.

［73］陈楷, 等. 中药治疗老年期痴呆初步研究进展 ［J］. 中国中西医结合杂志, 1995, 15 (2)：120 – 123.

［74］邓云, 等. 知母及其有效成分改善脑功能药理作用研究进展 ［J］. 中国药理学通报, 2008, 24 (5)：576 – 579.

［75］胡雅儿, 等. 老年大鼠脑 M 受体亚型的变化及知母的调整作用 ［J］. 中药药理与临床, 1993 (1)：15 – 18.

［76］李泽松, 等. 心血管相关基因芯片的制备及其在知母皂苷作用机理研究中的应用 ［J］. 药学学报, 2003, 38 (7)：496 – 500.

［77］于健东, 等. 知母中知母皂苷 BⅡ的 TLC 鉴别及 HPLC 法含量测定 ［C］. 广州：色谱分析在药物分析中的应用专题学术研讨会, 2004：25.

［78］邓云, 等. 知母皂苷化合物对脑缺血再灌注大鼠的保护作用 ［J］. 北京中医药大学学报, 2005, 28 (2)：33 – 35.

［79］邓云, 等. 知母有效成分对拟痴呆模型大鼠学习记忆的影响及机制 ［J］. 中国药理学通报, 2005, 21 (7)：830 – 833.

［80］邓云, 等. 知母有效成分体内外给药对血小板聚集的抑制作用 ［J］. 中国药理学通报, 2005, 21 (12)：1460 – 1462.

［81］康利平, 等. 知母中的两种新呋甾皂苷 ［J］. 药学学报, 2006, 41 (6)：527 – 532.

［82］邓云, 等. 知母有效成分对血管性痴呆的保护作用及其机制研究 ［J］. 医药导报, 2007 (26)：24 – 25.

［83］邓云, 等. 知母皂苷 BⅡ对 Aβ25 – 35 诱导的原代大鼠神经细胞损伤的保护作用 ［J］. 中国药理学通报, 2009, 25 (2)：244 – 247.

［84］王莉, 等. HPLC – MS/MS 法测定大鼠血浆中的知母皂苷 B – Ⅱ ［J］. 中国药理学通报, 2010, 26 (8)：1064 – 1068.

［85］周文斌, 等. Toruzyme3. 0L 对知母皂苷 BⅡ的糖基化 ［C］. 济南：第八届全国天然有机化学学术研讨会, 2010：130.

［86］陈方. 在线固相萃取 LC – MS/MS 法测定比格犬血浆中的知母皂苷 B – Ⅱ ［J］. 药物分析杂志, 2012, 32 (11)：1908 – 1913.

［87］Yang Zhao, et al. Simultaneous determination of steroidalsaponins in Anemarrhena as-phodeloides Bge by ultra high – performance liquid chromatography/quadrupole time – of –

flight mass spectrometry ［J］. Journal of Chinese Pharmaceutical Sciences，2013，22
（3）：226 – 233.

［88］ 詹正嵩. 知识产权与国内外新药研究开发［M］. 北京：人民军医出版社，1993.

［89］ 张清奎. 医药专利保护典型案例评析［M］. 北京：知识产权出版社，2012.

［90］ 中华人民共和国国家知识产权局. 专利审查指南 2010［M］. 北京：知识产权出版
社，2010.

［91］ 张伟波. 从司法审判与行政审查标准看专利申请质量的提高［M］//高质量的专利
申请文件：2013 年专利审查与专利代理学术研讨会优秀论文集. 北京：知识产权出
版社，2013.

［92］ 徐敏刚，等. 从申请后程序看专利申请文件撰写中保护范围的确定［M］//高质量
的专利申请文件：2013 年专利审查与专利代理学术研讨会优秀论文集. 北京：知识
产权出版社，2013.

［93］ 韩福桂，等. 提升我国专利质量的有效途径及重要意义：专利质量的提升需要发明
人、专利代理人和审查部门的多方合力作用［M］//高质量的专利申请文件：2013
年专利审查与专利代理学术研讨会优秀论文集. 北京：知识产权出版社，2013.

［94］ 汤财宝. 从后续程序浅谈权利要求书撰写［M］//高质量的专利申请文件：2013 年
专利审查与专利代理学术研讨会优秀论文集. 北京：知识产权出版社，2013.

［95］ 欧阳雪宇，等. 药品专利申请和保护策略简介［J］. 中国医药生物技术，2015，10
（4）：378 – 381.

［96］ 曹晨，等. 专利组合价值评估探讨：以药品专利组合为例［J］. 科技管理研究，
2011（13）：174 – 177.

［97］ 岳贤平. 专利组合的存在价值及其政策性启示［J］. 情报理论与实践，2013，36
（2）：35 – 39.

［98］ 谢顺星，等. 专利挖掘的方法［J］. 中国发明与专利，2008（7）：46 – 49.

［99］ 冯晓青. 企业专利实施及其对策［J］. 当代经济管理，2009，31（2）：88 – 90.

［100］ 姚芳. 试论许可合同下被许可人的诉讼地位［J］. 法学研究，2006（9）：137 – 138.

［101］ 北京路浩知识产权代理有限公司，等. 企业专利工作实务［M］. 北京：知识产权
出版社，2009.

［102］ 2013 年中药注射剂销售额 Top28［EB/OL］.（2014 – 03 – 24）［2016 – 10 – 30］.
http：//blog. sina. com. cn/s/blog_ 6b9c85ba0101j11y. html.

［103］ 王影，等. 专利侵权对比方法应用实例［J］. 中国发明与专利，2011（2）：79 – 81.

［104］ 黑龙江省高级人民法院民事判决书（2004）黑知终字第 8 号［EB/OL］.（2004 –
03 – 15）［2016 – 10 – 30］. http：//www. pkulaw. cn/case/pfnl_ 1970324837101937.
html？ match = Exact.

［105］ 黑龙江珍宝岛药业股份有限公司首次公开发行股票招股说明书［EB/OL］.（2015 –

04 – 10）. ［2016 – 10 – 30］. http：//file. ws. 126. net/quotes/pdf/sh/2015/2015 – 4/ 2015 – 04 – 13/1709117. pdf.

［106］ 周延鹏，等. 智富密码：知识产权运赢及货币化 ［M］. 北京：知识产权出版社，2015.

［107］ 肖西祥. 从阿托伐他汀看药企并购中的专利策略及药企的专利防御策略 ［J］. 中国发明与专利，2014（6）：29 – 33.

［108］ 王加莹. 专利布局和标准运营：全球化环境下企业的创新突围之道 ［M］. 北京：知识产权出版社，2014.

［109］ 刘伟. 解读 Schwabe 公司银杏叶制剂专利网 ［J］. 中国中药杂志，2014，39（17）：3384 – 3388.

［110］ 洪坦，等. 金纳多对中国植物药发展的启示 ［J］. 中国医药导报，2007，4（35）：98 – 99.

［111］ 刘辉，等. 专利联盟与技术标准联盟的异同比较 ［J］. 商业时代，2012（24）：117 – 118.

［112］ 张羽. 构建基因专利池的利弊分析：以美国基因专利池为样本 ［J］. 太原大学学报，2014，15（3）：47 – 51.

［113］ 易嘉翔. 开放式创新下跨国公司开放专利策略研究 ［D］. 石家庄：河北师范大学，2015.

［114］ 刘鹏，等. 美国海洋托莫公司的专利拍卖实践及启示 ［J］. 科技与管理，2012，14（5）：84 – 87.

［115］ 袁巍. 我国发展专利资产证券化的可行性分析 ［J］. 天津职业院校联合学报，2008，10（6）：124 – 127.

［116］ 封文辉，等. "专利信托"业务的现实意义及展望 ［J］. 电子知识产权，2001（5）：53 – 55.

［117］ 张晓云，等. 专利信托融资模式的设计与应用 ［J］. 知识产权，2012（6）：72 – 74.

［118］ 袁晓东. 专利信托的功能及其运用领域 ［J］. 科学学研究，2007，25（4）：640 – 645.

［119］ 李云婷. 生物技术专利入股及价值评估问题探讨 ［D］. 泰安：山东农业大学，2013.

［120］ 袁真富. 专利经营管理 ［M］. 北京：知识产权出版社，2011.

［121］ 汪晶. 我国大中型高新技术企业知识产权管理体系新构想 ［J］. 法制与社会，2014（8）：199 – 201.

［122］ 杨铁军. 企业专利工作实务手册 ［M］. 北京：知识产权出版社，2013.

［123］ 诸敏刚，等. 海外专利实务手册（美国卷）［M］. 北京：知识产权出版社，2013.

［124］ The European Patent Convention, Art. 99 – 100, 15th Edition ［EB/OL］. ［2016 – 11 – 02］.

http：//documents. epo. org/projects/babylon/eponet. nsf/0/00E0CD7FD461C0D5C1257
C060050C376/ $ File/EPC_ 15th_ edition_ 2013. pdf.

［125］左萌. 美国专利无效制度及最新变化的研究［J］. 电子知识产权，2012（11）：
28 – 32.

［126］最高人民法院关于审理专利纠纷案件适用法律问题的若干规定（2015）.

［127］魏保志，等. 从专利诉讼看专利预警［M］. 北京：知识产权出版社，2015.

［128］最高人民法院关于审理侵犯专利权纠纷案件应用法律若干问题的解释（法释
〔2009〕21 号）。

后　记

药品关系国计民生和人类健康。高价值医药专利可有效提升医药创新价值，保障制药企业研发的投资收益，促进专利药市场及新药研发的良性循环。期待本书的出版能够培育出更多高价值医药专利，并助力中国医药产业的创新和发展。

本书能成稿并顺利付梓，要特别感谢江苏省知识产权局。正是由于江苏省率先在全国推出高价值专利培育计划项目并给予专项支持，给了主创团队研究和实践高价值专利培育的机会。

为了针对性地推进项目实施，主创团队成立高价值专利培育专项工作组，并以医药高价值培育为起始，明晰高价值专利内涵，总结高价值专利培育路径、产生办法、价值实现与管理体系，目的在于分享医药产业高价值专利培育实务经验。

本书智慧成果汇集过程中，工作组采用多种方式征集产业界、学术界等专家意见，包括：（1）多达二十余次的内部研讨，逐步确定书稿架构与解析内容；参加江苏省知识产权局举办的高价值专利培育研讨会，与业界同仁交流分享研究的阶段性成果；（2）举办医药专题培训和高端医药IP沙龙，走访知名医药企业（恒瑞医药、正大天晴药业、康缘药业、豪森医药、三生国健药业、绿叶制药、康弘药业、天士力制药、科伦药业等）并研讨课题阶段性成果；（3）中国药学会医药知识产权研究专业委员会副主任委员陈兵、北京大学教授曾慧慧、正大天晴药业知识产权总监耿文军、天士力制药专利部高级经理范立君参与了本书初稿的论证。江苏省知识产权局领导施蔚、杨玉明、牛勇，以及医药产业界专家孙飘扬、袁开红、吴玉霞、马淑芹、廖晓军、吕爱锋、肖伟、王振中、吴红丽、李彩辉、孙丽芳、张晓瑜、宗在伟等对本书编写都给予了大力支持和具体指导。

在此，本书编写组谨向各位领导、专家和业界同仁一并表示衷心的感谢！